Gesprächsführung

Eine praktische Anleitung

Hella Dahmer · Jürgen Dahme

W0248710

3., unveränderte Auflage

1992
Georg Thieme Verlag Stuttgart · New York

Hella Dahmer, Fachlehrerin und Sachbearbeiterin
Arbeitsgruppe Didaktik der Medizin
Medizinische Hochschule Hannover

Prof. Dr. rer. nat. Dipl.-Psych. Dr. med. Jürgen Dahmer
Arbeitsgruppe Didaktik der Medizin
Medizinische Hochschule Hannover

Die Deutsche Bibliothek – CIP-Einheitsaufnahme

Dahmer, Hella:
Gesprächsführung : eine praktische Anleitung / Hella Dahmer ; Jürgen Dahmer. – 3., unveränd. Aufl. – Stuttgart ; New York : Thieme, 1992
NE: Dahmer, Jürgen:

Wichtiger Hinweis:

Wie jede Wissenschaft ist die Medizin ständigen Entwicklungen unterworfen. Forschung und klinische Erfahrung erweitern unsere Erkenntnisse, insbesondere was Behandlung und medikamentöse Therapie anbelangt. Soweit in diesem Werk eine Dosierung oder eine Applikation erwähnt wird, darf der Leser zwar darauf vertrauen, daß Autoren, Herausgeber und Verlag große Sorgfalt darauf verwandt haben, daß diese Angabe dem Wissensstand bei Fertigstellung des Werkes entspricht.

Für Angaben über Dosierungsanweisungen und Applikationsformen kann vom Verlag jedoch keine Gewähr übernommen werden. Jeder Benutzer ist angehalten, durch sorgfältige Prüfung der Beipackzettel der verwendeten Präparate und gegebenenfalls nach Konsultation eines Spezialisten festzustellen, ob die dort gegebene Empfehlung für Dosierungen oder die Beachtung von Kontraindikationen gegenüber der Angabe in diesem Buch abweicht. Eine solche Prüfung ist besonders wichtig bei selten verwendeten Präparaten oder solchen, die neu auf den Markt gebracht worden sind. Jede Dosierung oder Applikation erfolgt auf eigene Gefahr des Benutzers. Autoren und Verlag appellieren an jeden Benutzer, ihm etwa auffallende Ungenauigkeiten dem Verlag mitzuteilen.

1. Auflage 1982
2. Auflage 1989

Geschützte Warennamen (Warenzeichen) werden *nicht* besonders kenntlich gemacht. Aus dem Fehlen eines solchen Hinweises kann also nicht geschlossen werden, daß es sich um einen freien Warennamen handele.

Das Werk, einschließlich aller seiner Teile, ist urheberrechtlich geschützt. Jede Verwertung außerhalb der engen Grenzen des Urheberrechtsgesetzes ist ohne Zustimmung des Verlages unzulässig und strafbar. Das gilt insbesondere für Vervielfältigungen, Übersetzungen, Mikroverfilmungen und die Einspeicherung und Verarbeitung in elektronischen Systemen.

© 1982, 1992 Georg Thieme Verlag, Rüdigerstraße 14, D-70469 Stuttgart
Printed in Germany

Druck: Druckhaus Götz GmbH, D-71636 Ludwigsburg

ISBN 3-13-627103-3 3 4 5 6

Inhaltsverzeichnis

ANHANG

Einführung

Dieses Arbeitsbuch unterscheidet sich von herkömmlichen Taschenbüchern dadurch, daß es nicht nur Informationen anbietet, sondern auch Anleitungen zum praktischen Üben der Gesprächsführung gibt. Nach der erfolgreichen Bearbeitung des Themas sollen Sie also nicht nur gelesen haben und somit wissen, was Gesprächsführung heißt, sondern auch die Elemente der auxiliären Kommunikation anwenden, d.h. Gespräche so führen können, daß Sie anderen damit helfen.

Es bedarf kaum der Erwähnung, daß dazu über das Buch hinaus praktische Übungen mit Gesprächspartnern erforderlich sind, wenn möglich auch technische Aufzeichnungsgeräte, die es gestatten, ein Gespräch aufzunehmen und zu reproduzieren. Das sind minimal ein Tonbandgerät, besser Fernsehkamera und Recorder, optimal eine Fernsehaufzeichnungsanlage, mit der Sie beide Gesprächspartner gleichzeitig aufnehmen und in bezug auf den verbalen und averbalen Gehalt beobachten, analysieren und so aus dem eigenen und dem Verhalten anderer lernen können.

Zu jedem Informationsangebot finden Sie in den einzelnen Kapiteln praktische Beispiele, die das Gesagte veranschaulichen, und Anregungen, zu dem Thema selbst kreativ zu werden. Sie sollen darüber hinaus aber auch Vorstellungen entwickeln, wie Sie das Erarbeitete außerhalb des eigenen Studierzimmers anwenden können. Die Anregungen, die wir Ihnen dazu geben, können Sie schon in Ihren "Alltagsgesprächen" in die Tat umsetzen.

Ihrem berechtigten Wunsch, bei der Bearbeitung des Themas auch Erfolgserlebnisse zu haben, tragen wir dadurch Rechnung, daß wir Ihnen im Text eine Reihe von Aufgaben und am Ende des Buches Lösungsvorschläge anbieten, mit denen Sie Ihren eigenen Fortschritt feststellen können. Sie sollten konsequent sein und jede Aufgabe schriftlich lösen bzw. den praktischen Anregungen tatsächlich folgen, bevor Sie ein neues Kapitel in Angriff nehmen. Dadurch erleichtern Sie sich den Zugang zur auxiliären Gesprächsführung und vertiefen Ihr Verständnis für das Thema.

Soweit Sie am Ort keine Möglichkeit haben, Ihre selbstentwickelten Beispiele und Lösungen zu diskutieren, können Sie sie zur Durchsicht an die Autoren senden.

Für die Hilfe bei der Entwicklung adressatengerechter Aufgaben, die wegen der angebotenen Lösungsvorschläge in vielen Fällen auf Fragen zur Wiederholung beschränkt wurden, danken wir den Medizinstudenten Axel Mausolf, Jörg Müller und Axel Preiskorn, ebenso Frau H. Lindworsky für ihre redaktionellen Anregungen und die Textgestaltung.

Warum auxiliäre[1)] Gesprächsführung?

Anlaß zu diesem Taschenbuch über die auxiliäre Gesprächsführung war das Unbehagen, das Angehörige der helfenden und heilenden Berufe - Ärzte, Seelsorger, Psychologen, Lehrer u.a. - erleben und erzeugen, wenn sie sich oft fruchtlos darum bemühen, menschliche Probleme dadurch zu lösen, daß sie Ratschläge erteilen: Dem Fettleibigen eine bestimmte Diät verordnen, den Zweifler zum Gebet anhalten, Trinkern ins Gewissen reden oder Jugendliche auffordern, erst zu arbeiten und dann zu genießen.

So gut gemeint diese Ratschläge sein mögen, zu selten werden sie befolgt,
- weil den Beratern methodische Voraussetzungen fehlen, um andere zunächst aufzuschließen,
- weil sie Rat aus ihrer Sicht erteilen, anstatt dem anderen zu helfen, selbst eine Lösung seines Problems zu finden.

Besonders deutlich wird die Situation, zu deren Änderung wir beitragen wollen, am Beispiel angehender Ärzte. Nachdem sich der Medizinstudent zwei Jahre lang mit naturwissenschaftlichen, d.h. theoretischen Voraussetzungen der Heilkunst beschäftigt hat, beginnt seine Ausbildung am Krankenbett. Die erste Begegnung mit dem Patienten, den er nun in der Rolle des Arztes untersuchen soll, ist oft von Angst und Unbeholfenheit gekennzeichnet. Der Student hat zwar schon manches über Krankheiten und Symptome gehört, aber nicht gelernt, daß vor der eigentlichen medizinischen Anamnese *geschultes Zuhören* und das Eingehen auf den Patienten steht. Erst damit schafft er aber die recht komplexen Grundlagen für das Vertrauensverhältnis, das die Voraussetzung einer Arzt-Patienten-Beziehung bildet und weit über Beschwerden, Befunde, Verordnungen und Ratschläge hinausführt.

In einer ähnlichen Lage sieht sich der angehende Geistliche, der Psychologe, der Richter oder der Lehrer, wenn er nicht das Handwerkszeug auxiliärer Gesprächsführung mitbringt und vor der praktischen Anwendung im Ernstfall gelernt und geübt hat, es zu nutzen.

[1)] lat. = auf Hilfe bezogen

Der Kreis der Zielgruppen ist jedoch noch größer: Auch Krankenschwestern, Pfleger, Gemeindeschwestern, Verhaltenstherapeuten, Hebammen, Sozialhelfer, Eheberater, physikalische Therapeuten, Rechtsanwälte, Sprechstundenhilfen usw., allgemein gesprochen alle, zu deren Aufgaben es gehört, auf andere einzugehen, können sich und ihren Klienten den Berufsalltag durch die Kunst der auxiliären Gesprächsführung erleichtern.

In den Heilberufen wird das Zuhörenkönnen durch die Berufsrolle nicht etwa erleichtert. Ärzte sind es gewöhnt zu verordnen, zu verschreiben. Schwestern und Pfleger sehen im wesentlichen ihre Aufgabe darin, die Patienten zu versorgen und darauf zu achten, daß die Verordnungen befolgt werden. Daraus resultiert eine Grundhaltung, die dem intensiven Zuhörenkönnen nicht entgegenkommt, sondern eher Distanz schafft. Patienten haben aber nicht nur Infektionen, die es mit Antibiotika zu behandeln gilt, Frakturen, die man schient, Blutungen, die man stillt. Zusätzlich erleben sie ihre Krankheit subjektiv als Problem, das gelöst werden muß. Wenn man ihnen wirklich helfen will, aus ihrer meist ängstlichen Situation herauszukommen, kann es nicht primäres Anliegen sein, Verhaltensanweisungen zu geben, sondern *zuzuhören und so auf den Klienten einzugehen, daß er sich selbst und seine Situation besser versteht und sich schon aus diesem besseren Verständnis heraus selbst hilft.*

Wie schnell ein Gespräch "entgleisen" kann, zeigt das folgende Negativbeispiel einer besorgten Familie, die sich dem Jugendpfleger vorgestellt hat und jetzt zu dritt Hilfe sucht:

Gesprächsführender:	Guten Morgen, Frau . . . Wie war doch Ihr Name?
Mutter:	Gehrwein
Gesprächsführender:	Guten Tag, Herr . . . (Pause) Sie sind doch der Vater? Was kann ich für Sie tun?
Mutter:	Er ist schon drei Tage fort.
Gesprächsführender:	Warum kommen Sie erst jetzt?
Großvater:	Wir haben immer noch gehofft.

Gesprächs-führender:	Ich möchte zunächst gern die Eltern hören.
Mutter:	Was sollen wir denn jetzt bloß machen?
Gesprächs-führender:	Vielleicht hätten Sie sich schon früher etwas mehr um den Jungen kümmern müssen . . .

Eingehen auf den anderen ist keineswegs eine angeborene Selbstverständlichkeit. Das spontane Bedürfnis jedes Menschen, sich über Entstehen, Folgen und Lösung der Probleme anderer Gedanken zu machen, Hypothesen aufzustellen, zu diagnostizieren und Ratschläge zu erteilen, bedarf einer wesentlichen Korrektur, um Platz zu schaffen für die Kunst, sich in den Klienten einzufühlen und ihn zu einer Problemlösung aus eigener Kraft anzuleiten. Von Kriegstein (1977) formuliert das sehr treffend: Dem Klienten zu einer Freisetzung seines schöpferischen Problemlösungspotentials verhelfen.

Was heißt auxiliäre Gesprächsführung?

Wenn jemand mit uns ein Gespräch führen will, gewinnen wir meist den Eindruck, daß er uns über etwas Bestimmtes informieren, uns seine Auffassung mitteilen oder uns ins Gewissen reden will. In erster Linie erwarten wir von einem solchen Gespräch, daß der andere redet, daß er uns etwas sagt.

Im Gegensatz dazu ist der Gesprächsführende beim auxiliären Gespräch keineswegs der Sprechende. Seine Gesprächsführungskunst besteht darin, seinem Gesprächspartner, seinem Klienten oder Patienten, der mit Problemen zu ihm kommt, durch bestimmte Formen des Zuhörens und Fragens zu helfen, sich zu öffnen und durch mehr Einsicht in sein Problem und besseres Selbstverständnis selbst eine Lösung seiner Probleme zu finden. Das Zuhören, von dem hier im Sinne von aufnahmebereiter Zuwendung die Rede sein soll und das über rein akustisch-rezeptives Zuhören weit hinausgeht, soll den Klienten aufschließen. Wir sprechen deshalb von ***aktivem Zuhören***. Die besondere Art, dem Klienten Fragen zu stellen und auf Einzelinhalte seiner Äußerungen einzugehen, nennen wir ***selektive Reflexion***. Beide Methoden verwenden wir nicht nur, um Informationen vom Klienten zu gewinnen, sondern um ihm bei seiner Selbstfindung und damit bei einer Neuorientierung zu helfen, die letztlich zur Lösung des Problems führen soll.

Im einzelnen heißt das nichts anderes als dem Klienten zu helfen, einseitige Wahrnehmungsweisen, Vorurteile und Konzepte durch die Analyse zu lockern, seine Gefühle zu artikulieren und zu akzeptieren und schließlich selbst die Verantwortung für die Lösung seiner Probleme zu übernehmen. Dazu gibt der Gesprächsführende dem Klienten Hilfen bei der Suche nach Motiven und eigenen Stärken und führt ihn so zu einer höheren Stufe des Selbstverständnisses hin. Damit ist ein Weg aufgezeigt, Verfahren herkömmlicher Klientenberatung zu verbessern und bewußt eine ***klientenzentrierte Gesprächsführung*** in den Vordergrund zu stellen. Der Begriff stammt von Carl R. Rogers (1951 und 1973); er ersetzte die konsultative Gesprächsführung durch den einfühlenden Zugang zum Klienten. Die Methode hat inzwischen weltweite Anerkennung gefunden.

In manchen Fällen wird dieses klientenzentrierte Vorgehen nicht ausreichen. Ihr Klient wird weitergehende Hilfen brauchen, um seine Probleme zu lösen. Die letzte, aber keineswegs in allen Fällen erforderliche Stufe auxiliärer Gesprächsführung ist dann die Beratung und Lenkung des Klienten, bei der der Gesprächsführende sein Denken und Fühlen - sein Bezugssystem - einsetzt, um dem Klienten Lösungsmöglichkeiten für seine Probleme anzubieten und ihn notfalls auch zu führen.

Was ist nun ***das Besondere des auxiliären Gesprächs*** gegenüber der herkömmlichen Anamnese des Arztes, der Exploration des Psychologen oder der Sammlung von Sachinformationen des Lehrers, des Sozialarbeiters oder der Krankenschwester?

Im auxiliären Gespräch geht es nicht nur um die Sachangaben Ihres Klienten, sondern Sie versuchen auch zu erfassen, *wie der Klient sein Problem erlebt,* was er dabei fühlt, denkt, wünscht, wie sich das Problem auf sein Leben auswirkt. Sie versuchen also, im auxiliären Gespräch nicht nur das Problem selbst zu erfassen, sondern auch das ***Bezugssystem des Klienten,*** mit dem er sein Problem sieht. Sie versuchen, mit seinen Augen zu sehen. Schon dadurch, daß Sie Ihrem Klienten mit dieser Analyse mehr Einsicht in sein Problem und in sein Erleben verschaffen, tragen Sie dazu bei, den Druck abzubauen, den das Problem bildet. Probleme aber, die keinen Druck erzeugen, sind keine Probleme mehr. Welche Bedeutung das Erleben des Problems hat und wie weit es über den sachlichen Gehalt des Problems hinausgeht, soll mit einem Beispiel angedeutet werden:

Ein 47 Jahre alter Patient A. kommt zum Arzt und klagt über Bauchschmerzen in der letzten Nacht. Der Arzt findet keine organische Ursache, verschreibt Tabletten und rät, die Sache nicht allzu ernst zu nehmen.

In vielen Fällen reicht das aus. Bei dem Patienten A. nicht. Er wachte nachts mit ziehenden Bauchschmerzen auf, und sein erster Gedanke galt dem Tod seiner Schwester, die an Darmkrebs gestorben war. Zwar ließen seine Schmerzen bald nach, aber die Angst blieb, und er konnte nicht wieder einschlafen. In den folgenden zwei Wochen hatte er keine Schmerzen mehr, aber er machte sich Sorgen - nachts und am Tage. Als er dann wieder nachts Bauchschmerzen bekam, mochte er kaum noch zum Arzt gehen, aus dessen Rat er entnommen hatte, daß man sein Anliegen dort nicht so ernst nahm wie er. Für ihn waren aber die Bauchschmerzen inzwischen zu einem Problem geworden, das ihn dauernd bedrückte.

Kehren die Bauchschmerzen nun nicht wieder, so mag der Problemdruck nachlassen und schließlich schwinden. Das Problem löst sich von selbst. Treten sie aber in unregelmäßigen Abständen wieder auf, ohne daß sich eine Erklärung findet, dann leidet der Patient nicht nur gelegentlich unter Bauchschmerzen, sondern auch dauernd und so lange unter dem Problem, das diese Bauchschmerzen für ihn bilden, bis ihm ein geduldiger Zuhörer hilft, entweder den tatsächlichen Anlaß des Problems herauszufinden und zu meiden - er mag banal sein, z.B. Blähungen nach dem Genuß einer Erbsensuppe -, oder ihm mindestens die Einsicht vermittelt, daß bei negativem organischem Befund *sein Erleben des Problems* dem tatsächlichen Problemanlaß nicht entspricht, mit anderen Worten, daß seine Angst unbegründet ist. Dazu bedarf es eher des Eingehens auf das Erleben des Patienten als des gutgemeinten schnellen Rates.

Struktur des Buches

Wir zeigen in diesem Taschenbuch einfach zu erlernende Techniken der auxiliären Gesprächsführung. Zusammengefaßt werden Sie nach erfolgreicher Bearbeitung und praktischer Übung die ***Voraussetzungen*** für eine auxiliäre Kommunikation schaffen können (Teil I) und mit der Methode des ***aktiven Zuhörens*** nicht nur ein Ohr für das gewinnen, was der Patient sagt, sondern auch für die Motive, Einstellungen und Gefühle, die hinter seinen Aussagen stehen und damit sein Erleben des Problems prägen (Teil II).

Sie können aus dieser Anleitung lernen, wie man mit einfühlendem Verständnis, Achtung vor der Würde des anderen und echter Hilfsbereitschaft dem Klienten das Gefühl gibt, daß er bei Ihnen ohne Scheu "abladen" kann. Sie werden ihm mit diesen drei Formen der ***Resonanz*** dabei helfen, mehr Klarheit über sich selbst und seine Situation zu gewinnen, und ihn eben mit dieser Selbstidentifizierung stärken und seine Kräfte für die Problemlösung mobilisieren, kurz, Sie werden ihn durch die Hilfe bei der Selbstfindung unterstützen, sich selbst zu helfen (Teil III).

Nur in Ausnahmefällen und mit vollem Bewußtsein sollten sie die Schwelle vom ***klientenzentrierten*** zum ***beraterzentrierten*** Gespräch überschreiten und die Beratung oder gar Lenkung Ihres Klienten übernehmen (Teil IV), dann aber ohne ihn wertend zu beurteilen und ohne zu versuchen, ihm in herkömmlicher Beraterhaltung den "richtigen Weg" zu zeigen. In keinem Fall sollen Sie ihn mit Ihren Wertmaßstäben messen und ihn zu Ihren Wertmaßstäben bekehren wollen.

Die Verteilung der Schwerpunkte zeigt das Schema auf der nächsten Seite.

Auxiliäre Gesprächsführung

dem Klienten beim Lösen seiner Probleme helfen

vorwiegend

Klientenzentrierte Gesprächsführung

hilft dem Klienten, sich selbst zu helfen

Aktives Zuhören

den Klienten öffnen und das Problem kennenlernen

Resonanz

in selektiver Reflexion auf den Klienten eingehen, um seine Einsicht in das Problem, sein Einverständnis und seine Problemlösung zu fördern

seltener

Beraterzentrierte Gesprächsführung

hilft dem Klienten durch „Rat und Tat“

Beratung und Lenkung

Anbieten und Bewirken von Problemlösungen

Diese Übersicht über die Ziele der auxiliären Gesprächsführung wird an einem Beispiel aus der ärztlichen Praxis deutlicher, mit dem gleichzeitig gezeigt werden soll, welche ***Aufgaben der Gesprächsführende*** übernimmt.

Eine 34jährige Patientin macht sich Sorgen wegen schmerzhafter Beweglichkeitseinschränkung der Fingergelenke durch Gichtknoten.

Der erste Schritt im auxiliären Gespräch ist also das Feststellen des Grundes, weshalb ein Klient/Patient kommt. Dazu läßt man ihn zunächst in groben Zügen sein ***Anliegen*** schildern und erläutern, wie er dieses Problem insgesamt erlebt.

In einem zweiten Schritt gilt es festzustellen, welche ***konkreten Probleme*** sich aus diesem Anliegen für die hier besprochene Patientin ergeben, und zwar

a) für sie selbst,
b) für ihre Stellung in der Familie,
c) im Rahmen ihrer Tätigkeit.

Der Gesprächsführende wird also die Patientin veranlassen, nunmehr im einzelnen darzustellen, was sie bedrückt, z.B.

zu a) Sie hat Schmerzanfälle bei Diätfehlern und Unterbrechung ihrer medikamentösen Therapie sowie Bewegungseinschränkungen in Beruf und Sport, aber auch bei Handarbeiten.

zu b) Sie kann ihren Hausfrauenpflichten, besonders Feinarbeiten beim Waschen und Stopfen, nicht mehr nachkommen. Sie bezeichnet ihre Ehe als 'intakt', aber gefährdet.

zu c) Sie schildert die Behinderung bei ihrer Tätigkeit als Chefsekretärin in einem Industriebetrieb, besonders bei manueller Feinarbeit.

Bis hierher handelt es sich im wesentlichen um eine Sachdarstellung, die allerdings schon in bezug auf den Umfang und das Eingehen auf Familie und Beruf über den Rahmen üblicher Anamnesen hinausgeht.

Als nächstes gilt es festzustellen, wie die Patientin ihre ***Probleme erlebt***, wie sie ihre körperliche Behinderung emotional verarbeitet, z.B.

zu a) Die Patientin äußert mehrfach ihren Widerwillen gegen 'ständiges Vollpumpen mit Chemie'. Sie bedauert, daß sie nicht mehr Tischtennis in der Mannschaft spielen kann, und ist traurig darüber, daß sie ihre Lieblingsbeschäftigung, das Häkeln, völlig aufgeben muß.

zu b) Unter Bezugnahme auf ihre Finger berichtet sie über Schuldgefühle, die sie entwickelt, weil sie für Hausarbeiten Geld ausgeben muß, die sie eigentlich selbst machen sollte. Sie fühlt sich 'wertlos' und formuliert: "Mein Mann braucht keine krüppelige Frau."

zu c) Im Rahmen ihrer Tätigkeit als Chefsekretärin sind ihr Schreibarbeiten auf der Maschine oft nur noch unter Schmerzen und für begrenzte Zeit möglich. Sie befürchtet, daß sie dadurch auf die Dauer ihre Vertrauensstellung verlieren wird - sie schreibt auch die Privatkorrespondenz ihres Chefs - und hat Angst, bei einer eventuell nötig werdenden Umschulung Status zu verlieren.

Für den nächsten Schritt, ***die Unterstützung der Patientin bei der Problembewältigung***, entwickelt der Gesprächsführende einen Plan für das schrittweise Hinführen der Patientin zu einer angemessenen Sicht ihres Problems und ihrer emotionalen Entlastung.

Zum Beispiel gilt es, das Verständnis der Patientin für den schwer beeinflußbaren Ablauf der chronischen Gicht und damit ihre Bereitschaft zur konsequenten Mitarbeit bei der Therapie zu fördern, ihre Einsicht in das Machbare bei körperlichen Aktivitäten in Sport, Haushalt und Beruf zu stärken und ihr durch Verbesserung ihres Selbstverständnisses Vertrauen in die eigene Kraft zu geben, gleichzeitig die Angst vor der etwaigen Gefährdung der Ehe und dem beruflichen Versagen abzubauen.

Daraus ergeben sich konkret für das Beispiel unserer Patientin folgende Aufgaben:

zu a) Die ihrer Krankheit zugrunde liegende Stoffwechselstörung und die Wirkung der Medikamente müssen mit ihr auf ihrem Verständnisniveau erarbeitet werden, um durch konsequente Einhaltung der Therapie ein Fortschreiten der Krankheit zu vermeiden oder mindestens zu vermindern. Sie muß ermutigt werden, Sport ohne Leistungsstreben zu betreiben und einen Ersatz für ihre frühere Lieblingsbeschäftigung zu suchen.

zu b) Die Klientin soll Einsicht in die Unumgänglichkeit gewinnen, für bestimmte Tätigkeiten Hilfe in Anspruch zu nehmen. Sie muß es lernen, die hausfraulichen Aufgaben in den Vordergrund zu rücken, die nicht unbedingt der manuellen Durchführung bedürfen, und die positiven Aspekte ihrer Ehe mehr zu betonen.

zu c) Für die berufliche Tätigkeit müßten ebenfalls übergeordnete Einsatzmöglichkeiten mit ihr erörtert werden, die die manuelle Arbeit delegierbar machen. Es gilt, die Notwendigkeit und ggf. die Möglichkeiten für eine angemessene Umschulung festzustellen und der Patientin auch den emotionalen Zugang zu einem möglichen Berufswechsel zu erleichtern.

Aufgabe 0/1: Überdenken Sie mit Hilfe der ***Texthervorhebungen*** *noch einmal das auf den Seiten 1 bis 12 Gesagte.*

a) Beantworten Sie dann als Zusammenfassung die folgenden Fragen:

a 1: Mit welchem häufigen Fehler wird der Bedarf an einer Anleitung zur auxiliären Gesprächsführung begründet? (s. S. 3)

a 2: Womit gehen Sie in der auxiliären Gesprächsführung über das eigentliche Problem hinaus? (s. S. 7)

a 3: Wie wird hier die besondere Form des Zuhörens bezeichnet, die den Rahmen des rezeptiv-akustischen Zuhörens überschreitet?

Formulierungsvorschläge für Antworten auf unsere Fragen finden Sie am Ende des Buches.

a 4: Wie würden Sie den Begriff "selektive Reflexion" definieren?

a 5: Was versuchen Sie, im auxiliären Gespräch zusätzlich zur Problemschilderung Ihres Klienten zu erfassen?

a 6: Welche beiden Formen der auxiliären Gesprächsführung werden schematisch unterschieden?

a 7: Welche drei grundsätzlichen Aufgaben ergeben sich für den Gesprächsführenden nach der Feststellung des Grundanliegens seines Klienten aus dem Beispiel der Patientin mit Beweglichkeitseinschränkungen?

b) Versuchen Sie, z.B. einem Kollegen, einem Freund oder einem Kommilitonen mit Ihren Worten zu erklären, was auxiliäre Gesprächsführung heißt. Machen Sie sich bitte als Voraussetzung dazu Gedanken über drei Fragen:

- *Was muß ich erwähnen, um das Besondere der auxiliären Gesprächsführung darzustellen?*
- *Mit welchem Beispiel kann ich das Gesagte erläutern?*
- *Wie kann ich feststellen, ob mein Gesprächspartner mich verstanden hat?*

c) Benutzen Sie zwei oder drei der Beispielfälle am Ende des Buches dazu, das Anliegen des Klienten und die Probleme auszuformulieren, die sich aus diesem Anliegen für ihn selbst, für seine Stellung in der Familie und im Rahmen seiner Tätigkeit ergeben könnten.

Empfehlungen für die praktischen Übungen

Die ***Methode der kleinen Schritte*** (micro-training) ähnelt in mancher Sicht dem micro-teaching, mit dem Dozenten in kleinen Schritten lehren lernen. Bei der auxiliären Gesprächsführung kann das micro-training dazu verwendet werden, eine Reihe von Fähigkeiten und Fertigkeiten zu vermitteln, die man leichter und besser lernt, wenn jedes Lehrgespräch zunächst nur auf begrenzte Aspekte beschränkt wird, Sie aber gleichzeitig Gelegenheit haben, das Gelernte praktisch zu üben. Damit sichern Sie Ihren eigenen Lernerfolg und gehen - soweit Sie gegenseitig üben - kein Risiko ein, einen Klienten zu gefährden oder zu verletzen.

Im Idealfall erwerben Sie also Informationen über ein bestimmtes, abgegrenztes Thema, schaffen sich mit technischen Hilfen Rückmeldung zu den einzelnen Lernschritten und lernen selbst oder durch Anleitung, wie Sie ein zweites Gespräch mit derselben Zielsetzung besser führen.

In ***Einzelarbeit*** können Sie die hier angebotenen Informationen übernehmen und eigene bzw. fremde Tonband-/Videoaufzeichnungen analysieren, ergänzen und verbessern und dabei üben, mit eigenen Reaktionen auf die Äußerungen von Klienten zu reagieren. Wir werden Ihnen dazu am Ende der einzelnen Kapitel Vorschläge machen.

Gruppenarbeit bietet Ihnen nicht nur Gelegenheit, den bearbeiteten Text und die Aufgaben gemeinsam zu durchdenken, das Gelernte anzuwenden und gegenseitig zu üben (Partnergespräche), sondern auch voneinander zu lernen und sich dabei gegenseitig zu helfen. Erfahrungen mit der Gruppenarbeit haben gezeigt, daß die primäre Verarbeitung des Textes und der Aufgaben den gemeinsamen Übungen grundsätzlich vorausgehen sollte. Besonders geeignet ist die Arbeit in selbständigen, aber angeleiteten Gruppen[1)] zu dritt mit wechselnden Rollen als Gesprächsführender (GF), Klient (KL) und als Beobachter (BO).

Bei jedem Lernschritt können Sie folgendermaßen vorgehen:

1. Sie - der GF - führen ein 3-Minuten-Spontangespräch mit einer bestimmten und begrenzten Aufgabenstellung. Dann beurteilen Sie sich selbst, ggf. anhand der Aufzeichnung, und erhalten Rückmeldung vom Klienten und vom Beobachter.

1) Dahmer, J., Gruppenarbeit - wie ist sie realisierbar?, Med. Welt 27, 1449 - 1454 und 1481 - 1488, 1976

2. Zu den jeweiligen Lernschritten bearbeiten Sie schriftliche Informationen und identifizieren, beurteilen und formulieren selbst positive und negative Beispiele.
3. Mit derselben Aufgabenstellung führen Sie nun ein "informiertes Gespräch" und erhalten wiederum Rückmeldung vom Klienten, vom Beobachter und ggf. vom Dozenten.

Das Übernehmen einer Rolle als GF, KL oder BO fördert das Erlernen auxiliärer Gesprächsführung in zweifacher Hinsicht. Sie üben in der Rolle des GF die Leitung eines Gesprächs und versetzen sich in die Rolle des Klienten, also desjenigen, dem Sie später durch sachgerechte Gesprächsführung helfen wollen. Dabei können Sie nicht nur die Erfahrungen sammeln, die Ihr Klient im auxiliären Gespräch mit Ihnen macht, sondern haben in der Rolle des Klienten genauso wie in der Rolle des Beobachters Gelegenheit, Ihr Urteil zu schärfen und dem GF durch die Beurteilung seiner Gesprächsführung weiterzuhelfen.

Carl Rogers ließ zwei oder mehr Personen mit gegensätzlichen Auffassungen das Zuhören dadurch üben, daß jeder seine Auffassung darstellen durfte, vorausgesetzt, daß er vorher die Gedanken und Gefühle seines Vorredners formulierte. Als Zeichen, daß er den anderen verstanden hatte, mußte dieser mit der Formulierung einverstanden sein.

Wählen Sie in Ihrer Gruppe ein kontroverses Thema, und machen Sie einen Versuch.

Wenn Ihnen ***Tonbandgeräte*** oder eine ***Fernsehaufzeichnungsanlage*** zur Verfügung stehen, bietet sich je nach Ausrüstung eine große Zahl von Möglichkeiten, das Gehörte und Gesehene zu reproduzieren und daraus zu lernen:

a) Sie können den Klienten, den Gesprächsführenden oder beide im Bild zeigen, den Ton abstellen und sich bei Ihrer Interpretation auf Blickkontakt, Sitzhaltung, Ausdruck usw. konzentrieren.

b) Sie können auch bei Fernsehaufzeichnungen Bild und Ton oder nur den Ton verwenden, um z.B. die Phasen des Gesprächsverlaufs, die Verbalisation aufnahmebereiter Zuwendung oder die Techniken selektiver Reflexion (s. bei den einzelnen Kapiteln) zu interpretieren oder auch Gesprächsanteile des Klienten, des Gesprächsführenden oder beider - z.B. in bezug auf die informativen (kognitiven) und emotionalen Anteile - zu untersuchen.

c) Sie können den Gesprächsführenden bestimmte Passagen des Gesprächs selbst kommentieren lassen. Dazu kann beispielsweise der Gesprächsführende, der Klient oder der Gruppenleiter das Band an einer bestimmten Stelle anhalten, etwa mit folgenden Fragestellungen:

- Woran haben Sie hier gedacht?
- Was haben Sie dabei gefühlt?
- Was wollten Sie sagen?
- Warum haben Sie es nicht gesagt?
- Was dachte wohl Ihr Gesprächspartner?
- Was wollten Sie damit erreichen?
- Welchen Eindruck wollten Sie machen?
- Waren Sie mit Ihrem Verhalten zufrieden?

d) Ebenso kann der Klient sich selbst oder den GF z.B. mit der Fragestellung kommentieren:
Wie habe ich eine bestimmte Äußerung gemeint, oder wie habe ich die Reaktion des Gesprächsführenden erlebt?

e) Schließlich können Sie die Aufzeichnung vom Beobachter oder Gruppenleiter in bezug auf Ihren Erfolg bei den bestimmten Lernschritten beurteilen lassen, an denen Ihnen bei der Aufzeichnung besonders lag.

f) Sie können auch vorhandene Fernsehaufzeichnungen - einzelne Klientenäußerungen oder ganze Beispielfälle - verwenden, um bestimmte Reaktionen 'kalt' zu üben oder sich in großen Zusammenhängen klar zu machen, um welche Probleme es sich handelte und wie Sie auf den Klienten eingegangen wären.

Wenn Sie Aufzeichnungen von realen Gesprächen machen wollen, müssen Sie Ihren Patienten/Klienten vorher fragen, ob er damit einverstanden ist.

Stellen Sie sich Ihrem Klienten bei laufendem Gerät vor. Erläutern Sie, daß Sie die Aufzeichnung für die spätere Bearbeitung oder für Ausbildungszwecke verwenden wollen und sie vertraulich behandeln werden. Fragen Sie ausdrücklich, ob er damit einverstanden ist, und sagen Sie ihm, daß er ggf. das Recht hat, seine Zustimmung zu widerrufen.

Zunächst mag es - auch für den Gesprächsführenden - ungewöhnlich, u.U. sogar schockierend sein, vor der Fernsehkamera sich selbst gegenüberzustehen. Da uns andere aber aus Scheu oder Mangel an Gelegenheit nur selten sagen, wie wir wirken, können wir den Bildschirm im Sinne eines Spiegels als willkommene Möglichkeit nutzen, manches an unserem Verhalten selbst zu korrigieren.

Definition verwendeter Begriffe

Es scheint uns erforderlich, an dieser Stelle einige Begriffe, von denen im folgenden die Rede sein wird, in Form einer Liste zu definieren, die Sie jetzt nicht unbedingt lesen müssen, zu der Sie aber bei Bedarf zurückschlagen können. Die Definitionen sind pragmatisch auf die auxiliäre Gesprächsführung gemünzt. Wir erheben damit keinen Anspruch auf wissenschaftliche Allgemeingültigkeit.

Assistierte Selbstexploration ist die Methode, mit der der Klient zur Selbstfindung ermutigt wird.

Aufnahmebereite Zuwendung nennen wir das Verhalten, mit dem Sie Ihrem Klienten zeigen, daß Sie ihm zuhören und auf ihn mit dem Ziel der Problemlösung eingehen wollen.

Ausdrucksbewegungen sind Körperbewegungen, die ein seelisches Geschehen ausdrücken.

Mit ***Äußerung*** ist hier immer ein erkennbares averbales, vokales oder verbales Verhalten des Klienten gemeint.

Auxiliäres Angebot nennt man Angaben des Gesprächsführenden darüber, wie er dem Klienten helfen will.

Auxiliäre Gesprächsführung ist keine Theorie und auch keine Schule, die verspricht, die allgemeine Lebensqualität zu verbessern, sondern das Anliegen, Gespräche so zu führen, daß Sie anderen bei der Selbstfindung und damit bei der Lösung ihrer Probleme helfen.

Unter ***Bezugssystem*** verstehen wir das besondere Denken und Fühlen, die Haltungen, Wertungen und Wünsche eines Menschen, die zu einem bestimmten Erleben seines Problems führen. Dieses Bezugssystem müssen Gesprächsführender und Klient erkennen und für die Lösung des Problems aktivieren.

Von ***gerichtetem Blickkontakt*** sprechen wir, wenn wir dem Klienten mit zentrierten, nah eingestellten Augen in die Augen sehen.

Ungerichteter Blickkontakt ist die Hinwendung des Gesichts und der Augen zum Gesicht und zu den Augen des anderen.

Einfühlung heißt, das Gefühl des anderen selbst zu erleben und es ihm mitzuteilen, d.h. mit den Augen des anderen sehen, mit den Ohren des anderen hören und mit dem Herzen des anderen fühlen. Die Verwendung des Bezugssystems des Klienten führt zu einer qualitativen Identifikation mit ihm. Von Einfühlung zu unterscheiden sind die drei Begriffe Gefühlsansteckung, Mitgefühl und Sympathie.

Von ***Gefühlsansteckung*** sprechen wir, wenn wir in der Freude oder dem Leid des anderen versinken. Hierzu gehören die "Weingemeinschaften" oder die "Lachgemeinschaften", die weinen bzw. lachen, weil die anderen es auch tun.

Gesprächsführung, Beratung, intentionales Interview, Anamnese und Exploration werden mit unterschiedlichen Nuancen, im wesentlichen aber gleichbedeutend benutzt für das diagnostisch-therapeutische Gespräch mit dem Patienten, das sich an dem Ziel orientiert, zur Lösung seiner Probleme beizutragen und ihm damit zu helfen. Alle genannten Gesprächsformen haben vier gemeinsame Elemente, die erlernbar sind: Richtiges Zuhören, zweckmäßiges Fragen, das Erfassen von Gefühlen und ihre klienten- bzw. patientenorientierte Interpretation zur Lösung von Problemen.

Gesprächsstrukturierung ist die Ausrichtung des Gesprächs auf die Inhalte und Erlebensweisen, die mit dem Problem und seiner Lösung in unmittelbarem Zusammenhang stehen.

Illustratoren sind Ausdrucksbewegungen, die die gesprochenen Wörter erläutern.

Mit ***Interaktion*** betonen wir die Gegenseitigkeit des Austausches von Informationen, das Hin- und Herfließen von Gedanken und Gefühlen, Einstellungen und Meinungen zwischen Menschen. In der Umgangssprache sagt man dazu "von Mensch zu Mensch".

Mit einer ***Interpretation*** bezieht sich der Gesprächsführende voll auf die Äußerung des Klienten und bietet ihm durch Erläuterung des Bedeutungsgehalts ein Verständnis für sein Problem, das über seinen derzeitigen Erkenntnisstand hinausgeht und zur Lösung seines Problems beiträgt.

Mit der Bitte um ***Klärung*** als einer Form der selektiven Reflexion versucht der Gesprächsführende, mehr Verständnis für Sachverhalte, Einstellungen oder Gefühle seines Klienten zu gewinnen.

Klient nennen wir denjenigen, der im Gespräch Hilfe sucht. Der Begriff wird hier gleichbedeutend benutzt mit Patient, Gesprächspartner, Ratsuchender, Hilfesuchender.

Bei der ***Kommunikation*** werden Informationen durch Worte oder Verhalten transportiert. Es ist ein Vorgang der Verständigung, der Bedeutungsvermittlung zwischen Lebewesen. Kommunikation zwischen Menschen ist eine Form sozialen Handelns, das auf das Denken, Fühlen, Handeln anderer bezogen ist, Interaktion insofern, als der "gemeinte Sinn" direkt vermittelt wird (aus "Kommunikation . . .", Fischer Lexikon Publizistik).

Konkretisierung ist der Versuch, dem Klienten durch die Aufforderung, persönliches Erleben zu schildern, mehr Selbsteinsicht zu verschaffen, um so zur Lösung seines Problems beizutragen.

Unter ***kontrollierter Wahrnehmung*** verstehen wir eine Methode zur Überprüfung, ob Schlußfolgerungen aus äußeren Zeichen auf innere Eigenschaften zutreffen.

Beim ***Mitgefühl*** steht das Miteinander im Vordergrund (" . . . der arme Schlucker . . ."), während Einfühlung mehr den anderen betont. Mitgefühl kann man auch im Vorbeigehen haben; es bedarf keiner intensiven Auseinandersetzung mit dem anderen.

Nacherleben heißt, das seelische Geschehen aus dem Verhalten des Patienten zu erschließen, seine Antriebe, seine Gefühle, sein Denken und Wollen nachzuvollziehen.

Neuformulierungen bieten dem Klienten im Rahmen der selektiven Reflexion durch neue Wortwahl eine neue Sicht seines Problems.

Nichtverbal nennen wir bei der Kommunikation die Mitteilung von Informationen mit Hilfe von Zeichen, Gesten, Haltungen, Ausdrucksbewegungen und Berührungen.

Probleme äußern sich als Spannungen (Diskrepanzerlebnisse) zwischen einem unerwünschten Ist-Zustand und einem erwünschten Soll-Zustand, kurz, Probleme sind unerwünschte Zustände, die man ändern will. Je intensiver der Klient sie als Leidensdruck oder als Optimierungswunsch erlebt, desto stärker wird seine Motivation, die Spannung und damit das Problem zu lösen.

Projektion nennen wir die Verwendung eines klientenfremden Bezugsystems bei der Aufnahme von Klienteninformationen und der Reaktion des Gesprächsführenden.

Rapport nennen wir die zielbezogene, vertrauensvolle Interaktion in einer freundlichen Atmosphäre.

Der Begriff ***Reaktion*** bleibt in diesem Text den Gegenäußerungen des Gesprächsführenden auf die Äußerungen des Klienten vorbehalten.

Mit der ***selektiven Reflexion*** greift der Gesprächsführende Äußerungen des Klienten, die für das Erkennen und Lösen seines Problems von besonderer Bedeutung sind, mit dem Ziel auf, sich und dem Klienten mehr Klarheit über das Problem und das Erleben des Problems zu verschaffen.

Regulatoren sind Verhaltensformen, die das Hin und Her eines Gesprächs prägen.

Resonanz ist die Gesamtheit der Reaktionen des Gesprächsführenden auf die Inhalte der Äußerungen seines Klienten.

Von ***Selbstexploration*** sprechen wir im Sinne von R. Tausch, wenn der Klient über sich selbst nachdenkt und spricht, besonders über seine inneren Erlebnisse, sein Denken, seine Ziele und Wünsche, seine Einstellungen, seine gefühlsmäßige Bewertung der Umwelt, und wenn er sich um Klarheit bemüht.

Unter ***Selbstkonfrontation*** verstehen wir Hinweise auf Widersprüche in den Äußerungen des Klienten, die zur Selbstfindung beitragen.

Spiegelung ist die wörtliche Wiederholung einzelner Klientenäußerungen.

Die ***Sympathie*** unterscheidet sich von der Einfühlung dadurch, daß wertende Zustimmung zu den Gefühlen, Ideen, dem Geschmack des anderen gegeben wird.

Verbale Kommunikation erfolgt in Form von Worten und Sätzen.

Von ***Verständnis*** sprechen wir, wenn wir mit Hilfe des Denkens zu Begriffen und zu Schlußfolgerungen (Urteilen) kommen und rationale Einsicht in die Motive des Denkens und Handelns des Klienten gewinnen.

Vokale Äußerungen nennen wir die Informationen, die durch Laute kommuniziert werden, wie hm-hm, Schluchzen, Weinen usw.

Die ***Zwischenzusammenfassung*** dient dazu, im Laufe des Gesprächs das zu rekapitulieren, was der Gesprächsführende aus einer Reihe von Äußerungen seines Klienten entnommen hat.

Teil I

Voraussetzungen für die praktische Durchführung

1. Die vertrauliche Gesprächssituation

Aufgabe 1/1: Stellen Sie zunächst selbst zusammen, welche äußeren Voraussetzungen Sie berücksichtigen würden, wenn Sie es einem anderen leicht machen wollen, sich auszusprechen. Sammeln Sie Stichworte zu dieser Frage, bevor Sie weiterlesen[1].

Der Raum, den Sie für ein auxiliäres Gespräch wählen, bei dem es unter Umständen um Fragen geht, die man weder jeden Tag noch mit jedermann bespricht, trägt nicht unwesentlich dazu bei, daß ein Gespräch zu dem erwünschten Ergebnis führt. In einem kahlen Speisesaal kann man "schlecht miteinander reden" (aber es ist keineswegs unmöglich). Noch weniger geeignet ist ein kleiner Raum mit Zuhörern oder ein Durchgangsraum, der das Mithören gestattet.

Je nach Einrichtung kommt eine ***Raumgröße*** von 10 - 40 qm in Frage. Am geeignetsten scheint ein sparsam, aber ansprechend eingerichteter Raum von 20 qm zu sein, der ruhig liegt, eine Temperatur von etwa 20° C hat und den Eindruck der Abgeschirmtheit gegenüber Störungen vermittelt.

Zur ansprechenden ***Einrichtung*** gehört eine neutrale Wanddekoration. Postertapeten oder aufregende Bilder sind wegen ihrer ablenkenden oder gar in bestimmte Richtung weisenden Wirkung kaum geeignet. Das Mobiliar sollte, mindestens soweit es von den Gesprächspartnern verwendet wird, zweckmäßig sein, d.h. der Klient soll eine Stunde lang bequem sitzen können. Geeignet sind fest gepolsterte Sessel mit Armlehnen und gerader Rückenlehne. Eine Abstellmöglichkeit für die Handtasche, die evtl. für ein Taschentuch gebraucht wird, sollte in der Nähe sein.

Für die ***Anordnung der Sitzmöbel*** ist nicht nur ein Gegenübersitzen an einem nicht zu breiten Tisch - etwa 80 cm - zweckmäßig. Man kann auch eine schräge Schreibtischsituation wählen, möglichst so, daß der Gesprächsführende Gelegenheit findet, sich ggf. Notizen zu machen, also eine Sprechsituation "über die linke Schreibtischecke", wobei links angeordnete Schubfächer die Distanz unnötig vergrößern und die Zuwendung behindern.

[1] Lösungsvorschläge zu den einzelnen Aufgaben, soweit sie nicht dem nachfolgenden Text zu entnehmen sind, finden Sie auf Seite 181 ff.

Nicht für jede Gesprächssituation wird sich ein Schreibtisch-Vis-a-vis eignen oder vorhanden sein. Man kann auch zwei gegenüberliegende Sessel verwenden, die wegen des Platzes für die Beine leicht schräg gestellt sein können, oder die Sitzecke einer Polstergarnitur. Im Idealfall könnten Sie Ihrem Klienten die Wahl lassen: "Wo möchten Sie lieber sitzen – am Schreibtisch oder etwas bequemer?"

Jeder Scheinwerfereffekt wirkt hinderlich. Eine besonders geeignete ***Beleuchtung*** ist Tageslicht. Sperren Sie die Sonne nicht aus, aber ordnen Sie die Sitzplätze so an, daß Ihr Klient nicht geblendet wird. Eine nicht zu weit entfernte Stehlampe oder Tischlampe mit einem lichtdurchlässigen Schirm sollte so stehen, daß Oberkörper und Gesichter beider Gesprächspartner gut zu erkennen sind. Dieser Beleuchtungsgrundsatz gilt genauso für die Reflexion des Lichtes bei der Verwendung einer normalen Schreibtischlampe.

Nach Versuchen mit Erwachsenen scheint die ***intime Gesprächsdistanz*** etwa 100 - 150 cm zu betragen. Diese Distanz entspricht ungefähr dem Raum, den zwei Gesprächspartner mit ausgestrecktem Arm z.B. beim Geben und Nehmen ohne Bewegung des gesamten Körpers überbrücken. Die intime Gesprächsdistanz läßt es zu, daß man sich in einer Lautstärke unterhalten kann, die auch für sog. heikle Themen angemessen erscheint. Sie wächst z.B. mit den Sitzmöbeln, die man für das Gespräch verwendet, mit dem Tisch, an dem man sich gegenübersitzt, und mit dem Bekanntheitsgrad zwischen den beiden Gesprächspartnern, aber auch mit der Intensität der Interaktion. So wird die Distanz schon durch leichtes Aufrichten oder Vorneigen des Kopfes oder des ganzen Körpers eines oder beider Gesprächspartner verkleinert, durch Zurücklehnen vergrößert. Entsprechend nimmt die Intensität der gegenseitigen Zuwendung zu bzw. ab. Im übertragenen Sinne "distanziert" man sich voneinander bzw. von dem Gesagten.

Überschreitet man die intime Gesprächsdistanz, verliert die Situation an Intimität, der Gesprächspartner ist "zu weit weg" als daß man ihm auch mit leiser Stimme etwas anvertrauen könnte.

Unterschreiten dieser Distanz wird unter Menschen, die nicht in einem sehr nahen verwandtschaftlichen oder bekanntschaftlichen Verhältnis zueinander stehen, als Einbruch in den "persönlichen Raum" verstanden. Der andere weicht im allgemeinen aus. Im Wiederholungsfall wird der Gesprächspartner nervös oder aggressiv.

Die genannten Abstände gelten für unseren Kulturkreis.

Denken Sie daran, daß sich ***Ihr eigenes Äußeres*** - auch ohne daß Sie es wollen und ohne daß es Ihrem Klienten bewußt wird - auf die Gesprächssituation auswirken kann. So dient z.B. der weiße Kittel des Arztes nicht nur hygienischen Zwecken. In hautengen Blue Jeans und Disco-Hemd werden Sie einem jungen Klienten eher als prospektiver Tanzpartner und nur in Ausnahmefällen als jemand erscheinen, an den man sich mit seinen ganz privaten Sorgen wenden mag. Andererseits verhindert u.U. auch schon ein allzu "zugeknöpftes Äußeres" - etwa ein dunkler Anzug -, daß sich Ihr Klient aufschließt. Uniformähnliche Anzüge können als Statussymbol oder als Zeichen einer bestimmten Gruppenzugehörigkeit bzw. Geisteshaltung verstanden werden. Sie entsprechen nur selten zufällig den Erwartungen Ihres Klienten, auf die Sie Rücksicht nehmen sollten.

Ihre auffällige Fliege könnte - ebenso wie Parteiabzeichen oder Plaketten für bzw. gegen etwas - dazu führen, daß jemand, der mit Ihnen die Folgen eines Trauerfalls besprechen will, sich unangenehm berührt fühlt. Überlange Haartracht oder ein wilder Bart lassen Deutungen zu, die eher in Richtung einer Ideologie gehen, nicht aber Ihre eigentliche Absicht ausdrücken, mit einem Gespräch dem anderen zu helfen, zu sich selbst zu finden und damit die Lösung seiner Probleme anzubahnen. Das mag für manchen hart klingen, der Kleidung und Haartracht für seine ureigenste persönliche Angelegenheit hält. In den Sozialberufen gilt aber die Wahrung des persönlichen Stils weniger als die Erwartungen Ihres Klienten gegenüber Ihrem Berufsstand und auch weniger als Ihre Absicht zu helfen. Sie machen es Ihrem Geprächspartner leichter, wenn Sie so neutral und zweckentsprechend wie möglich auftreten. Vorurteile des Gesprächspartners vermeiden und möglichst weitgehend den Vorstellungen entsprechen, mit denen sich ein Klient in einer Notlage an Sie wendet. Von Ihnen wird im auxiliären Gespräch mehr Aufgeschlossenheit als Darstellung erwartet.

Die schriftliche *Dokumentation* eines auxiliären Gesprächs stößt deshalb auf Schwierigkeiten, weil sie, soweit sie während des Gesprächs erfolgt, zwar Zeichen aufnahmebereiter Zuwendung sein kann, aber doch den Blickkontakt als wesentlichen Faktor des Rapports unterbricht. Wenn Sie Ihre Aufgaben während des Gesprächs ernst nehmen - den Patienten zu entspannen, ihn zu ermuntern, sich seine Probleme von der Seele zu reden, zuzuhören, sein Ausdrucksverhalten zu studieren, über die Bedeutung des Gehörten nachzudenken und das Gespräch in die Richtung zu leiten, die zur Lösung des Problems beitragen soll -, werden Sie für die Dokumentation nur wenig Zeit finden. Beschränken Sie deshalb Ihre Aufzeichnungen während des Gesprächs auf Stichworte, aber nehmen Sie sich n a c h jedem auxiliären Gespräch die Zeit, die wesentlichen Inhalte, besonders aber erarbeitete Pläne und Entscheidungen, die der Klient getroffen hat, niederzuschreiben.

2. Emotionale Voraussetzungen für ein auxiliäres Gespräch

Aufgabe 2/1: Es fällt den meisten Menschen keineswegs leicht, sich einem anderen anzuvertrauen. Sie werden sich in einen Klienten erst wirklich einfühlen können, wenn Sie die emotionalen Voraussetzungen erfüllen, die dazu erforderlich sind. Versetzen Sie sich deshalb in die Lage des Klienten, der zu einem auxiliären Gespräch kommt, und legen Sie in Stichworten fest, welche Voraussetzungen ein Fremder erfüllen müßte, damit Sie in der Rolle des Ratsuchenden mit ihm über Ihre Sorgen und Nöte sprechen können.

Wie müßte er sein?	*Was müßte er tun?*	*Was darf er nicht tun?*

Vergleichen Sie dann Ihre Zusammenstellung mit unserem Lösungsvorschlag 2/1.

Angst vermeiden – den Klienten sichern (10 Regeln)

Klienten, die zu einem auxiliären Gespräch kommen, haben Sorgen, Probleme, die sie aus eigener Kraft nicht lösen können. In einer solchen Situation hat der Mensch neben dem Gefühl der Schwäche auch Angst vor den Konsequenzen, die sich aus den ungelösten Problemen ergeben könnten, meist auch Scham oder Angst, darüber zu sprechen, weil sein Selbstwertgefühl darunter leidet, Hilfe in Anspruch nehmen zu müssen (Abwehrmechanismen, s. Meerwein, F., 1969). Schwäche und Angst hemmen den freien Bericht. Deshalb müssen Sie sich darum bemühen, die Ängste Ihres Klienten abzubauen und sein Selbstvertrauen zu stärken. Vermeiden Sie deshalb zunächst jeden Anlaß, mit dem Sie Angst erzeugen oder verstärken könnten, vermeiden Sie jedes Verhalten, mit dem Sie das Vertrauen, das der Klient zu Ihnen fassen soll, stören. Zu dieser Absicht gehört in erster Linie behutsames Vorgehen und Kenntnis der Klippen, die es bei der Gesprächsführung zu umsteuern gilt. Deshalb zunächst 10 Regeln, ***was Sie nicht tun sollen*** und wie Sie es besser machen können.

1. Vermeiden Sie das Andeuten von ***Erwartungen,*** die Ihr Klient u.U. nicht erfüllen kann. Fragen Sie z.B. einen Schüler, der Schwierigkeiten in der Schule hat, nicht

   "Klappt es in der Schule?"

   Man erwartet eigentlich von einem Schüler, daß es in der Schule "klappt". Deshalb wäre eine neutrale Formulierung vorzuziehen, z.B.

   "Erzähl' mir etwas von Deiner Schule."

2. Vermeiden Sie allzu direkte und damit meist ***zwingende Fragen,*** die Ihrem Klienten keine andere Wahl lassen als zu für ihn vielleicht unangenehmen Themen Stellung zu nehmen, z.B.

   "Lieben Sie Ihre Mutter?"

   Geschickter wäre es, Ihrem Klienten zu einem offensichtlich unangenehmen Thema zunächst Gelegenheit zu einem Rollenwechsel zu geben. Lassen Sie ihn z.B. über seine Stellung zu seiner Mutter berichten, indem Sie ihn zunächst nach der Einstellung seiner Geschwister zur Mutter fragen:

   "Wie steht denn Ihre ältere Schwester zu Ihrer Mutter?"

3. Vermeiden Sie möglichst, mit Ihrem Klienten über ***Fremdbeurteilungen*** seiner Person zu sprechen, z.B.

   "Was hält Ihr Chef von Ihnen?"

   Lassen Sie Ihren Klienten lieber ein Selbstkonzept schildern:

   "Wie sehen Sie Ihre Stellung im Betrieb?"

   Bei der Selbstbeurteilung fühlt sich der Klient meist sicherer als bei einem Bericht über die Beurteilung durch Dritte, u.U. positionsmäßig Überlegene.

4. Vermeiden Sie Fragen, mit deren Beantwortung sich Ihr Klient ein ***Negativ-Image*** aufbaut, z.B.

   "Halten Sie sich für einen Schwächling?"

   oder

   "Streiten Sie oft mit Ihrer Frau?"

   Die meisten Menschen erscheinen nicht gern in einem ungünstigen Licht. Deshalb geben Sie Ihrem Klienten besser Gelegenheit, seine starken Seiten zu schildern:

   "Wo liegen Ihre Stärken?"

5. Vermeiden Sie Fragen, auf die Ihr Klient mit ***Scham- oder Schuldgefühlen*** reagieren könnte, z.B.

   "Onanieren Sie?"

   Selbstverständlicher und sachlicher klingt die Frage:

   "Wann haben Sie zum ersten Mal onaniert?"

6. Vermeiden Sie Formulierungen, die ***wertend*** und damit auch aggressiv klingen könnten, z.B.

   "Wie konnten Sie das nur machen?"

   Suchen Sie anstelle der wertenden oder gar entrüsteten Formulierung besser nach einer distanzierten, logisch klingenden Frage, z.B.

   "Wie kamen Sie zu Ihrer Entscheidung?"

7. Vermeiden Sie ***aggressive Konfrontation*** Ihres Klienten mit seinem eigenen Verhalten, z.B.

   "Haben Sie nicht selbst gesagt, es sei eine Schande . . .?"

   Entspannender wirkt eine Frage, die Ihrem Klienten Gelegenheit gibt, einen Widerspruch zu erläutern:

   "Wie sehen Sie den Zusammenhang zwischen Ihrer Meinung . . . und . . .?"

8. Vermeiden Sie das ***Aufschaukeln emotionaler Situationen***, in denen sich Ihr Klient "festfährt". Achten Sie darauf, daß Sie bei Zeichen zunehmender Angst oder Spannung das Thema nicht vertiefen, z.B. einen trauernden Patienten, der den Tränen nahe ist, nicht fragen:

   "Haben Sie Ihr Kind sehr geliebt?"

   Geben Sie ihm Gelegenheit sich zu fangen, z.B. mit einem Hinweis auf einen möglichen Themenwechsel:

   "Möchten Sie jetzt zunächst über etwas anderes sprechen?"

9. Vermeiden Sie überrumpelnd wirkende ***Tabu-Themen***. Besonders Frauen können sich durch Fragen aus der Sexualsphäre leicht geniert fühlen. Unverheiratete gestehen Schwächen nicht gern ein, die von gesellschaftlichen Normen abweichen. Besser ist ein behutsames Vorgehen, z.B. bei einer unverheirateten Frau:

   "Haben Sie einen Freund? Einen speziellen Freund?
   Finden Sie ihn körperlich anziehend? Erregt er Sie?"

   Und jetzt können Sie aus den vorangehenden Reaktionen abschätzen, ob es zweckmäßig ist und welchen Wert es im Rahmen eines auxiliären Gesprächs hat zu fragen:

   "Haben Sie das Bedürfnis, mit ihm zu schlafen?

10. Vermeiden Sie ***abwertende Stereotype***, z.B.

    "Halten Sie das für männlich?"

    oder

    "Kein vernünftiger Mensch . . . "

    Ähnlich dem Negativ-Image, das sich der Klient nicht gern selbst aufbaut, verunsichert eine abwertende Verallgemeinerung Ihren Klienten, dessen individuellem Fall sie ohnehin nicht gerecht wird.

Kommt trotz Beachtung dieser 10 Regeln im Laufe des Gesprächs ängstliche Spannung auf, oder wirkt Ihr Patient ohnehin ängstlich und unruhig, müssen Sie ihn beruhigen. Das aus der englischen Fachterminologie übernommene Wort *reassurance* kann im Deutschen auch Besänftigung, Beschwichtigung oder Sicherung bedeuten. Wir verwenden den Begriff Sicherung für das ***aktive Bemühen, Angst abzubauen.***

Sie sollten dabei so spezifisch wie möglich vorgehen, also nicht

> "Es wird schon alles wieder gut",

sondern möglichst ***konkret auf das Problem Ihres Klienten eingehen***, z.B.

> "Es ist verständlich, daß Sie vor einer Scheidung zurückschrecken. Eine Trennung fällt keinem Menschen leicht."

oder

> "Ihre Prüfungsangst ist genauso natürlich wie das Lampenfieber eines Schauspielers. Aber man sagt ja, ohne Lampenfieber geht es nicht."

Eine besondere Form der Sicherung ist auch bei Klienten angebracht, die mit ihrer Schilderung Schuld- oder Schamgefühle zeigen. Beide Gefühle beruhen auf der Annahme, daß gegen gesellschaftliche Normen verstoßen wurde oder Erwartungen nicht erfüllt werden konnten. Damit entsteht für diese Klienten auch das Gefühl der Isolierung, weil sie annehmen, daß andere nicht nur den Verstoß gegen Normen, sondern auch Schuld- und Schamgefühle negativ beurteilen.

Helfen Sie Ihrem Klienten, Ängste abzubauen, z.B. mit dem unmittelbaren Eingehen auf seine Gefühle:

> "Was finden Sie so schlecht daran?"

Führt Ihre Reaktion nicht zum Ziel, so können Sie Ihrem Klienten auch mit einer wertungsfreien Äußerung ***Mut machen***:

> "Sie können ruhig mit mir darüber sprechen."

Wichtig ist, daß Sie in einer solchen Situation jedes Zeichen der Überraschung, der Überlegenheit oder gar der Entrüstung vermeiden und die volle Zuwendung zum Klienten aufrechterhalten.

Fehlschlagende Versuche, auf Ängste Ihres Klienten einzugehen und ihn abzusichern, können dazu führen, daß die angestrebte vertrauensvolle Öffnung Ihres Klienten unterbleibt. Gehen Sie deshalb bei Ihrem Bemühen, Ihren Klienten gegenüber seinen eigenen Ängsten zu sichern, vorsichtig zu Werk. Auch er hat die Alltagserfahrung gemacht, daß unangemessene Beruhigungen Gedankenlosigkeiten oder der Versuch sind, dem anderen auszuweichen und eine gefühlsmäßige Beteiligung zu vermeiden. Gängige Redensarten, die nicht in ein auxiliäres Gespräch gehören, sind:

> "Kopf hoch"
>
> "Das geht jedem mal so"
>
> "Es besteht kein Grund zur Aufregung"

oder gar

> "Da ist noch keiner dran gestorben."

Also: ***Keine seelischen Trinkgelder,*** die in der Alltagskonversation ihren Platz haben mögen. Meist dienen sie dazu, eine Begegnung oder ein Thema abzuschließen. In der auxiliären Gesprächsführung wollen Sie das Gegenteil erreichen und können einen sensiblen Klienten u.U. mit solchen Redensarten verletzen. Sie zeigen nämlich, daß Sie entweder das Problem Ihres Klienten nicht erkannt haben oder nicht darauf eingehen wollen. Wer spricht schon gern mit einem anderen über ernstliche Probleme, wenn sie einem mit der Floskel "Machen Sie sich doch keine Sorgen" ausgeredet werden sollen und damit die Grundlage vertrauensvoller Zuwendung entfällt? Z.B. eine 35jährige Patientin, die nach einer Uterus-Amputation entlassen werden soll, zum Arzt:

> "Vielen Dank für all die Mühe. Aber ich denke, daß mit mir nun alles aus ist. Ich habe Angst, nach Hause zu gehen."

Arzt: "Ich bin sicher, das gibt sich, wenn Sie erst wieder im gewohnten Trott sind."

Ob der Arzt nun nicht die ***Geduld*** hatte, sich mit den Ängsten seiner Patientin auseinanderzusetzen, oder ob die Lust dazu fehlte, helfen konnte er ihr offenbar weder mit ausreichender Information noch mit dem Eingehen auf ihre Ängste. "Keine Zeit" wäre eine schlechte Entschuldigung.

Bei Klienten, deren Probleme in unmittelbarer Beziehung zu anderen Menschen stehen, z.B. Eheprobleme, Erziehungsprobleme, Probleme, die sich aus der Zusammenarbeit im Betrieb ergeben, ist nach ausführlicher Exploration des Klienten gemeinsam mit ihm zu erwägen, ggf. die ***Bezugsperson(en)*** in das Gespräch einzubeziehen. Das gilt besonders dann, wenn es erfolgversprechend erscheint, die Sicht Ihres Klienten für sein Problem durch die Sicht des oder der Bezugspersonen zu ergänzen und ihm damit zu mehr Verständnis für sich selbst und seine Situation zu verhelfen.

Aufgabe 2/2:

a) Entscheiden Sie für die Beispielfälle 4, 7, 8, 11 am Ende des Buches, ob Sie erwägen würden, Dritte in das auxiliäre Gespräch einzubeziehen.

b) Gehen Sie davon aus, daß Sie mit Ihren Klienten aus Aufgabe 2/2 a ausführlich das Problem erörtert haben, und formulieren Sie entsprechende Vorschläge zur Einbeziehung der Bezugsperson(en) so, daß Ihre Klienten die Möglichkeit haben, sie abzulehnen.

Eine Steigerungsstufe unangebrachter Beruhigung und damit ebenfalls Anlaß, ein Vertrauensverhältnis, das Sie als Voraussetzung der Zusammenarbeit mit dem Klienten brauchen, eher zu zerstören, ist die ***Entstellung der Tatsachen***. Z.B. die Vorbereitung eines Kindes auf eine Injektion mit dem Hinweis

> "Das tut gar nicht weh"

oder die Behauptung

> "Das nicht bestandene Examen macht doch wirklich nichts aus."

Wenn das Kind die Wahrheit - nämlich den Schmerz - oder der Student seine tatsächliche Situation im Kreis der ehemaligen Kommilitonen und damit die Wahrheit entdeckt, ist es nur noch schwieriger geworden, ihm zu helfen.

Ähnlich kann das Übergehen einer Klientenfrage oder der ***abrupte Themenwechsel*** wirken. Z.B. beantwortet die Nachtschwester die Frage nach den Überlebenschancen beim Kollumkarzinom mit

> "Es ist jetzt Zeit für die Tabletten."

Der Dozent übergeht die Frage eines Studenten ohne wirklichen Grund mit

> "Später werde ich Ihnen das erklären."

Der Richter antwortet auf die Schilderung des in einen beruflichen Notstand geratenen Angeklagten mit einem Verweis auf die Straßenverkehrsordnung usw.

Genausowenig hilft man der Mutter von drei Kindern, die ihre anstehende Scheidung erörtern will, mit der Frage nach der Party am letzten Wochenende, selbst dann nicht, wenn man der Klientin damit ein ***Ausweichen*** auf weniger belastende Gesprächsgegenstände ermöglicht.

Wer seinem Klienten wirklich helfen will, muß sich darauf einstellen, unmittelbar und sofort auf emotionale Äußerungen seines Klienten einzugehen. Damit schaffen Sie die tragfähigste Voraussetzung für ein auxiliäres Gespräch.

Aufgabe 2/3: Überdenken Sie noch einmal die hier zusammengefaßten Klippen und die Vorschläge, wie man sie vermeiden kann.

a): Notieren Sie dabei zusätzliche Vorschläge.

Was können Sie tun, um das Aufkommen von Angst zu vermeiden?

1.	Keine schwer erfüllbaren Erwartungen aussprechen	sondern	ein Thema erwartungsfrei eröffnen
2.	Keine zwingenden Fragen stellen	sondern	z.B. Rollenwechsel anbieten
3.	Keine Fremdbeurteilungen anfordern	sondern	Selbstkonzept entwickeln lassen
4.	Kein Negativ-Image aufbauen	sondern	Stärken schildern lassen
5.	Keine Scham- oder Schuldgefühle auslösen	sondern	besser mit Sachfragen emotionale Bereiche ansteuern
6.	Keine Wertungen abgeben	sondern	die Entwicklung des Problems darstellen lassen
7.	Keine aggressive Konfrontation provozieren	sondern	Widersprüche erläutern lassen
8.	Kein emotionales Aufschaukeln fördern	sondern	alternative Themen anbieten
9.	Keine Überrumpelung mit Tabu-Themen	sondern	behutsam vorgehen
10.	Keine negativen Stereotype anbieten	sondern	auf das Individuelle des Klienten eingehen

b) Welche nicht vermiedenen Klippen finden Sie in den Reaktionen der Gesprächsführenden auf die Beispielfälle 1, 3, 10? (s. Beispielfälle S. 164 ff., Lösungsvorschläge S. 181 ff.)

c) Wir haben den Begriff Sicherung für das aktive Bemühen verwendet, Angst abzubauen. Formulieren Sie sichernde Reaktionen, mit denen Sie z.B.
- auf das Problem einer schüchternen Klientin eingehen,
- einem Klienten Mut machen, seine Stellung zu wechseln,
- Geduld zeigen, auch einer ausführlichen Erörterung zuzuhören,
- einem Klienten, der dem Weinen nahe ist, die Möglichkeit anbieten, das Thema zu wechseln.

Vertrauen schaffen

Wir haben schon darauf hingewiesen, daß Vertrauen eine Voraussetzung dafür ist, daß sich Ihr Klient öffnet. Besser als der verbale Hinweis "Sie können mir vertrauen" wirkt eine Gesprächsführung, die den Patienten aus Ihren Reaktionen und Ihren Handlungen erkennen läßt, daß er Ihnen vertrauen kann. Erst wenn Ihr Klient das Gefühl hat, daß er sich bei Ihnen aussprechen kann, ohne verletzt zu werden, wenn er sich bei diesem Gespräch sicher fühlen kann, wird er Ihnen anvertrauen, was ihn bedrückt.

Eine Situation des *Vertrauens* können Sie auch fördern, indem Sie den Erwartungen Ihres Gesprächspartners entgegenkommen. Halten Sie Ihre Zusagen, Ihre Terminabsprachen ein, und handeln Sie so wie Sie sprechen. Vermeiden Sie während des Gesprächs jeden Eindruck der Abhängigkeit, z.B. von Zigaretten oder Süßigkeiten. Verbal fördern Sie sein Vertrauen, indem Sie auf das Gesagte eingehen, dem Unsicheren Fluchtwege bei einem heiklen Thema anbieten (" . . . oder möchten Sie heute noch nicht darüber sprechen?"), andererseits aber - soweit erforderlich - auch Fragen offen ansprechen, die im bloßen gesellschaftlichen Verkehr tabu sind oder mindestens eine gewisse Überwindung erfordern, z.B. Sexualität, finanzielle Schwierigkeiten, tödliche Erkrankungen usw.

Neben den Möglichkeiten, die wir zur Sicherung Ihres Klienten genannt haben (s.S. 25 ff.), kann die ausdrückliche Erwähnung Ihrer ***Schweigepflicht*** dazu beitragen, daß sich Ihr Klient aufschließt. Dazu bestätigen Sie noch einmal ausdrücklich, was Ihr Klient ohnehin von einem vertraulichen Gespräch erwartet, was aber z.B. auch bei beruflichen Problemen der Betonung bedarf: Keine Nachteile durch Mitteilung an Dritte.

Eine Voraussetzung dafür, daß Ihr Klient Ihnen vertraut, ist, daß er das, was Sie sagen, versteht. Versuchen Sie zur Stärkung seines Vertrauens, seinem Sprach- und Verständnisniveau gerecht zu werden. Das heißt nicht, daß Sie unbedingt in dieselbe Mundart verfallen oder dieselbe Terminologie verwenden. Es soll nur Ihr Ziel sein, sich ***so verständlich wie möglich*** zu machen. Z.B. spricht man mit einem Schüler nicht in psychologischer Fachterminologie, mit einem Pfarrer nicht im Disco-Jargon, mit dem er wahrscheinlich nicht vertraut ist.

Vermeiden Sie es, bei Ihrem Klienten ***Hoffnungen zu wecken***, deren Erfüllung sich nur allzu schnell als unmöglich erweist. Gute Ratschläge, unangemessene Beruhigungen oder Redensarten aus der Konversation, die den Eindruck erwecken, Ihr Klient könne seine Probleme mit Leichtigkeit lösen, seine Sorgen ohne eigene Anstrengung loswerden, erweisen sich meist nur als hohl.

Fördern Sie durch Ihr Verhalten den Eindruck, daß Sie Ihren Klienten achten. Mit dieser Achtung stärken Sie am ehesten sein Vertrauen, indem Sie ihm zeigen, daß Sie ihn ernst nehmen und ihn Ihre ***Wertschätzung fühlen lassen***. Fördern Sie seine Selbstachtung dadurch, daß Sie ihm seine positiven Seiten bewußt machen. Jeder Mensch hat auch liebenswerte Seiten, jeder hat Stärken, die er kennt und auf die man eingehen kann. Der andere braucht diese Wertschätzung, um ängstliche Befangenheit, die in einer Gesprächssituation ganz natürlich ist, abzubauen und die Kraft zur Selbstexploration zu finden, die die Voraussetzung für eine eigene Lösung seiner Probleme ist.

Achtung zeigen hat aber nichts zu tun mit gewollter Schöntuerei, unechtem Herausstellen oder Vorgaukeln von Haltungen, Fähigkeiten oder Verdiensten, die der Klient nicht wirklich besitzt. Der Versuch, ihn in bezug auf sich selbst positiv einzustimmen, bedarf deshalb der Vorbereitung. Unterbleibt sie und beschränken Sie sich auf bloße "Sprüche", merkt der Klient "die gute Absicht..." oder er beginnt an Kräfte zu glauben, die er nicht besitzt. Beides schadet dem Ziel der auxiliären Gesprächsführung.

Eine wesentliche Hilfe, die Vertrauen schafft, bieten Sie Ihrem Klienten schon in der Phase des Miteinander-Bekanntwerdens, indem Sie ihm ein ***"auxiliäres Angebot"*** machen, ihm also sagen, wie Sie ihm helfen können und wollen: Nicht mit Ratschlägen, sondern indem Sie ihm helfen, zunächst sein Problem - und damit auch sich selbst - zu erkennen, und mit dem Angebot Ihrer Unterstützung s e i n e s Bemühens seine Probleme zu lösen.

Aufgabe 2/4: Wie würden Sie reagieren, wenn Sie das Vertrauen einer 21jährigen Patientin stärken wollen, die eine unangenehme Erfahrung gemacht hat und sagt: "Ich bin nicht ganz sicher, ob ich Ihnen das erzählen kann. Sie wollen mir zwar helfen, aber . . . . . (Pause)".

a) Erwähnen Sie in Ihrer Reaktion Ihre Schweigepflicht.
b) Formulieren Sie in kurzen Sätzen und einfacher Sprache.
c) Vermeiden Sie es, mindestens in dieser Phase Hoffnungen zu wecken.
d) Lassen Sie Ihre Klientin Ihre Wertschätzung fühlen.
e) Deuten Sie - auch ohne das Problem bisher näher zu kennen - an, wie Sie helfen wollen (auxiliäres Angebot).

Kennzeichnen Sie dann in Ihrer Lösung die Formulierungen, mit denen Sie die Kriterien a, d, und e berücksichtigt haben.

Fügen Sie bei unserem Lösungsvorschlag auf S. 182 (den Sie erst lesen sollten, wenn Sie Ihre eigene Reaktion formuliert haben) die Kriterien a, d und e in die offenen Klammern ein.

Aufgabe 2/5: Zum Thema "Was heißt auxiliäre Gesprächsführung?" haben wir einen Beispielfall "Bauchschmerz" angeführt. Welches Verhalten des Gesprächsführenden wird dort gefordert, das hier zwar nicht erneut aufgeführt wurde, aber doch die Grundlage des Vertrauens im auxiliären Gespräch ist?

Aufgabe 2/6: Überdenken Sie noch einmal die Seiten 21 bis 33 anhand der Texthervorhebungen.

a) Beantworten Sie dann als Zusammenfassung die folgenden Fragen:
a 1: Mit welchen Schlagworten könnten Sie die Art der Einrichtung beschreiben, die einer vertraulichen Gesprächssituation förderlich wäre?
a 2: Was sollte man bei der Beleuchtung vermeiden?
a 3: Welchem Abstand entspricht die "intime Gesprächsdistanz"?
a 4: Welche beiden emotionalen Voraussetzungen müssen für ein vertrauensvolles Gespräch erfüllt sein?
a 5: Mit welchen 5 konkreten Maßnahmen können Sie das Vertrauen Ihres Klienten erringen bzw. verstärken?

b) Versuchen Sie, z.B. einem Kollegen, einem Freund oder einem Kommilitonen zu erklären, welche Bedeutung Vertrauen für das auxiliäre Gespräch hat, und wie Sie konkret dazu beitragen können, daß Ihr Klient zu Ihnen Vertrauen faßt. Machen Sie sich zur Vorbereitung Gedanken über drei Fragen:
- Was muß ich erwähnen, um mich verständlich zu machen?
- Mit welchem Beispiel kann ich das Gesagte erläutern?
- Wie kann ich feststellen, ob ich mich verständlich gemacht habe?

3. Der Gesprächsablauf

1. Sorgen Sie dafür, daß die *äußeren Bedingungen* für ein auxiliäres Gespräch erfüllt sind.

2. Erläutern Sie bei der *Vorstellung* Ihre Funktion.

3. Geben Sie Ihrem Klienten mit einer möglichst offenen Frage oder Bezugnahme auf Vorangegangenes Gelegenheit, zunächst *sein Problem* in groben Zügen zu schildern.

4. Sprechen Sie schon unmittelbar nach der Skizzierung des Problems die *Erwartungen* an, mit denen Ihr Klient zu diesem Gespräch kommt.

5. Entwickeln Sie kurz und auf dem Verständnisniveau Ihres Klienten einen Plan für die gemeinsame Arbeit *(auxiliäres Angebot)*.

6. Sagen Sie Ihrem Klienten, wieviel *Zeit* Sie für ihn haben.

7. *Strukturieren* Sie jeden Gesprächsablauf, aber erzwingen Sie ihn nicht.

8. Bereiten Sie sich auf Situationen vor, die zu einem *Rapportabbruch* führen können.

9. Lassen Sie kein Gespräch "im Sande verlaufen", sondern streben Sie einen eindeutigen *Gesprächsabschluß* an.

Ziele des Orientierungsgesprächs

Es ist wichtig, Ihrem Klienten schon beim Orientierungsgespräch das Gefühl zu geben, bei Ihnen ***gern gesehen*** zu sein. Er soll ***Vertrauen fassen*** und auch schon bei der ersten Begegnung erfahren, was Sie für ihn tun können. Nur wenn ihm ganz klar wird, daß der Erfolg der künftigen Gespräche davon abhängt, daß er eine ***aktive Rolle*** übernimmt und daß Sie sich darauf beschränken werden, ihn bei der Lösung seines Problems zu unterstützen. Wenn Ihr Klient diesen Grundsatz der auxiliären Gesprächsführung versteht, wird er nicht erwarten, daß Sie ihm fix und fertige Problemlösungen im Sinne von Patentrezepten anbieten. Nur so können Sie vermeiden, daß Ihr Klient mehr und etwas anderes erwartet als Sie geben können - und enttäuscht wird.

Nicht ohne Absicht wurde "gern gesehen" an den Anfang dieser Aufzählung gestellt, ein Gefühl, das Sie Ihrem Klienten geben, wenn Sie freundlich zu ihm sind. Die Forderung, zu Ihrem Klienten ***freundlich*** zu sein, klingt wie eine Selbstverständlichkeit. (Daß sie es nicht ist, zeigt schon die Schwierigkeit, den Begriff "freundlich" zu definieren).

Eine 36jährige Klientin berichtet:

> "Das sind nun einmal die Aufgaben einer Hausfrau. Das Häuschen sauber halten, Essen kochen, Schulaufgaben beaufsichtigen . . . . und dann kommt er nach Hause und tut so, als ob ich den ganzen Tag Daumen drehe".

Aufgabe 3/1:

a) Welche Formulierung der Klientin läßt positive Gefühle vermuten?

b) Worauf würden Sie also reagieren, wenn Sie auf die Klientin eingehen, eine freundliche Atmosphäre schaffen und ihr zeigen wollen, daß sie gern gesehen ist?

c) Sammeln Sie Stichworte zu der Frage, durch welches freundliche Verhalten Sie Ihrem Klienten das Gefühl geben, bei Ihnen gern gesehen zu sein.

Vergleichen Sie Ihre Lösung mit unseren Vorschlägen am Ende des Buches.

Die Gesprächseröffnung

Ihre ***Vorstellung*** sollte über Ihren Namen hinausgehen. Geben Sie Ihrem Klienten Informationen über Ihre *Funktion*, über die Rolle, die Sie beim auxiliären Gespräch übernehmen, z.B.

> "Ich bin Elsa Schulz und kümmere mich als Sozialarbeiterin der Stadt um alle Schwerbeschädigten dieses Bezirks. Wie Sie sagten, haben Sie Probleme mit Ihrer Rentenversicherung."

In einem weiteren Beispiel könnte die Vorstellung lauten:

> "Guten Tag, Frau Schütte. Ich heiße Thorsten Fränkel und bin Medizinstudent. Das Gespräch, das ich mit Ihnen führen möchte, gehört zu meiner Ausbildung. Ist es Ihnen recht, mit mir über Ihre Krankheit zu sprechen?" - (Kopfnicken der Patientin) - "Seit wann sind Sie denn krank?"

Sie können aber auch Ihre Gesprächsbereitschaft mit den gebräuchlichen ***verbalen Einleitungsformeln*** signalisieren, z.B.

> "Warum kommen Sie zu mir?"

oder

> "Wie kann ich Ihnen helfen?"

Bei manchen Klienten mag es angebracht erscheinen, etwas salopper zu fragen:

> "Was kann ich für Sie tun?",

unter Umständen auch

> "Was bedrückt Sie?"

oder

> "Welche Sorgen führen Sie zu mir?"

Es muß nicht immer eine Frage, sondern kann auch eine Aussage sein, mit der Sie das Gespräch eröffnen:

> "Nach Ihrer Andeutung am Telefon wollen Sie mit mir über Ihren Arbeitsplatz sprechen."

Achten Sie darauf, daß alle Einleitungsformeln so formuliert sind, daß Sie damit Ihrem Klienten sofort Gelegenheit geben, aktiv zu werden und seinerseits den Rapport herzustellen, und daß sich alle genannten Einleitungsformeln bereits auf die Eröffnung des auxiliären Gesprächs beziehen. Es ging bei den vorangehenden Beispielen also nicht mehr um die ***Konversation der Begrüßungsphase***, die man eher mit Alltagsfragen beginnt, z.B. nach dem Urlaub, nach dem Wetter, nach Parkplatzschwierigkeiten usw. Wie lange Sie sich "bei der Vorrede aufhalten", wird dabei weitgehend von Ihrem Gesprächspartner abhängen, der einerseits kommt, weil er etwas auf dem Herzen hat, andererseits eine Phase des Warmwerdens braucht, um dann entweder von selbst zur Sache zu kommen oder einer entsprechenden Anregung bedarf.

Die Einleitungsformeln für das auxiliäre Gespräch können einen weichen Übergang zwischen der Konversation und dem Thema bilden, das den eigentlichen Anlaß zu diesem Gespräch darstellt.

Aufgabe 3/2: Formulieren Sie eine Gesprächseröffnung, mit der Sie

a) sich als Sozialfürsorgerin (-fürsorger) eines Altersheims vorstellen, die Probleme mit ihren Bewohnern hat,
b) sich einem Mann/einer Frau vorstellen, die telefonisch Erziehungsschwierigkeiten bei ihren Kindern angedeutet haben,
c) einem Gleichaltrigen mitteilen, daß Sie sich mit Fragen der auxiliären Gesprächsführung beschäftigen, und ihn veranlassen möchten, Ihnen ein Problem, das er beiläufig angedeutet hat, näher zu erläutern und Ihnen auch zu sagen, ob und in welcher Weise ihn das Problem emotional bewegt.

Formulieren Sie jedes Ende Ihrer Vorstellung so, daß Sie damit dem Gesprächspartner Gelegenheit geben, die Initiative zu ergreifen und damit den Rapport herzustellen.

Die Aufforderung, sein ***Problem zu schildern***, sollte in einer so offenen Form erfolgen, daß sie dem Klienten jede Möglichkeit läßt, sein Anliegen vorzutragen. Die Frage "Warum kommen Sie zu mir?" ist dazu besonders gut geeignet. Eine Bezugnahme auf Vorab-Ereignisse wie telefonische Anmeldung oder sonstige Anlässe, die zum Gespräch geführt haben, geben Ihrem Klienten Gelegenheit, einen Faden wiederaufzunehmen, was meist leichter fällt als ein selbständiger neuer Anfang, z.B.

> "Sie haben gestern um einen Termin gebeten. Ich stehe Ihnen jetzt zur Verfügung."

oder

> "Als Sie gestern anriefen, sagten Sie, Sie wüßten nicht mehr weiter. Ich möchte Ihnen helfen."

oder zu einer Frau, die auf eigenen Wunsch im Anschluß an die Beratung ihres Mannes kommt:

> "Ihr Mann sprach von Schwierigkeiten mit den Kindern.
> Wie sehen Sie das Problem?"

Schon auf die erste Äußerung des Klienten können Sie dann mit einer Frage nach seinen Erwartungen reagieren und damit auf Ihr auxiliäres Angebot überleiten, z.B.

> "Was kann ich Ihrer Meinung nach in der Stadtverwaltung
> für Sie tun?"

Ein ***Plan für das Vorgehen*** - Ihr auxiliäres Angebot - und das Abstimmen der gegenseitigen Erwartungen könnte lauten:

> "Ich habe jetzt einen ersten Eindruck von dem erhalten, was Sie bedrückt und was Sie von mir erwarten. Zunächst müssen Sie mir noch ausführlicher schildern, wie es zu diesem Problem gekommen ist und wie es sich auf Ihr Leben auswirkt. Ich kann Ihnen zwar Ihre Sorgen nicht abnehmen, aber Ihnen dabei helfen, selbst eine Lösung des Problems zu finden."

Übernehmen Sie dieses Vorzeigen des einzuschlagenden Weges auch für jede einzelne Sitzung im Sinne einer groben ***"Tagesordnung".*** Sie lernen dabei, selbst ein Gespräch zu planen, d.h. sich selbst für das Gespräch Ziele zu stecken, und bieten Ihrem Klienten Ziele, die er anstreben kann, z.B.

> "Wir wollen heute darüber sprechen, wie sich Ihr Verhältnis
> zu Ihrem Arbeitgeber im Laufe der Jahre entwickelt hat.
> Wie war denn das Betriebsklima, als Sie in die Firma eintraten?"

Setzen Sie dadurch, daß Sie Ihrem Patienten vorher oder in der Eröffnungsphase mitteilen, wieviel Zeit Sie für ihn haben werden, klare ***zeitliche Grenzen,*** z.B.

> "Ich stehe Ihnen bis . . . Uhr zur Verfügung."

oder

> "Ich habe eine Stunde für Sie vorgesehen. Wenn es Ihnen recht ist, können wir also so lange miteinander sprechen."

Eine Sitzung sieht so aus, daß wir 1 1/2 Stunde Zeit haben um ihre Anliegen zu besprechen.

Solche zeitlichen Begrenzungen tragen auch dazu bei, daß Ihr Klient lernt, "seine" Zeit zu nutzen, um das vorzutragen, was ihm wesentlich erscheint. In der Regel werden auxiliäre Gespräche 1 1/2 Stunden nicht überschreiten und in Abständen aufeinanderfolgen, die Ihnen und Ihrem Klienten Zeit geben, das Besprochene zu überdenken und das nächste Gespräch vorzubereiten.

Es fördert den Gesprächsablauf, wenn Sie nicht nur innerlich aufnahmebereit bleiben, sondern Ihre Aufnahmebereitschaft auch zeigen. *Averbal* können Sie neben dem Aufrechterhalten des Blickkontakts und der körperlichen Zuwendung *kleine Ermunterungen* dazu benutzen, wie das Kopfnicken, ein verstehendes Lächeln, das leichte Vorbeugen des Oberkörpers oder die zustimmende Geste mit der Hand. Ihre aufnahmebereite Zuwendung kann der Klient auch daraus entnehmen, daß Sie alles, was den Rapport stören könnte, vermeiden, z.B. hochgezogene Augenbrauen zu seiner Äußerung, Stirnfalten, erstauntes Plinkern mit den Augenlidern. Auf jedes abwertende Verziehen des Mundes oder ein wertendes Kopfschütteln sollten Sie verzichten.

Eine weitere Ermutigung bieten Sie Ihrem Klienten in Form der ***Geduld***, mit der Sie ihm zuhören, ohne an gesprächsfremde Dinge zu denken oder etwas anderes zu tun als zuzuhören. Lassen Sie Ihrem Klienten Denkpausen, und vermeiden Sie Ausweichbewegungen bzw. ein Abblenden oder Abdecken der Augen. Ihr Klient braucht Zeit zu seinem Bericht. *Verbal* können Sie Ihre Geduld zum Ausdruck bringen, indem Sie beim Sprechen auf das Sprechtempo Ihres Klienten eingehen, ihm bei Formulierungsschwierigkeiten mit Zurückhaltung Hilfen anbieten oder ihm z.B. durch zusammenfassende Wiederholungen helfen, Pausen zu überbrücken und den Faden wieder aufzunehmen. Mit der direkten Ermutigung weiterzusprechen beseitigen Sie seine Zweifel, ob er vielleicht zuviel rede, und geben ihm das Gefühl, sich hier aussprechen zu können, nicht lästig zu wirken und Sie nicht mit seiner Schilderung zu langweilen.

Aufgabe 3/3: Formulieren Sie eine die Erwartung des Klienten begrenzende Reaktion, mit der Sie ihm sagen, daß Sie nicht den ganzen Nachmittag für ihn Zeit haben und daß auch spätere Sitzungen einen begrenzten zeitlichen Rahmen haben werden.

Gesprächsstruktur

Achten Sie darauf, daß Sie in dem Gespräch Ihren Klienten anleiten, sich auf Themen und Gefühle zu konzentrieren, die mit seinen Problemen in engem Zusammenhang stehen. Vermeiden Sie aber den Eindruck, ihn zu dirigieren oder gar das Gespräch in eine bestimmte Richtung zu zwingen. Er soll so weit wie möglich frei berichten. Vermeiden Sie deshalb jede Aussage oder Frage, die nach einer Forderung klingt. Anleiten heißt vielmehr

- die Gesprächsrichtung anzeigen,
- die zur Verfügung stehende Zeit nützen,
- das Problem erkennen und erörtern,
- Überflüssiges abkürzen oder vermeiden,
- gemeinsam an der Problemlösung arbeiten.

Nicht nur der Inhalt der Äußerungen Ihres Klienten ist von Bedeutung, sondern auch die ***Reihenfolge und die Richtung der Assoziationen.*** Schon aus dem bloßen Nacheinander der Äußerungen können Sie diagnostische Schlüsse ziehen, z.B. wenn eine Mutter Einzelheiten über das Weglaufen ihrer Tochter berichtet und plötzlich in ihre eigene Familiensituation "abschweift":

"Als ich 19 war . . ."

Ähnlich wegweisend ist die Schilderung eines Ehemannes, der über Probleme spricht, die sich aus dem Zusammenleben mit seiner Frau ergeben, und unmittelbar auf die Scheidung seiner Eltern eingeht, die ihm "alle Chancen zu einer selbständigen Entwicklung gegeben hat". Derartige Assoziationen bieten Ihnen zwar Hinweise für die Fortführung des Gesprächs; hüten Sie sich aber davor, Assoziationen Ihres Klienten mit eigenen Assoziationen zu dem angeschnittenen Thema zu verwechseln. Eine Hilfe für die Selbstkorrektur ist es, sich den eigenen Assoziationsfluß während der Schilderung des Klienten bewußt zu machen und sich selbst die Frage zu stellen, wie weit das Denken Ihres Klienten von Ihrem eigenen Denken abweicht.

Für einen ***plötzlichen Themenwechsel*** Ihres Klienten sollten Sie nach dem Grund suchen, z.B.:

- Hat er zuviel gesagt, sich zu weit geöffnet und möchte nun mit dem bisherigen Thema nicht fortfahren?
- Waren die mit dem Thema verbundenen Gefühle zu schmerzhaft, zu intim oder nach seiner Beurteilung zu verwerflich?
- Besteht zwischen den beiden Themen ein engerer Zusammenhang als auf den ersten Blick zu erkennen ist, den es aber zu ergründen gilt?

Achten Sie beim Themenwechsel neben dem Inhalt auch auf den Zeitpunkt, zu dem Ihr Klient das Thema wechselt, wie er wechselt, und versuchen Sie zu ergründen, warum er wechselt.

Aufgabe 3/4: Ihr Klient wechselt plötzlich das Thema von der Beziehung zu seiner Frau auf wirtschaftliche Fragen. Wie würden Sie reagieren, wenn Sie eine der drei folgenden Vermutungen hätten und gleichzeitig eine Vertiefung des bisherigen Themas erreichen wollten? Formulieren Sie je eine Reaktion.

a) zu weit geöffnet,
b) zu schmerzhaftes Thema,
c) enger Zusammenhang.

Im Laufe des Gesprächs können emotionale Situationen eintreten, die zum ***Abbruch des Rapports*** führen. Sie müssen auf solche Situationen vorbereitet sein, wenn Sie sie bewältigen und nicht von ihnen überwältigt werden wollen. Kommt Ihr Klient z.B. während des auxiliären Gesprächs in eine solche Situation, so müssen Sie ihm Zeit geben, z.B. das Wiederaufleben starker und schmerzhafter Gefühle zu verkraften. Mehrfaches Stocken im Bericht oder völliges Blockieren sollten Anlaß dazu sein, an dieser Stelle und zu diesem Zeitpunkt das Thema nicht zu vertiefen, sondern auf frühere oder spätere Ereignisse auszuweichen und/oder dem Patienten zu helfen, z.B.

> "Es fällt Ihnen offenbar schwer, darüber zu sprechen.
> Wollen Sie deshalb . . ."

Ihr Klient kann auch anfangen zu weinen. Weder Betroffenheit noch alltägliche Aufmunterungen helfen ihm wirklich weiter. Zeigen Sie Ihrem Klienten vielmehr, daß Sie ihn akzeptieren; nehmen Sie teil an seiner Situation, und lassen Sie ihn diese Teilnahme in Stimmführung, Körperhaltung, Ausdrucksbewegungen und Mimik erkennen. Nehmen Sie als selbstverständlich hin, daß ein Mensch, der Kummer hat, weint, und helfen Sie ihm, mit der Situation fertig zu werden, z.B.

> "Ich kann gut verstehen, wie Ihnen zumute ist . . ."

Vermeiden Sie aber, das Weinen durch eine Aufforderung zu verstärken, etwa

> "Weinen Sie sich ruhig aus."

Sie sollten in einer solchen Situation auch nicht zulassen, daß der Patient schluchzend weiterspricht, sondern ihn beruhigen:

> "Wir wollen warten, bis Sie sich beruhigt haben, und dann
> unser Gespräch weiterführen."

Aufgabe 3/5: Was würden Sie zu einer 17jährigen Schülerin sagen, die wegen schlechter Noten um ihr Abitur bangt und dabei den Tränen sehr nahe ist?

Klienten, die ***"zuviel reden"***, versuchen oft unbewußt, etwas zu verdecken, oder ihre Fähigkeit, zwischen Bedeutsamem und Irrelevantem zu unterscheiden, reicht nicht aus. Einen zu starken Redefluß können Sie dadurch eindämmen, daß Sie jede Verstärkung - sei es nur ein zustimmendes Kopfnicken oder ein aufmunterndes Zulächeln - vermeiden und versuchen, Ihren Gesprächspartner auf das Wesentliche hinzuführen, z.B.

"Können Sie noch einmal auf Ihre Familie eingehen?"

oder

"Welchen Zusammenhang sehen Sie zwischen den Unstimmigkeiten im Elternhaus und Ihren Leistungen?"

Sollte aber ein Klient oder eine Klientin trotz vorsichtiger Eindämmungsversuche dennoch vom Hundertsten ins Tausendste kommen, müssen Sie deutlicher bremsen.

Aufgabe 3/6: Wie machen Sie das in der Praxis?

Viele Patienten hoffen nach kurzer Schilderung ihres Anliegens auf Problemlösungsvorschläge im Sinne eines ***Rezeptes***, z.B.

"Jetzt weiß ich nichts mehr zu sagen. Sie müssen mir helfen."

oder

"Was kann ich denn da machen?"

oder

"Was würden Sie in einem solchen Falle machen?"

Nur in Ausnahmefällen wird eine rezeptartige Stellungnahme angemessen sein. Meist brauchen Sie mehr Informationen als sie Ihr Klient spontan anbietet. Sie müssen ihm das klar sagen, z.B.

"Ich kann mir noch kein vollständiges Bild von Ihrer Situation machen . . ."

oder

"Es wäre übereilt, wenn ich jetzt schon zu Ihrem Problem Stellung nähme."

Auch die ***Beendigung eines auxiliären Gesprächs*** - soweit es nicht ohnehin dadurch ausklingt, daß ein Gesprächsgegenstand oder ein Teilthema erschöpft ist - erfordert Takt. Kein plötzlicher Abbruch, kein Vertrösten auf später, besonders aber keine Ausflüchte. Deuten Sie vielmehr zunächst mit diskreten averbalen Zeichen an, daß Ihre Gesprächsbereitschaft abnimmt. Unterbrechen Sie zunehmend den Blickkontakt, lockern Sie die körperliche Zuwendung, z.B. indem Sie sich etwas weiter zurücklehnen oder eine Abwendung andeuten. Stärkeren, beinahe schon unhöflichen Aufforderungscharakter, zu Ende zu kommen, hat schon das Zur-Uhr-Sehen.

Legen Sie einmal einen Bogen Papier, auf dem Sie eben noch Notizen über ein Gespräch gemacht haben, zur Seite und den Kugelschreiber darauf. Das ist eine ziemlich abschließende Geste, und bei genauer Selbstbeobachtung werden Sie feststellen, daß sie umso eindeutiger beendend wirkt, je weiter Sie den Bogen zur Seite und je ausdrücklicher Sie den Kugelschreiber darauflegen. Das intensivste averbale Signal für die erlöschende Bereitschaft, das Gespräch fortzusetzen, ist dann das Aufstehen, notfalls auch der Gang in Richtung auf die Tür. Es wird nur in Ausnahmefällen nötig sein, die Mitteilungsfreudigkeit eines Gesprächspartners auf so unmißverständliche Weise zu begrenzen.

Verbal zeigt am besten die Feststellung, daß ein gewisser Abschnitt besprochen worden ist, eine Beendigung der Sitzung. Man kann auch einen Hinweis verwenden, daß es nicht zweckmäßig erscheine, die angeschnittene Frage heute noch weiter zu vertiefen bzw. daß man in der nächsten Sitzung ausführlicher auf dieses Thema eingehen wolle.

Geben Sie Ihrem Klienten selbst Gelegenheit, ein Gespräch abzuschließen. Lassen Sie ihn dazu kurz zusammenfassen, was besprochen worden ist, z.B.

> "Wenn Sie unser heutiges Gespräch noch einmal überdenken, welche Punkte scheinen Ihnen besonders wichtig?"

Wenn Ihr Klient eine solche Zusammenfassung nicht schafft, sollten Sie das Ergebnis des Gesprächs selbst zusammenfassen und dabei einen positiven Aspekt des abgelaufenen Gesprächs herausstreichen, z.B.

> "Sie haben mir Ihre Situation recht anschaulich geschildert. Ich verstehe nun, warum Sie sich zu Hause nicht mehr wohlfühlen."

Fragen Sie Ihren Klienten nach Ankündigung des Gesprächsendes, ob er unmittelbar zu dem heute Besprochenen noch etwas hinzufügen möchte, z.B.

> "Es ist jetzt kurz vor fünf. Gibt es noch irgend etwas, was Ihnen heute zu diesem Thema besonders wichtig erscheint?"

Verhindern Sie es aber mit dem Hinweis auf die nächste Sitzung, daß der Klient mit der Antwort auf diese abschließende Frage ein neues oder gar sein eigentliches Thema zu entwickeln beginnt. Bedenken Sie jedoch andererseits, daß er Mitteilungen "hintangestellt" haben könnte, die für Sie und für ihn schon deshalb von besonderer Bedeutung sein können, weil der Klient sich u.U. unbewußt während des ganzen Gesprächs gegen ihre Offenbarung gewehrt hat.

Lassen Sie Ihren Klienten zunächst selbst festlegen, was in der kommenden Sitzung besprochen werden soll, z.B.

"Gibt es bestimmte Punkte, auf die Sie in unserem nächsten Gespräch besonders eingehen wollen?"

Wenn Sie die Wünsche Ihres Klienten mit Ihren Vorstellungen über den Fortgang des Gesprächs in Einklang bringen wollen, können Sie unter Berücksichtigung seiner Wünsche eine eindeutige thematische ***Vereinbarung für die folgende Sitzung*** treffen. Dann kann sich Ihr Klient sowohl inhaltlich als auch zeitlich darauf einstellen, z.B.

"Bei unserem nächsten Gespräch hier am kommenden Mittwoch zur gleichen Zeit wollen wir näher auf Ihre Kindheitserlebnisse eingehen."

Lassen Sie Ihren Klienten nicht weggehen, ohne ihm zu zeigen, daß er bei Ihnen gern gesehen ist. Sie erleichtern ihm dadurch das Wiederkommen. Sagen Sie ihm etwas Freundliches oder Ermutigendes, z.B.

"Ich helfe Ihnen gern."

oder

"Schön, daß wir heute so gut vorangekommen sind."

oder

"Wir haben heute gute Fortschritte gemacht; ich habe den Eindruck, daß wir von der Stelle kommen."

Achten Sie aber darauf, daß solche Ermutigungen den wirklichen Sachverhalt treffen und sich nicht von Sitzung zu Sitzung wiederholen. Sie wirken sonst unecht und hohl.

Aufgabe 3/7: Formulieren Sie zusätzlich Gesprächsabschlüsse, mit denen Sie Ihrem Klienten etwas Freundliches sagen und ihn fühlen lassen, daß er bei Ihnen gern gesehen ist.

Aufgabe 3/8: Welche der im vorangehenden Kapitel genannten Möglichkeiten, das Vertrauen Ihres Klienten zu erringen (s. Hervorhebungen), paßt besonders gut zu der Forderung, ihn freundlich zu behandeln?

Aufgabe 3/9: Welche GF-Reaktion auf den Beispielfall 8 entspricht am ehesten dem Grundsatz der auxiliären Gesprächsführung: Keine Patentlösungen anbieten, sondern Hilfe bei der eigenen Problemlösung leisten?

Aufgabe 3/10:

a) Verwenden Sie besonders die kursiven Hervorhebungen auf den Seiten 35 bis 45, um den Gesprächsablauf noch einmal zu überdenken. Beantworten Sie dann als Zusammenfassung des Kapitels folgende Fragen:

a 1: Welche drei Ziele verfolgen Sie als Gesprächsführender mit einem Orientierungsgespräch?

a 2: Was gehört außer Ihrem Namen zu einer Vorstellung gegenüber dem Klienten?

a 3: Wodurch unterscheiden sich Konversationsthemen in der Begrüßungsphase von Einleitungsformeln zur Eröffnung des eigentlichen auxiliären Gesprächs?

a 4: Warum sollten Sie auf einen plötzlichen Abbruch des Rapports vorbereitet sein?

b) Versuchen Sie, z.B. einem Kollegen, einem Freund oder einem Kommilitonen zu erklären, was Sie konkret tun können, um Ihrem Klienten das Gefühl zu geben, gern gesehen zu sein?
Machen Sie sich zur Vorbereitung Gedanken über drei Fragen:
- Was muß ich erwähnen, um mich verständlich zu machen?
- Mit welchem Beispiel kann ich das Gesagte erläutern?
- Wie kann ich feststellen, ob ich mich verständlich gemacht habe?

Teil II

Aktives Zuhören

4. Aufnahmebereite Zuwendung

In diesem Kapitel werden wir uns mit dem vorwiegend rezeptiven (aufnehmenden) Anteil der Aktivitäten befassen, mit denen Sie Ihren Klienten in der Eröffnungsphase des Gesprächs aufschließen und mit denen Sie auch während des weiteren Gesprächsablaufs Ihre Bereitschaft zeigen, dem Klienten zuzuhören.

Aufgabe 4/1: Sammeln Sie Stichworte zu der Frage:
Wie können Sie Ihrem Klienten zeigen und sagen, daß Sie ihm aktiv zuhören und sich für sein Problem interessieren?

Aktives Zuhören

Averbale Zeichen aufnahmebereiter Zuwendung	***Verbale Zeichen aufnahmebereiter Zuwendung***

Sie werden Ihrem Klienten erst dann echte aufnahmebereite Zuwendung entgegenbringen können, wenn Sie tatsächlich an dem Gespräch mit ihm interessiert und bereit sind, ihm zuzuhören. Jedes Abirren Ihrer Aufmerksamkeit, jede Nebenabsicht und jede Ablenkung von außen stört Sie in Ihrer Aufnahmebereitschaft und behindert Ihr Bemühen, sich Ihrem Klienten voll zuzuwenden.

Die Formulierung "aufnahmebereite Zuwendung zeigen" verwenden wir hier gleichsinnig mit der Formulierung "die ungeteilte Aufmerksamkeit zuwenden" oder "jemandem volle Beachtung schenken". Sie schließt alles ein, was im englischen Sprachgebrauch unter *attending behavior* verstanden wird.

Im auxiliären Gespräch bildet Ihre aufnahmebereite Zuwendung die Grundlage der Wechselbeziehung (Interaktion) mit dem Klienten, die es Ihnen gestattet, sein Problem zu erfassen und ihm bei der Problemlösung zu helfen. Diese zweckgerichtete Wechselbeziehung nennen wir ***Rapport***.

Rapport herstellen heißt, eine kooperative und harmonische Kommunikation schaffen. Voraussetzung dafür ist, daß Ihr Klient gern mit Ihnen über seine Probleme spricht, daß er sich gern gesehen fühlt. Benutzen wir als Beispiel für das Herstellen eines Rapports die Einleitungsphase des auxiliären Gesprächs, so gehört dazu eine Begrüßung, die der Situation angemessen ist: Weder "Gnädige Frau" noch der kumpelhafte Stil "Na, wie läuft's denn", sondern ein freundliches "Guten Tag, Herr . . ." (mit dem Namen), ein Händedruck, die Einladung hereinzukommen, Platz zu nehmen usw. Dabei liegt der Ton auf dem Wort "freundlich". Sie signalisieren Ihrem Klienten damit, daß er gern gesehen ist. Wirklicher Rapport als Voraussetzung für das später zu besprechende einfühlende Verständnis entsteht nur dann, wenn Ihr Klient das Gefühl bekommt, hier willkommen zu sein, Ängste abbaut und sich sicher fühlt, Ihnen ungeniert seine Probleme und seine Sorgen anvertrauen zu können.

Es gibt eine Reihe ***averbaler Mittel,*** mit denen Sie Ihre freundliche Bereitschaft zum Gespräch zeigen können. So ist es nicht unwesentlich, was für ein Gesicht Sie bei der Begrüßung machen, wie Sie die Arbeit, mit der Sie gerade beschäftigt waren, zur Seite legen oder die Unterlagen des Klienten zur Hand nehmen. Sie können aber auch durch das Zurechtrücken Ihrer Brille Ihre Gesprächsbereitschaft andeuten, eine einladende Handbewegung machen oder sich darauf beschränken, Ihrem Gesprächspartner Ihren Oberkörper und Ihr Gesicht mit einem mindestens angedeuteten freundlichen Lächeln voll zuzuwenden.

Verbal können Sie Ihre Bereitschaft zum Zuhören und Ihr Interesse am Anliegen Ihres Klienten etwa mit der schlichten Feststellung zum Ausdruck bringen:

"Jetzt habe ich Zeit für Sie"

oder mit der Frage nach dem Befinden, schon gezielter,

"Was bedrückt Sie?"

oder

"Welche Sorgen führen Sie zu mir?"

Aufgabe 4/2: Formulieren Sie zusätzlich Fragen oder Aussagen, mit denen Sie Ihre aufnahmebereite Zuwendung zum Ausdruck bringen. Ihre Klienten sind

a) ein 42jähriger Tischler, dessen rechte Hand bei einem Betriebsunfall verstümmelt wurde,

b) eine 14jährige Patientin, die vergewaltigt wurde,

c) eine 24jährige Lehrerin, die wegen Disziplinschwierigkeiten in der Klasse ihren Beruf wechseln will.

In der Eröffnungsphase des Gesprächs wollen und müssen Sie deutlich Ihre Absicht zum Ausdruck bringen, sich Ihrem Klienten und seinen Problemen zuzuwenden. Definiert man das Herstellen eines Rapports als *zielbezogene, vertrauensvolle Interaktion* in einer freundlichen Atmosphäre, dann ist Ihr aktiver Anteil an dem Rapport die aufnahmebereite Zuwendung, auf die wir mit folgender Gliederung systematisch eingehen werden:

Aufnahmebereite Zuwendung

Averbale Zeichen:	***Verbale Zeichen:***
Blickkontakt	*Verstärkung*
Körperhaltung	*Aussagen / Fragen*
Ausdrucksbewegung	*Pausen*

Blickkontakt

Die einfachste, vielleicht aber auch wirksamste Form, ohne viel Worte zu zeigen, daß Sie bereit sind, Ihrem Klienten zuzuhören, ist, ihn anzusehen. Über den Blickkontakt und seine Bedeutung für Interaktion und Kommunikation gibt es viel Literatur. Nur selten findet man eine Definition. Vielleicht liegt das daran, daß sie zu selbstverständlich scheint. Dieser Schein trügt.

Würden Sie es als Einladung auffassen, Ihr Herz auszuschütten, wenn Ihnen jemand beobachtend, analysierend, abwägend oder gar drohend länger als 5 sec in die Pupille Ihres rechten Auges starrt? Ist das wirklich der Blickkontakt, den ein Gesprächsführender mit seinem Klienten sucht?

Blickkontakt ist in erster Linie Zeichen Ihrer Bereitschaft, Ihrer Offenheit, mit der Sie Ihrem Klienten Einblick in Ihr eigenes Denken und Fühlen gewähren. Wenn Sie den Blickkontakt meiden, kann das als Ausweichen oder auch als Scham gedeutet werden, u. U. auch als Betonung sozialer Statushierarchien, denn mit Höhergestellten sucht man häufig Blickkontakt, mit Niedergestellten selten ("Er hat mich nicht einmal angesehen").

Übermäßiger Blickkontakt erweckt leicht den Eindruck der Aggression und erzeugt beim Gesprächspartner ein unangenehmes Gefühl der Einschüchterung bzw. Angst.

Wir werden im folgenden zwei Formen des Blickkontakts unterscheiden. Der ***ungerichtete Blickkontakt*** ist das ungerichtete Ansehen des Gesprächspartners im Sinne der Hinwendung des Gesichts und der Augen zum Gesicht und zu den Augen des anderen. Werden die Augen nicht auf eine bestimmte Stelle des Partners gerichtet und entfällt die Zentrierung der eigenen Augen bei der Naheinstellung, dann "wandern" Sie mit Ihren Augen im Gesichts- und Halsbereich Ihres Klienten, oder Sie blicken mit Ferneinstellung der Augen in Richtung auf den Gesprächspartner.

Dagegen gehört zum ***gerichteten Blickkontakt*** der Blick mit zentrierten, auf die Nähe eingestellten Augen in die Augen oder ins Auge des Klienten.

Die beiden Formen des Blickkontakts stellen unterschiedlich intensive Formen der Interaktion dar. Ihre Bereitschaft zuzuhören drücken Sie schon damit aus, daß Sie in Richtung des anderen blicken, ihm im Sinne des ungerichteten Blickkontakts Ihr Gesicht und Ihre Augen zuwenden.

Ihre *zunehmende Steigerung der Teilnahme* an seinen Äußerungen kommt zum Ausdruck, wenn Sie den Blick zunächst auf die Nasen-, Mund-, Augenregion richten, dauerhaft in Richtung der Augen blicken, ihm also in beide Augen sehen, und schließlich den Blick auf ein Auge konzentrieren, d.h. Ihre beiden Augen auf ein Auge Ihres Gesprächspartners richten.

Verwenden Sie einen etwa kopfgroßen Spiegel, und stellen Sie im Selbstversuch die Unterschiede fest, wenn Sie im Sinne ungerichteten Blickkontakts sich selbst anblicken und wenn Sie sich in die Augen sehen. Achten Sie dabei auf die variierende Größe Ihrer Pupillen.

Der übliche gerichtete Blickkontakt dauert bis zu 5 sec. Darüber hinaus wird er im allgemeinen vom Gesprächspartner als unangenehm empfunden und entartet besonders dann zum Anstarren, wenn er mit weit geöffneten Augen erfolgt.

Wenn Sie die Plätze für das Gespräch eingenommen haben, erwartet Ihr Klient ein Zeichen, daß das Gespräch beginnen kann. Zu diesem Zweck sollten Sie Blickkontakt aufnehmen. Gewöhnen Sie Ihren Gesprächspartner allmählich daran, daß Sie ihn ansehen, indem Sie ihn zunächst gelegentlich und dann häufiger anblicken (Gesicht und Augen im Sinne des ungerichteten Blickkontakts dem Klienten zuwenden) und daß Sie dann auch versuchen, gerichteten Blickkontakt aufzunehmen, bis etwa für die Hälfte der Gesprächszeit Blickkontakt der einen oder der anderen Form entsteht. Orientieren Sie sich aber in der Praxis nicht so sehr an dieser Regel, sondern an der Reaktion Ihres Klienten. Häufiges sofortiges Abwenden ist ein Zeichen der

Scheu und der Unsicherheit, das zur Zurückhaltung mahnen sollte, wenn Sie Ihren Klienten nicht verunsichern wollen.

Während des Gesprächs nimmt Ihr ***Klient*** Blickkontakt mit Ihnen auf, um sich Ihrer Zuwendung zu versichern. Er fragt mit den Augen, wie Sie auf das, was er sagt oder tut, reagieren; er sucht eine Rückmeldung über das Fortbestehen Ihres Interesses, und wenn er in einer Sprechpause Blickkontakt aufnimmt, erwartet er eine Hilfe, die ihn ermuntert weiterzusprechen, z.B. in Form einer Bestätigung, daß Sie ihn verstanden haben.

Als ***Gesprächsführender*** benutzen Sie den Blickkontakt, um Ihre Bereitschaft zuzuhören zu signalisieren. Sie können aber auch den Gesprächsablauf mit den Blicken leiten, indem Sie z.B. mit vermehrtem Blickkontakt andeuten, daß Sie auf das Gesagte reagieren wollen. Auch die Übergabe der Initiative vom Sprechenden zum Zuhörenden erfolgt mit Aufnahme des Blickkontakts, der dann selten länger als 2 sec dauert. Oft bleibt die Übergabe auch auf ein Anblicken beschränkt.

Es entspricht der natürlichen Interaktion, daß der Zuhörende häufiger den Blickkontakt sucht als der Sprechende, der seinerseits besonders zu Beginn längerer Ausführungen seltener Blickkontakt aufnimmt, weil er in dieser Phase seine Gedanken sammelt und sich nicht durch visuelle Eindrücke ablenken lassen möchte.

Die ***Häufigkeit*** der Blickkontaktaufnahme ist sowohl ein Zeichen für die Intensität, mit der ein Gesprächspartner die Interaktion sucht, als auch für die Sicherheit, mit der er seine Sache vertritt. Die Pupillenweite ist ein Indikator für seine emotionale Beteiligung.

Achten Sie einmal bewußt bei Gesprächen mit Freunden auf das feine Spiel des Blickkontakts während einer Unterhaltung. Sie werden dann feststellen, wie groß der Anteil der okularen Interaktion an dem Kommunikationsprozeß ist und welche unterschiedliche Bedeutung Blickkontakt haben kann.

Körperhaltung und Ausdrucksbewegungen

Körperhaltung und Ausdrucksbewegungen haben nicht nur diagnostische Bedeutung. Sie können damit Ihrem Klienten auch sehr feine Abstufungen aufnahmebereiter Zuwendung signalisieren.

Im folgenden Kapitel sollen Sie Ihre natürliche Fähigkeit schulen, auf Körperhaltungen und Ausdrucksbewegungen Ihres Klienten zu achten, ihre Bedeutung richtig zu interpretieren und Körperhaltung und Ausdrucksbewegung im Rahmen des auxiliären Gesprächs wirksam einzusetzen, um Ihrem Klienten das Sprechen zu erleichtern.

Als Regel für Ihre dem auxiliären Gespräch angemessene ***Körperhaltung*** mag gelten, daß jede natürliche Zuwendung der Interaktion dient, daß dagegen jede betonte absichtsvolle Spannung oder gewollte Lässigkeit dem eigentlichen Anliegen des auxiliären Gesprächs, nämlich den anderen aufzuschließen und über seine Probleme zu sprechen, ebenso widerspricht wie die Betonung des eigenen Äußeren.

Wie würden Sie reagieren, wenn Sie trotz eifrigen Lernens kurz vor einem Examen unbeherrschbare Angst bekämen, durchzufallen? Der Gesprächsführende, dem Sie sich anvertrauen wollen, tritt mit einer dicken poprahmigen Hornbrille auf, sitzt mit weit zurückgeneigtem Oberkörper auf einem verstellbaren Freizeitstuhl, die Beine hochgelegt, die Arme vor der Brust verschränkt, und beginnt das Gespräch Auge in Auge mit der Frage: "Warum haben Sie Angst?"

Sie können mit der Korrektur des überzeichneten Beispiels leicht die Körperhaltung festlegen, die aufnahmebereite Zuwendung ausdrückt, wie Sie sie im allgemeinen von einem Menschen erwarten, mit dem Sie über ernste Fragen sprechen wollen. Die aufrechte oder leicht vorgeneigte entspannte Sitzhaltung mit voller Zuwendung entspricht wohl am ehesten jedem Anlaß zu einem auxiliären Gespräch und erlaubt es, ohne Anstrengung Blickkontakt aufzunehmen und aufrechtzuerhalten.

Arme und Hände des Gesprächsführenden sollten natürlich und ruhig gehalten werden, weder als "Mauer" dienen noch z.B. beim Spiel mit dem Bleistift in ständiger Bewegung sein. Leichtes Vorneigen des Kopfes kann Aufforderungscharakter haben, Schrägneigung ebenso Zeichen interessierten Zuhörens sein wie das leichte Aufstützen des Kopfes bei Beibehaltung des Blickkontakts mit dem Klienten.

Die *Körperhaltung* Ihres Klienten gibt Ihnen manchen Hinweis auf seinen seelischen Gesamtzustand. Denken Sie an die unvollständige frontale Zuwendung des Verschlossenen oder Reservierten, die in sich zusammengesunkene Haltung des Traurigen oder Kraftlosen, die herabhängenden Schultern desjenigen, der aufgegeben hat, aber auch die emotionalen Saiten, die im Laufe eines Gesprächs anklingen können und sich in der Körperhaltung bzw. der Intensität und der Häufigkeit ihres Wechsels ausdrücken. Bei innerer Bewegung wechselt Ihr Klient seine Sitzhaltung mehrfach und meist auch entsprechend der Stärke seiner Gefühle in ausgeprägter Form. Z. B. wird aus der aufrechten Sitzhaltung ein weites Vorbeugen, etwa mit Aufstützen der Ellenbogen, aus der Ablehnung ein steifes Sichzurücksetzen usw. Der Unruhige wechselt seine Körperhaltung u. U. dauernd. Der Unsichere gibt spätestens dann seine lockere Haltung auf, wenn es um kritische Gesprächsinhalte geht. Der Ängstliche versucht dadurch "den Kopf zwischen die Schultern zu ziehen", daß er die Schultern leicht anhebt und nach vorn bringt.

Ausdrucksbewegungen sind Bewegungen, die ein seelisches Geschehen ausdrücken, Bewegungen also der Glieder, der Hände, der Füße, der Schultern, des Kopfes und des Gesichts, die absichtlich oder unabsichtlich als Sprachhilfen oder Sprachersatz verwendet werden. Ihr Klient setzt sie ein, um seine verbalen Äußerungen zu erläutern, zu illustrieren, zu betonen oder um ggf. das Gesagte zu widerrufen, aber auch - und das ist in unserem Zusammenhang noch wichtiger -, um Ihnen Emotionales oder Attitudinales mitzuteilen, das den mehr rationalen Inhalt des Gesagten begleitet.

Sie benutzen Ausdrucksbewegungen, um Ihre Teilnahme am Gesagten, Ihre aufnahmebereite Zuwendung zum Ausdruck zu bringen.

Für unser Thema besonders wichtig sind die sogenannten ***Regulatoren***. Sie regulieren das Hin und Her eines Gesprächs, sagen dem, der spricht, ob er fortfahren, wiederholen, verlangsamen oder beschleunigen soll, ob er interessant oder langweilig wirkt und ob man das, was er zum Ausdruck bringt, versteht. Hierher gehören neben den Besonderheiten des Blickkontaktes, auf die wir schon eingegangen sind, die kleinen Kopf- und Augenbewegungen, die wir kaum bewußt wahrnehmen, aber doch sehr wohl zu deuten wissen. Schon ein leichtes Kopfnicken kann für Ihren Klienten deutliches Zeichen Ihrer aufnahmebereiten Zuwendung und Aufforderung bedeuten weiterzusprechen.

Im Gespräch kommen auch die ***Illustratoren*** zur Geltung, die gesprochene Wörter mit Bewegungen erläutern: Der auf einen imaginären Punkt deutende Finger, das Kopfschütteln, das mit der ausgesprochenen Ablehnung einhergeht usw.

Unter ***Affektanzeigern*** versteht man Haltungen und Bewegungen, die Emotionen zum Ausdruck bringen, die zusätzlich verbal vorgetragen werden können. Sie wiederholen, betonen, schwächen ab oder widersprechen dem Gesagten, etwa der Gesichtsausdruck des Ärgers oder der Traurigkeit, der das Gesagte unterstreicht, u.U. aber auch mit einer gegenteiligen Ausdrucksbewegung aufhebt, z.B. der Verärgerte:

"Ich habe Ihnen meine Bewunderung nicht verhehlt."

und dazu ein verächtlicher Gesichtsausdruck oder ein Rümpfen der Nase.

Ausdrucksbewegungen zeigen also Gemütsbewegungen an. Ihre richtige Deutung kann nur im Kontext der Gesamtäußerung erfolgen. Ausdrucksbewegungen erfolgen mit dem Kopf

- als zustimmendes oder ermunterndes Nicken,
- als Vorstrecken oder Zurücknehmen des Kopfes, das Intensivierung bzw. Verminderung der Kontaktbereitschaft bedeuten kann,
- als Drehen um die vertikale Achse im Sinne der Zuwendung oder Abwendung,
- als seitliche Neigung, meist verbunden mit vertikaler Drehung im Sinne des Überlegens oder bei gleichzeitiger Hin- und Herbewegung als Ausdruck des Zweifelns oder Zögerns,
- als Steilstellung der Halswirbelsäule und damit als Zeichen der Reserviertheit und des Abwartens.

Im ***Gesichtsausdruck (der Mimik)*** Ihres Klienten spiegeln sich seine Gefühle und Einstellungen wider. Das Gesicht zeigt, wie Ihre Reaktionen aufgenommen werden. Insgesamt ist das Gesicht gleich nach der Sprache die wichtigste Informationsquelle für die auxiliäre Gesprächsführung, und zwar sowohl für das Verständnis des Gesagten (kognitiver Anteil) als auch für die Einfühlung in den emotionalen Anteil der Äußerungen.

Die Wahrnehmung und die Deutung des Gesichtsausdrucks ist keineswegs einfach oder gar selbstverständlich. Einmal kann die Mimik recht komplexe seelische Inhalte zum Ausdruck bringen (sehen Sie einmal bewußt in einen Spiegel, und lachen Sie dabei über sich selbst), zum anderen sind Ausdrucksbewegungen des Gesichts vieldeutig.

Aufgabe 4/3: Da Sie gerade den Spiegel zur Hand genommen haben, sollten Sie gleich versuchen, weitere eigene mimische Äußerungen darzustellen. Wer Emotionen averbal gut ausdrücken kann, hat auch eine ausgeprägte Fähigkeit, sich in andere auf dem Weg der Deutung von Ausdrucksbewegungen und Mimik einzufühlen.

a) Versuchen Sie einmal, mimisch einen Gefühlszustand auszudrücken, der sich einstellt, wenn Sie eine Prüfung, die Sie nach eigener Beurteilung mindestens gut schaffen mußten, gerade noch bestanden haben. Welches Gefühl wollen Sie ausdrücken? Welche mimischen Veränderungen zeigt dabei Ihr Spiegelbild?

b) Sie erhalten von einer Freundin oder einem Freund ein ungewöhnlich großes Weihnachtsgeschenk, sagen wir ein teures Lehrbuch. Welches Gefühl wollen Sie ausdrücken? Wie ändert sich Ihre Mimik?

c) Bitten Sie eine andere Person, während Sie in den Spiegel schauen, eine Tür (ohne Glasscheiben) einmal laut zuzuschlagen, ohne daß Sie vorher den Zeitpunkt des Knalls genau kennen. Versuchen Sie, in Ihrem eigenen Gesichtsausdruck unberührt zu bleiben. Schaffen Sie das?

Zu den häufigen Ausdrucksbewegungen des Gesichts gehören:

- die Bewegungslosigkeit, die seelisches Erstarren ausdrückt,
- Aufwärtsbewegungen der Augenbrauen, die ein Erstaunen oder Freude ausdrücken,
- das Runzeln der Stirn im Sinne angestrengten Nachdenkens, aber auch der Abneigung und des Widerwillens,
- die Weitstellung der Augenlider als ein Zeichen der Öffnung, aber auch - im entsprechenden Kontext - als Ausdruck von Schreck, Angst oder Entsetzen.

So ist auch das *Blinzeln* als freundliches Zwinkern zu verstehen oder als angedeutetes Abblenden, das deutlicher im Zukneifen der Augenlider zur Geltung kommt.
Ausdruck nur teilweiser, eher verstohlener Zuwendung, ist das *seitliche Ansehen* seines Gesprächspartners.
Ein *Runzeln* der Nase spricht für sich selbst.
Spöttisches oder höhnisches Lächeln ist in erster Linie Ausdruck des Mundes, nicht der Augen.
Angehobene Mundwinkel zeigen gehoben-freudige, gesenkte Mundwinkel eine traurige Stimmung an.

Das *Lecken der Lippen* ist je nach Geschwindigkeit des Bewegungsablaufs Zeichen des Genusses oder nervöses Wegwischen bzw. Anfeuchten.
Lippenbeißen gilt als Zeichen der Verlegenheit oder sehr intensiven Nachdenkens.
Geschürzte Lippen weisen auf Ablehnung oder Arroganz hin.

Auch mit ***Rumpf- und Schulterbewegungen*** kann Ihr Klient über die Dauerhaltung hinaus seelisches Geschehen ausdrücken, z.B. wechselndes Vor- oder Rückwärtsneigen bzw. Seitwärtsdrehen der Schultern als Ausdruck wechselnder Zuwendung. Hochziehen der Schultern signalisiert Zweifel, wenn man seiner Sache nicht sicher ist.

Für die Deutung der Ausdrucksbewegung der ***Extremitäten*** berücksichtigt man Bewegungsrichtung, Intensität, Tempo, Häufigkeit und Wechsel und ob sie adäquat oder in abweichender Weise zur Verdeutlichung der verbalen Äußerung eingesetzt werden.

Achten Sie darauf, daß es bei Körperhaltungen und Ausdrucksbewegungen nicht nur auf die Art von Haltung und Bewegung ankommt, sondern auch auf den Gesprächsinhalt, als dessen Begleitung sie eingenommen bzw. ausgeführt werden. Bei welcher Gelegenheit, an welcher Stelle des Gesprächs lehnt sich Ihr Klient zurück? Wann bricht er den Blickkontakt ab, und an welcher Stelle des Gesprächs beginnt er mit den Fingern zu trommeln?

Erst aus *Gesprächsinhalt und Gesprächsablauf* - dem Kontext - kann man erkennen, ob verschränkte Arme ein Sich-Zurückziehen gegenüber dem Gesprächsführenden bedeuten oder ob damit gewisse Reserven bei dem geschilderten Sachverhalt gemeint sind. Das Kratzen oder Reiben im Gesicht, immer wiederholtes Zupfen an Barthaaren sind im Zusammenhang mit der Äußerung des Klienten zu verstehende Zeichen der Unentschlossenheit, der Ratlosigkeit, der Verlegenheit, des Zweifels oder der Ungeduld, die als Knipsen mit den Fingernägeln oder rhythmisches Mit-dem-Fuß-Wippen zum Ausdruck kommt. Langsames Reiben des Nasenrückens oder des Kinns sind eher Zeichen des Nachdenkens und werden dann Ausdruck der Unsicherheit und Ungeduld, wenn sie mehrfach wiederholt werden. Hüten Sie sich aber vor übereilter und phantasiereicher Deutung solcher Symptome! Nicht jedes Reiben der Nase bedeutet, daß Ihr Klient Sie "nicht riechen kann", nicht jedes Wippen mit dem Fuß ist Ausdruck einer Aggression.

Mit Ihren eigenen Ausdrucksbewegungen sollten Sie während des auxiliären Gesprächs genauso sparsam sein wie mit Ihren verbalen Reaktionen. Zeigen Sie mit Ihren Ausdrucksbewegungen, daß die Gefühle Ihres Klienten in Ihnen anklingen, daß Sie ihn verstehen. Zeigen Sie Ihre freundliche Aufnahmebereitschaft. Einfühlung und Ausdrucksbewegungen, die sie begleiten, sind aber nicht gleichzusetzen mit Gefühlsansteckung oder gar mit dem Versuch, die Gefühle Ihres Klienten selbst deutlich auszudrücken. Deshalb ist es eine gute Übung, ausgesprochene oder mit Mimik und Gestik ausgedrückte Gefühle Ihres Klienten nicht mit gleicher Intensität nachzuahmen, sondern sie nur anzudeuten.

Verbale Zeichen aufnahmebereiter Zuwendung

Die Darstellung des aktiven Zuhörens wäre ohne verbale Reaktionen des Gesprächsführenden auf die Äußerungen seines Klienten unvollständig. Es geht hier zunächst um verbale Reaktionen als Zeichen der aufnahmebereiten Zuwendung, z.B. Formen der Ermutigung oder der Fragestellung, also um *generelle Hilfen* zur Einleitung, zum Verlauf und zur Beendigung eines Gesprächs, weniger um das Eingehen auf den Inhalt des Gesprächs.

Nachdem wir mehrfach darauf hingewiesen haben, daß Reaktionen des Gesprächsführenden auf ein Minimum beschränkt bleiben sollen, stellt sich die Frage, bei welchen Anlässen er während des auxiliären Gesprächs überhaupt die Rolle des Zuhörenden verläßt und selbst spricht.

Aufgabe 4/4: Zählen Sie in Stichworten Situationen auf, in denen Sie ein verbales Eingreifen des Gesprächsführenden für erforderlich halten. Kennzeichnen Sie Situationen, in denen der Klient die Initiative des Gesprächsführenden erwartet, mit einem K, und die, in denen der Gesprächsführende auch ohne diese Erwartung verbal auf die Äußerungen seines Klienten eingeht, mit einem G.

Die Gesprächssituationen, die ***verbale Reaktionen*** des Gesprächsführenden erforderlich machen, lassen sich in Gruppen zusammenfassen.

1. Ihr Klient erwartet im allgemeinen, daß Sie bei der ersten Kontaktaufnahme die Initiative übernehmen, d.h. ihn begrüßen, sich vorstellen, ihm einen Platz anbieten und ihn auffordern, sein Problem zu schildern. Man spricht auch von der ***Anbahnungsreaktion.***

2. Im allgemeinen erwartet Ihr Klient auch von Ihnen, daß Sie dann Ihre aufnahmebereite Zuwendung signalisieren, Ihre Bereitschaft aussprechen, seinem Bericht zuzuhören, oder daß Sie Fragen stellen. Das ist die ***Bereitschaftsreaktion*** oder ***Zuwendungsreaktion.***

3. Viele Klienten erwarten von Ihnen einen Rat = ***Beratungsreaktion.*** Das Ziel des auxiliären Gesprächs - die Klärung der Problemsituation und die Stärkung des Selbstvertrauens Ihres Klienten zur selbständigen Problemlösung - schließt einen Rat nicht aus. Er sollte grundsätzlich nur nach ausführlicher Analyse des Problems und nur dann erfolgen, wenn es nicht gelingt, den Klienten zu brauchbaren *eigenen* Problemlösungsvorschlägen anzuregen.

4. Im Laufe eines auxiliären Gesprächs stellen Klienten dem Gesprächsführenden Fragen, auf die Sie mit den sog. ***Antwortreaktionen*** eingehen müssen.

5. Im Verlauf eines auxiliären Gesprächs kann es erforderlich werden, daß Sie den Klientenbericht z.B. im Sinne der Hinführung auf das Wesentliche, die Vertiefung, die Abkürzung, die Klärung usw. lenken. Insofern spricht man von ***strukturierenden Reaktionen.***

Es gibt also trotz des generellen Ziels im auxiliären Gespräch, den Klienten sprechen zu lassen, eine ganze Reihe von Gelegenheiten, bei denen Sie Äußerungen Ihres Klienten anregen, Stellungnahmen zu bestimmten Einzelheiten herausfordern, reagieren, konstatieren oder kontrastieren, ggf. auch in Frage stellen oder Problemlösungsmöglichkeiten erörtern.

Bei allen genannten Gelegenheiten soll es Ihr Hauptziel sein, sich dem Klienten verständlich zu machen. Das ist die Voraussetzung dafür, daß er sich und sein Problem auf Grund des Gesprächs besser versteht und zu einer selbständigen Lösung fähig wird. Wählen Sie deshalb eine dem Patienten ***angemessene Sprache***, d.h. Begriffe und einen Satzbau, die seinem Ausbildungsstand und seinem Bezugssystem bzw. seinem kulturellen Hintergrund angemessen sind. In den meisten Fällen wird das bedeuten, daß Sie Fachterminologie hinter der allgemeinen Verständlichkeit zurücktreten lassen müssen. Z.B. ist es nicht zweckmäßig zu fragen:

"Haben Sie einen Myokardinfarkt gehabt?"

Der Begriff "Herzanfall" ist für jedermann verständlich, und die Unterscheidung von Endo-, Myo-, Epi- und Perikard hat zwar eine anatomisch-pathologische Bedeutung, ist aber für die auxiliäre Gesprächsführung von untergeordneter Bedeutung. Ähnliche negative Beispiele lassen sich für jedes Berufsfeld anführen, in dem auxiliäre Gespräche stattfinden.

Grundsätzlich haben Sie zwei Möglichkeiten, aktiv auf die Äußerungen Ihres Klienten zu reagieren, indem Sie entweder fragen oder kurze Aussagen formulieren, mit denen Sie Ihre Aufnahmebereitschaft zeigen und/oder Ihren Klienten ermutigen, weiterzusprechen bzw. seine Äußerungen in einer bestimmten Richtung zu vertiefen.

Kleine Ermutigungen machen es dem Klienten leichter, mit der Schilderung seiner Probleme zu beginnen bzw. sie an Stellen des natürlichen Stockens - z.B. durch Fomulierungsschwierigkeiten, Erinnerungslücken, Schamgefühl oder emotionale Überwältigung - fortzusetzen. Ein eingestreutes "Hm-hm", ein Kopfnicken, das dem Klienten zeigt, daß Sie ihn verstanden haben, die leichte auffordernde Geste mit der Hand, etwa wie beim Anbieten eines Stuhles, das angedeutete Vorbeugen des eigenen Oberkörpers oder das Vorneigen des Kopfes und die damit verbundene Verringerung des Abstandes zum Klienten sind *averbaler* Ausdruck vermehrter Zuwendung und gleichzeitig Aufforderung zu sprechen bzw. den Bericht fortzusetzen.

Auch *verbal* können Sie Ihrem Klienten mit kleinen Ermutigungen helfen, seine Probleme zu schildern. Das bestätigende "Ja" oder "Gut" sollte immer so klingen, daß es nicht als Bewertung des Gesagten, sondern eher als Frage oder als Bestätigung des eigenen Verstehens aufgefaßt wird. Das gilt auch für Ihre Feststellung "Das kann ich Ihnen nachfühlen" oder "Das habe ich verstanden". Weitere kurze Äußerungen Ihrer Aufnahmebereitschaft sind ein "So" - "Aha" - "Und dann?" oder "Ich kann mich gut in Ihre Lage versetzen", die Sie gelegentlich in das Gespräch einstreuen können.

Es hilft dem Patienten weiter, wenn Sie nach einem Beispiel fragen:

"Können Sie mir das an einem Beispiel erläutern?"

oder wenn Sie die Bedeutung eines bestimmten Ereignisses für die Entstehung des Problems zu ergründen suchen, z.B.

"Welche Bedeutung hatte dieses Ereignis für Ihre Entwicklung?"

Ermutigen kann auch das Eingehen auf die emotionale Reaktion des Klienten, z.B.

"Wie haben Sie sich danach gefühlt?"

Besonders die letztgenannten kleinen Ermutigungen sind für den Klienten auch ein Zeichen Ihrer aufnahmebereiten Zuwendung, an denen er erkennt, daß Sie mitdenken und versuchen, sich in seine Probleme einzufühlen. Fragen wie

"Woran denken Sie im besonderen?"

oder der Hinweis

"Das scheint Ihnen besonders wichtig zu sein"

regen nicht nur zur Vertiefung des Gesprächs in einer bestimmten Richtung an, sondern zeigen dem Klienten auch Ihr Interesse an seiner Darstellung.

Aufgabe 4/5: Wie würden Sie auf die Äußerung eines 32jährigen Steuerhelfers reagieren, der Schwierigkeiten hat, sich durch das Bestehen einer staatlichen Anerkennungsprüfung hochzuarbeiten?

*"Das war schon der zweite Versuch - und wieder daneben.
Ich hab's nicht geschafft. Offenbar habe ich nicht das Zeug dazu."*

a) Welche averbale Ermutigung würden Sie hier benutzen, um die negative Selbsteinschätzung zu mildern?

b) Welche verbale Ermutigung bringt zum Ausdruck, daß Sie sich in Ihren Klienten einfühlen?

c) Welche Frage könnte als Ihr Wunsch aufgefaßt werden, die Bedeutung des Ereignisses für Ihren Klienten besser zu verstehen?

Stockungen überwindet man z. B. mit der *Wiederholung* der letzten Worte, als Ausssage und ggf. in Frageform, z. B.

"Sie haben keine glückliche Jugend erlebt?"

Noch stärkeren Aufforderungscharakter, weiter zu berichten, hat die *Frage:*

"Möchten Sie mit mir darüber sprechen?",

aber nicht im Sinne eines Angebots zum Ausweichen

"Möchten Sie nicht mit mir darüber sprechen?"

Auch Ihre direkte *Aufforderung,* auf ein bestimmtes Thema näher einzugehen, wirkt ermutigend, z. B.

"Bitte erläutern Sie doch näher, . . ."

Wenn es dem Klienten sichtlich schwer fällt, sich zu einem bestimmten Thema zu äußern, kann man u. U. mit der Feststellung dieses Sachverhaltes unmittelbar darauf eingehen und die Blockierung überwinden, z. B.

"Es fällt Ihnen sichtlich schwer, darüber zu sprechen, aber . . ."

Auch bisherige Gesprächserfolge können Sie dazu nutzen, Blockierungen zu überwinden, indem Sie Ihrem Klienten durch Betonung des bisher Erreichten Erfolgserlebnisse vermitteln, z. B.

"Sie haben bisher so freimütig von Ihrem Problem berichtet . . .".

Ziel dieser Ermutigungen ist es, den Klienten zu öffnen und ihn im richtigen Augenblick in einer Gesprächsphase zu stützen, die für sein und Ihr Verständnis des Problems von besonderer Bedeutung zu sein scheint. Psychologen sprechen in diesem Zusammenhang von der *assistierten Selbstexploration.*

Denken Sie daran, daß Ihr echtes Interesse an dem Problem Ihres Klienten die natürliche Grundlage der aufnahmebereiten Zuwendung bildet. Vermeiden Sie dagegen, neugierig zu wirken. Neugier schreckt einen sensiblen Gesprächspartner ab. Neugierig wirken Sie, wenn Ihr Gesprächspartner den Eindruck gewinnt, daß der Sensationswert seiner Äußerung für Sie größer ist als der Informationswert. Der Tonfall, mit dem Sie eine Frage stellen, hat für diese Unterscheidung nicht unerhebliche Bedeutung.

Fassen wir noch einmal zusammen:

Zu den averbalen Ermutigungen gehören Haltungsänderungen und Ausdrucksbewegungen, deren Aufforderungscharakter auf der vermehrten, aufnahmebereiten Zuwendung beruht.

Verbale kleine Ermutigungen reichen von eingestreuten einzelnen Wörtern der Bestätigung, des Verstehens, über die Bitte um Erläuterung bis zum unmittelbaren Eingehen auf den Anlaß einer Blockierung als Aufforderung weiterzusprechen.

Im Zusammenhang mit den kleinen Ermutigungen soll hier auf den größeren Rahmen eingegangen werden, in dem dieses Thema gesehen werden muß. Wenn Sie mit dem auxiliären Gespräch dem Klienten über die Selbstfindung bei der Lösung seiner Probleme helfen wollen, gilt es, schon in der Phase der Darstellung des Problems durch aufnahmebereite Zuwendung das Selbstvertrauen des Klienten zu stärken. Erst dann wird er sich öffnen und auch vor schwierigen Gesprächspassagen nicht zurückschrecken. Die Methode, mit der man dem Gesprächspartner Erfolgserlebnisse vermittelt, die ihn dazu motivieren, sich mitzuteilen, und auch den emotionalen Hintergrund erschließen, der für die Lösung seines Problems von Bedeutung ist, nennen wir ***Verstärkung***. Skinner (1953) formuliert dazu:
"Jedes Zeichen zustimmender Bestätigung wirkt verstärkend. Jeder Mensch verstärkt wahrscheinlich das Verhalten anderer, das er billigt."

Diese Feststellung bedarf für unsere Zwecke der Ergänzung. Die Verstärkung soll nicht auf Wertvorstellungen des Klienten gerichtet sein, d.h. nicht gutheißen, was er gutheißt, sondern seine Absicht fördern, sich auszusprechen, um sein Leben besser bewältigen zu können. Die Anwendung der Verstärkung und damit auch der kleinen Ermutigungen birgt die Gefahr der falsch verstandenen Solidarität. Wo die Grenzen zwischen Verstärkung und Sympathisieren liegen, können Sie leicht in einem Selbstversuch erkennen, den Sie mit einem Freund oder vor dem Spiegel durchführen:

Wenn Sie bei einer Äußerung Ihres Gesprächspartners von Zeit zu Zeit lediglich einmal leicht mit dem Kopf nicken, heißt das am ehesten "Ich verstehe, wovon Sie reden". Auch ein leichtes mehrmaliges Kopfnicken nacheinander wird noch so zu verstehen sein.

Nicken Sie mehrmals kraftvoll und in rascher Folge, heißt das schon: "Ich teile Ihre Auffassung."

Ebenso können Sie verbal mit einem neutral gesprochenen "Ja" Ihr Verständnis ausdrücken, mit einer akzentuierten Bestätigung "Ja-ja!" Gefahr laufen, daß Ihre als Verstärkung gemeinte Aufforderung, sich weiter zu äußern, mißverstanden wird als ein Sympathisieren mit dem Klienten. Es ist deshalb erforderlich, daß Sie zwischen verschiedenen Formen des Mitgefühls unterscheiden. Ihr Klient braucht nicht Sympathie, d.h. Mitgefühl im Sinne wertender Zustimmung, sondern Einfühlung. Das ist Ihr Bemühen, sich in ihn hineinzuversetzen, um seine Gefühle und seine Motive zu verstehen und ihm dabei zu helfen, sein Problem zu lösen.

Aufgabe 4/6: Entwickeln Sie selbständige Definitionen zu den Kernbegriffen der aufnahmebereiten Zuwendung:

Rapport, Blickkontakt, kleine Ermutigungen.

Vergleichen Sie dann Ihr Ergebnis mit den Textstellen.

Aufgabe 4/7: Formulieren Sie kleine Ermutigungen, mit denen Sie Ihrem Klienten das Sprechen dadurch erleichtern wollen, daß Sie

a) Ihr Verständnis bekunden,
b) nach der Bedeutung eines bestimmten Ereignisses fragen,
c) sich nach seiner emotionalen Reaktion auf ein Ereignis erkundigen,
d) eine spezielle Information erbitten,
e) das Thema, bei dem er aus Scham stockt, unmittelbar ansprechen.

Vergleichen Sie dann Ihre Formulierungen mit den Textbeispielen.

Aufgabe 4/8:

a) Verwenden Sie die Texthervorhebungen, um die Seiten 47 bis 63 noch einmal zu überdenken. Beantworten Sie erst dann folgende Fragen, die Ihnen zusammenfassend einen roten Faden zum Thema "Aufnahmebereite Zuwendung" bieten:
a 1: Was bedeutet "Rapport" in der auxiliären Gesprächsführung?
a 2: Nennen Sie averbale Mittel, die Ihre aufnahmebereite Zuwendung ausdrücken.
a 3: Wie könnte man ein Meiden des Blickkontakts ggf. interpretieren?
a 4: Wie unterscheiden Sie gerichteten und ungerichteten Blickkontakt?
a 5: Wie äußert sich die Zunahme Ihrer aufnahmebereiten Zuwendung im Blickkontakt?
a 6: Wie lange dauert üblicherweise ein gerichteter Blickkontakt?
a 7: Welche Bedeutung messen Sie dem Blickkontakt für die Interaktion beim Gespräch (okulare Interaktion) zu?

a 8: Wozu verwendet Ihr Klient Ausdrucksbewegungen beim Sprechen?
a 9: Wozu verwenden Sie Regulatoren, Illustratoren, Affektanzeiger?
a 10: Wozu müssen Sie die einzelnen Ausdrucksbewegungen und Körperhaltungen in Beziehung setzen, um eine sinnvolle Deutung zu ermöglichen?
a 11: In welche 5 Gruppen können Sie die verbalen Reaktionen im Rahmen der aufnahmebereiten Zuwendung unterteilen?
a 12: Was verstehen Sie unter angemessener Sprache?
a 13: Welche averbalen und verbalen Formen kleiner Ermutigungen können Sie aufführen?
a 14: Wie überwinden Sie Stockungen Ihres Klienten?
a 15: Was verstehen Sie unter assistierter Selbstexploration?
a 16: Wie nennen Sie die Methode, mit der Sie dem Klienten Erfolgserlebnisse vermitteln, die ihn öffnen?

b) Versuchen Sie, z.B. einem Kollegen, einem Freund oder einem Kommilitonen zu erklären, was "aufnahmebereite Zuwendung" heißt. Berücksichtigen Sie dabei folgende Fragen:
- Was muß ich erwähnen, um mich verständlich zu machen?
- Mit welchem Beispiel kann ich das Gesagte erläutern?
- Wie kann ich feststellen, ob ich mich verständlich gemacht habe?

Verwenden Sie bei dieser praktischen Übung bewußt Blickkontakt und Ermutigungen als Zeichen Ihrer Zuwendung.

Frageformen und Fragetechnik

Fragen haben im auxiliären Gespräch eine *mehrfache Bedeutung.* Sie tragen im rationalen, emotionalen und attitudinalen Bereich zur Vertiefung des Verständnisses - sowohl des Klienten als auch des Gesprächsführenden - bei. Auf diesen Aspekt der Vertiefung der Kommunikation werden wir im Kapitel über die Resonanz ausführlicher eingehen. Fragen bringen aber auch das Interesse des Gesprächsführenden am Klienten und seinem Problem zum Ausdruck. Sie sind Zeichen aufnahmebereiter Zuwendung. Als solche können sie vom Klienten auch mißverstanden werden, weil in einem Gespräch, in dem einer die Fragen stellt und der andere sie beantwortet, für den Klienten leicht die Atmosphäre der Unselbständigkeit entsteht, ja vielleicht sogar der Passivität. Das würde aber dem Grundanliegen der auxiliären Gesprächsführung widersprechen, dem Klienten zu helfen , selbst sein Problem zu lösen.

Deshalb kann es auch nicht Ziel der Gesprächsführung sein, Fragen zu stellen, um damit vom Klienten in möglichst kurzer Zeit möglichst viele Informationen zu gewinnen, sondern eher so zu fragen, daß Klient und Gesprächsführender das Problem in seiner ganzen Bedeutung erkennen und wirklich erfassen, wie der Klient das Problem erlebt. Es gilt also, Fragen so zu formulieren, daß der Klient sie als Anregung versteht, in sich selbst hineinzuhorchen, zu analysieren und Zusammenhänge zu erkunden, die sein Verständnis für das Problem und sein Selbstverständnis fördern.

Der zweite *Vorbehalt* gegenüber einem Frage-Antwort-Muster der Gesprächsführung ergibt sich aus dem ersten. Als Gesprächsführender können Sie nur zu leicht in die Rolle des Fachmannes abgleiten, der ohnehin weiß, "wo der Schuh drückt", und der mit seinen Fragen die geeignete Lösung ansteuert, die er parat hat. Der Klient wird das schnell merken und zwar willig antworten, ja Sie sogar in Bereiche eindringen lassen, die er sonst verschlossen hält, aber dann auch geradezu als Gegenleistung von Ihnen erwarten, daß Sie ihm Ihre Lösung seines Problems anbieten, die er doch eigentlich selbst finden soll.

Fragen behalten im auxiliären Gespräch ihre positive Bedeutung, wenn Sie sich - bevor Sie Fragen stellen - selbst über drei Voraussetzungen klar werden:

- Unterbrechen Sie mit Ihrer Frage Ihren Klienten?
- Welchen Nutzen hat die Frage für Ihren Klienten?
- Welche Frageform ist am geeignetsten, um die Selbstexploration Ihres Klienten zu unterstützen?

Fragen, die dazu dienen sollen, Ihren Klienten aufzuschließen, seine Probleme ausführlich zu schildern, sollten nicht mit Ja/Nein oder in Kurzform zu beantworten sein, etwa

"Sind Sie darüber noch traurig?" – "Ja"

oder

"Wann haben Sie geheiratet?" – "1972".

Derartige gezielte oder ***geschlossene Fragen*** veranlassen den Klienten kaum, nach einer ausführlichen Antwort zu suchen, mit der er auf sein eigenes Erleben eingeht. Es besteht sogar die Gefahr, daß geschlossene Fragen ihn dazu anregen, wie im ersten Beispiel mit einem Ja oder Nein Ihre Vermutung zu bestätigen; dann ist nicht nur die Absicht, den Klienten zu öffnen, fragwürdig, sondern auch die Gültigkeit der Information, die er Ihnen vielleicht nur gegeben hat, um Ihnen einen Gefallen zu tun.

Es kommt erschwerend hinzu, daß geschlossene Fragen eben durch die Kürze der Antwort dazu führen, daß der Fragende sich in schneller Folge neue Fragen einfallen lassen muß und damit den Schwerpunkt seiner Bemühungen vom Zuhören und von der beabsichtigten Beobachtung seines Patienten auf eigene Gesprächsbeiträge in Frageform verlegen muß.

Mit dieser Schilderung sollen nicht alle gezielten Fragen aus dem auxiliären Gespräch verbannt werden. Sie sind ungeeignet in der Öffnungsphase und um einen bestimmten kognitiven, emotionalen oder attitudinalen, d.h. auf Einstellungen gerichteten Gesprächsbereich zu erweitern, weil es eher im Wesen geschlossener Fragen liegt, ein Thema mit einer bestimmten Antwort einzuengen oder abzuschließen. Damit ist schon die Gelegenheit angedeutet, bei der man auch im Rahmen eines auxiliären Gesprächs geschlossene Fragen bewußt stellen kann: Wenn es gilt, punktförmig Fakten zu erheben.

Gezielte Zwischenfragen können auch bei Weitschweifigkeit zum Thema oder zum Kern der Darstellung zurückführen, die Aufmerksamkeit Ihres Klienten auf einen bestimmten Punkt oder einen Themenbereich richten, z.B. notfalls nach einer langatmigen Darstellung über den Geschmack von Tabletten:

"Haben Sie Ihre Tabletten auch dreimal täglich eingenommen?"

Zusammengefaßt haben geschlossene Fragen drei Nachteile:

1. Sie tragen weder zur Öffnung des Klienten noch zu selbständiger Darstellung bei, sondern engen ihn ein.
2. Sie können suggestiv wirken und den Klienten zu einer vermeintlich erwünschten Antwort verleiten.
3. Sie zwingen Sie, in schneller Folge neue Fragen zu formulieren.

Aufgabe 4/9: Formulieren Sie je drei geschlossene Fragen zu folgenden Sachverhalten (Ihr Klient ist ein 38jähriger Polizeibeamter):

a) Eheleben
b) Beruf
c) Hobby

Wandeln Sie danach Ihre geschlossenen Fragen in offene Sondierungsfragen um. Vermeiden Sie möglichst "Warum"-Fragen.

Sehen Sie die Beispielfälle 1 und 9 am Ende dieses Buches daraufhin durch, welche Reaktionen der Gesprächsführende als geschlossene Fragen formuliert hat, auf die der Klient ggf. mit "Ja" oder "Nein" antworten könnte.

Offene Fragen führen weder zu Ja-/Nein- noch zu bloßen Faktenantworten, sondern wirken als Aufforderung, ausführlicher auf das Thema einzugehen. Zum Beispiel regen Sie Ihren Klienten mit der Frage

"Wie würden Sie die Beziehung zu Ihrer Freundin näher erläutern?"

an, diese Beziehung zu schildern, nicht aber mit der Frage

"Lieben Sie Ihre Frau?" - (Antwort: "Ein bißchen.")

oder als Anregung

"Die einen gehen gern zur Schule, die anderen nicht.
Wie denken Sie darüber?"

statt

"Gehen Sie gern zur Schule?" - (Antwort: "Nein.").

Mit offenen Fragen provozieren Sie eher Berichte über Ereignisse, Einstellungen und gefühlsmäßige Reaktionen. Es geht bei offenen Fragen weniger um das gezielte Gewinnen von Informationen, sondern darum, den Klienten anzuregen, über sich selbst und sein Problem nachzudenken, und ihm Gelegenheit zu bieten, sein Erleben zu schildern. Der Grundsatz der Lernpsychologie, daß man am intensivsten lernt, wenn man versucht, anderen etwas zu erklären, bekommt hier in bezug auf die Problemerläuterung und die Selbsterkenntnis eine ganz besondere Bedeutung.

Mit offenen Fragen, die auf das Gesagte zurückblenden oder weiterführen, geben Sie Ihrem Gesprächspartner Gelegenheit, seine Probleme und Wünsche zu ergründen und zur Sprache zu bringen. Bekunden Sie deshalb mit der Formulierung offener Fragen bewußt Ihre Zuwendung, Ihr Interesse am Klienten und seiner Situation. Ihr Klient braucht diese Ermutigung, um sich aussprechen zu können.

Ihnen bieten die Antworten auf offene Fragen Gelegenheit, mehr von Ihrem Klienten zu erfassen als nur die verbale Äußerung. Denn es kommt nicht nur auf das W a s seiner Äußerungen an, sondern auch auf das W i e , wenn Sie sich in ihn einfühlen, wenn Sie ihn verstehen wollen. Wieviel mehr Gelegenheit, seine Sorgen zu schildern, der Patient durch die offene Frage erhält

"Wie ist es Ihnen in den letzten Tagen gegangen?"

zeigt der Vergleich mit der geschlossenen Frage

"Haben die Schmerzen nachgelassen?"

Offene ***sondierende Fragen***, die eingeleitet werden mit "W*a*nn ...", "W*e*r ...", "W*i*e ...", "W*o* und bei welcher Gelegenheit ...", [1] oder Fragen nach einem erläuternden Beispiel geben dem Patienten als Eröffnungs- oder Vertiefungsfragen Spielraum für eine Antwort, mit der er sich öffnen kann, z.B.

"Wie sind Sie zu der Meinung gekommen, daß Sie
in der Liebe kein Glück haben?"

Eine gewisse Zurückhaltung sollten Sie sich mit begründenden Fragen auferlegen. Im allgemeinen Sprachgebrauch haben ***Warum-Fragen***, die auch zur Gruppe der sondierenden Fragen gehören, u.U. den Beigeschmack einer kritischen Beurteilung. Die Frage

"Warum kommen Sie zu spät?"

wird zu leicht nicht nur als Aufforderung aufgefaßt , rationale Gründe anzuführen, sondern auch als Hinweis erlebt, daß es sich eigentlich nicht gehört, zu spät zu kommen. Damit gerät der Klient in eine Situation, in der er sich mit Normen verglichen und u.U. angegriffen fühlt, sich verteidigen zu müssen glaubt und sich zurückzieht, anstatt sich zu öffnen. Fragt man ein Kind, das sich die Finger verbrannt hat und gerade noch das Weinen herunterkämpft,

"Warum hast Du denn auch die Kochplatte angestellt?",

[1] Eine Hilfe bei ersten Versuchen, sondierende Fragen zu stellen, ist die alphabetische Reihenfolge der Vokale in den Fragewörtern.

bricht es in Tränen aus, denn es fühlt sich zusätzlich zu den Schmerzen durch den Hinweis auf das, was es eigentlich nicht hätte tun sollen, bestraft, und damit wird die Schwelle des gerade noch erträglichen Leidensdrucks überschritten.

Der Student, den man fragt

"Warum wissen Sie das nicht?",

wird kaum geneigt sein, Zweifel, die er an der Sache hegt, zu äußern, sondern ggf. aus zweifachem Grunde schweigen.

In einem etwas weiteren Rahmen gesehen ist gerade das Fehlen einer Antwort auf Warum-Fragen meist Anlaß dafür, daß der Klient Hilfe sucht. Somit stehen ihm weit mehr als dem Gesprächsführenden Warum-Fragen zu. Er sucht nach einer Lösung seiner Probleme, die sich ihm letztlich als Warum-Fragen stellen und auf die er bewußt oder unbewußt keine Antwort weiß oder nicht geben will. Deshalb helfen Sie ihm nicht in seinem Selbstverständnis, wenn Sie ihn mit seinem "Versagen" konfrontieren. Er wird sich verschließen oder verteidigen oder mit guten Gründen die wirklichen Gründe wegrationalisieren (s. Abwehrmechanismen) oder auch in Allgemeinplätze ausweichen. Das könnte dann z.B. auf die Frage

"Warum ist es zu Ihrer Scheidung gekommen?"

zu folgenden Reaktionen führen:

- Schweigendes Hochziehen der Schultern
- "Ich war nicht schuld daran."
- "Ich wollte meiner Frau nicht die Zukunft verbauen."
- "Es ging einfach nicht mehr."

In allen Fällen würde das Ziel des auxiliären Gesprächs verfehlt, mit einer sondierenden Frage den Klienten zu öffnen. A. Benjamin charakterisiert die möglichen Nachteile einer Warum-Frage mit einem treffenden Beispiel:

" 'Warum haben Sie die Tabletten denn nicht genommen? Habe ich Ihnen nicht gesagt, wie wichtig es ist, daß Sie sie nehmen?'

Dabei kämpfte Frau Bell mit den Tränen. Sie wußte, daß es der Arzt gut meinte, sie wußte auch, daß er viel zu tun hatte und wie lange es dauern würde, wenn sie versuchen wollte, ihm zu erklären, warum. Sie wußte zwar genau, warum sie die Tabletten nicht genommen hatte. Sie wußte zwar nicht, ob das richtig oder falsch war; aber das kümmerte sie letztlich nicht. Sie wußte, daß es ihr ziemlich gleichgültig war, ob sie wieder gesund wurde. In Wirklichkeit kümmerte man sich mehr um sie, wenn sie krank war. Sie wußte manches - über ihre Kinder und deren Kinder und wie man sie in dieses Heim gesteckt hatte. Und über dieses Heim . . . darüber wußte sie auch eine Menge. Aber der Doktor wollte wissen, warum sie die Tabletten nicht genommen hatte, und darum sagte sie schnell:

'Ich nehme sie von jetzt an, Herr Doktor. Sie werden schon sehen.'

Der Doktor war zufrieden. Er lächelte, gab ihr zum Abschied die Hand und machte ihr die Tür auf. In Wirklichkeit wollte er gar nicht wissen, *warum.* Er wollte nur, daß sie ihre Medizin einnahm. Er mochte die alte Dame, aber er war viel zu beschäftigt, um noch mehr Zeit für sie aufzuwenden."

Sie sollten sich also nur dann zu Warum-Fragen entschließen, wenn die Situation für Ihren Klienten völlig neutral ist und wenn Sie nicht mehr als die Begründung von Fakten erfassen wollen.

Zusammengefaßt bieten offene Fragen drei Vorteile:

1. Sie dienen der Öffnung des Klienten:
   "Worüber wollen Sie mit mir sprechen?"
2. Sie dienen dem Fortgang des Gesprächs:
   "Wie äußern sich Ihre persönlichen Schwierigkeiten?"
3. Sie dienen der Vertiefung:
   "Womit würden Sie Ihre Befürchtungen begründen?"

Aufgabe 4/10: Kennzeichnen Sie in den GF-Reaktionen zu den Beispielfällen 1 und 7 offene Fragen mit einem O, geschlossene Fragen mit einem G.

In bezug auf den ***Inhalt*** von Fragen lassen sich zwei große Bereiche unterscheiden:

1. Fragen zum ***sachlichen Gehalt*** oder Informationsfragen dienen dem Zusammenhangsverständnis, z.B. in bezug auf Fakten, Daten, Ereignisse, Begründungen, etwa

   "Wie alt waren Sie, als . . ."

   oder

   "In welchem Zusammenhang steht die Reise Ihres Mannes mit . . ."

   Hierher gehören auch Fragen zur Konkretisierung eines angeschnittenen Themas. Man spricht auch von *Anstoßfragen,* z.B.

   "Worin äußerte sich die zunehmende Gereiztheit?"

   oder

   "Welchen Anlaß haben Sie für Ihre Vermutung?"

2. Mit Fragen zum ***attitudinalen Gehalt*** oder Einstellungsfragen versuchen Sie, Meinungen, Einstellungen und Haltungen zu erfassen, mit denen der Klient "in der Regel" reagiert, etwa in bezug auf seine Mitmenschen, Urlaub, politische Fragen usw., z.B. zu einem hart arbeitenden Fabrikdirektor:

   "Halten Sie Urlaub für überflüssig?"

   oder zu einer 80jährigen Rentnerin:

   "Lieben Sie Kinder?"

   Äußerungen Ihres Klienten, aus denen Sie seine Meinung zu bestimmten Fragen, seine Einstellung oder seine Haltung gegenüber dieser oder jener Anforderung erfassen können, lassen Rückschlüsse auf sein Bezugssystem zu, geben aber darüber hinaus Einblick in sein Denken und Fühlen als Grundlage seines Handelns, soweit es nicht nur vom Augenblick geprägt ist, sondern festgewordene Verhaltensmuster ausdrückt.

3. Fragen zum ***emotionalen Gehalt*** sind in unserem Kulturkreis seltener Gegenstand eines Gesprächs als in anderen Ländern. Vielleicht ist das auch der Grund dafür, daß uns eine unmittelbare Übersetzung des in Amerika üblichen Zugangs zum Erleben des Patienten "How did you feel about it?" fehlt. Wir drücken unseren Wunsch nach Äußerungen über emotionale Inhalte meist vorsichtiger oder mit Umschreibungen aus, die Ihnen und Ihrem Klienten den Zugang zum emotionalen Bereich erleichtern können, z.B.

   "Welche Bedeutung hatte das für Sie?"

   oder

   "Hat Ihnen das etwas ausgemacht?"

oder

"Hat Sie das besonders beeindruckt?"

Man kann auch fragen

"Wie fanden Sie das?"

oder

"Wie haben Sie gefühlsmäßig darauf reagiert?"

Unmittelbarer wirkt die Frage

"Wie erleben Sie Ihre Krankheit?"

oder

"Wie hat Sie das innerlich berührt?"

oder

"Hat Sie das besonders schwer getroffen?"

Gerade weil es Ihrem Klienten ungewöhnlich erscheinen mag, wenn Sie ihn geradeheraus fragen :

"Welche Gefühle haben Sie dabei gehabt?",

kommt diese Formulierung der landläufigen Einstellung "Über Gefühle spricht man nicht" nur wenig entgegen. Eine solche Unüblichkeit und die Tatsache, daß wir weder gelernt noch Übung darin haben, unsere Gefühle zu verbalisieren, kann u.U. einen empfindlichen Klienten auch abschrecken und das Gegenteil von dem bewirken, was Sie in der auxiliären Gesprächsführung eigentlich erreichen wollen, nämlich daß er sein Erleben schildert, das häufig der Wegweiser zur Lösung eines Problems ist.

Aufgabe 4/11: Formulieren Sie zu den Fragen auf dieser und der vorangehenden Seite eine Bezugnahme auf denkbare, vorher erhaltene emotional gefärbte Informationen, die Ihren Fragestil noch einfühlsamer erscheinen läßt, z.B. "Sie haben bei Ihrem Nachbarn miterlebt, wie sich ein Mensch etwa Ihres Alters selbst zerstört. Wie haben Sie gefühlsmäßig darauf reagiert?"

Hier einige ***praktische Hinweise*** zur Fragetechnik, die Ihnen den Zugang zum Klienten erleichtern sollen.

Die ***Reihenfolge***, in der Sie Ihre Fragen stellen, ist nicht gleichgültig:

1. Fragen Sie vom Allgemeinen zum Speziellen fortschreitend, z.B. erst die Familiensituation und dann die Erziehungsschwierigkeiten.

2. Fragen Sie vom Sachlichen, Kognitiven zum Persönlichen, mehr Attitudinalen oder Emotionalen, z.B. erst nach der Dauer der Ehe und dann nach den Problemen mit der Schwiegermutter.

3. Unvermeidbare, geschlossene Informationsfragen, die punktförmig und kurz zu beantworten sind, sollten Sie nur in Ausnahmefällen und bei besonderem Bedarf verwenden.

Fragen – Antworten – Nebeneffekte

Generell müssen Sie bei den Antworten, die Ihnen Ihr Klient gibt, berücksichtigen, daß er bewußt oder unbewußt *Nebenabsichten* in die Antwort einfließen läßt, daß er z.B. versucht,

peinliche Inhalte zu verdecken,
von bestimmten Themen wegzusteuern,
Unwissenheit oder Vergeßlichkeit zu kaschieren usw.[1])

Ihr Klient stellt auch bewußt oder unbewußt Vermutungen darüber an, welche Antwort Sie gern hören möchten, und kann sich bei seiner Antwort von dem Wunsch leiten lassen, Ihnen eine Freude zu machen. Besonders aus diesem Grunde ist es auch erforderlich, ***Suggestivfragen*** zu vermeiden, Fragen also, die es dem Patienten leichter machen, in einer bestimmten Richtung zu antworten, die von Ihnen intendiert ist, z.B.

"Bis dahin haben Sie eine sehr glückliche Ehe geführt?"

oder

"Übernehmen Sie sich gelegentlich beim Sport?"

1) s. Abwehrmechanismen

Der Arzt sollte zur Differenzierung ausstrahlender Schmerzen nicht fragen:

"Strahlen die Schmerzen in den Oberarm aus?",

sondern besser

"Wohin strahlen die Schmerzen aus?"

Sie müssen auch damit rechnen, daß z.B. direkte Fragen nach Einstellungen und Gefühlen Ihren Klienten anregen, sich vor der Antwort unausgesprochene Gegenfragen zu stellen, z.B. ob Sie seine Antwort gutheißen werden. So wird er sich also z.B. bei der Frage

"Halten Sie oralen Geschlechtsverkehr für pervers?"

zunächst fragen, wie Sie seine Antwort auffassen werden, und dann u.U. nicht mehr spontan antworten, sondern seine Antwort entsprechend modifizieren.

Vermeiden Sie konsequent ***Doppel- oder Mehrfachfragen***, z.B.

"Nahmen Sie Ihre Schlaftabletten regelmäßig ein,
und gingen Sie früh zu Bett?"

oder

"Sind die Kopfschmerzen weg, und fühlen
Sie sich auch sonst wohler?"

Mit solchen Fragen stellen Sie Ihren Klienten vor die Entscheidung, welche Frage er zuerst und ob er sie überhaupt beantworten soll. Er könnte dadurch verwirrt werden.

Vermeiden Sie es, mit Fragen wie mit der Tür ins Haus zu fallen. Nur ein kurzer Satz, sei es als Erinnerung an das bisher erörterte Thema oder eine Bezugnahme auf den letzten Satz Ihres Klienten, nimmt diesen Fragen viel von ihrem unmittelbaren Fragecharakter und fügt das hinzu, was man schlechthin unter einem verbindlichen Stil versteht, eben weil ein solcher Satz die Verbindung zu dem vorher Gesagten herstellt und Ihrem Klienten gleichzeitig zeigt, daß Sie zugehört haben, z.B.

"Sie haben Ihre Stellung gewechselt. Wie haben Sie sich in
Ihrem neuen Tätigkeitsfeld zurechtgefunden?"

Welche hemmenden und fördernden Einflüsse Fragen auf den Ablauf eines auxiliären Gesprächs haben können, zeigen folgende Gesprächsausschnitte:

Klient A: Ich habe Angst, meinen Freund sexuell zu enttäuschen.

GF 1: Hat er ungewöhnliche sexuelle Wünsche?
GF 2: Womit gibt er Ihnen Anlaß zu dieser Vermutung?

Klient B: Ich glaube, meine Nachbarin hat etwas mit meinem Mann.

GF 1: Haben Sie konkreten Anlaß zu diesem Verdacht?
GF 2: Regt Sie das auf?

Klient C: Ich suche sozialen Kontakt, aber ich bleibe doch immer Einzelgänger.

GF 1: Sind wir nicht alle irgendwie allein?
GF 2: Was unternehmen Sie, um Freundschaften zu schließen?

Klient D: Meine Frau hat mich verlassen.

GF 1: Schon wieder?
GF 2: Wie kam es dazu?

Klient E: Ich verliere so leicht die Beherrschung.

GF 1: Stört Sie das?
GF 2: Bei welchen Anlässen?

Klient F: Ich kann mich nicht konzentrieren.

GF 1: Abends?
GF 2: Was lenkt Sie ab?

Aufgabe 4/12: Benutzen Sie diese Klientenäußerungen A bis F als Anregung, um selbst auf einige Klientenäußerungen zu reagieren. Formulieren Sie Ihre Fragen so, daß der Klient möglichst ausführlich über das angeschnittene Thema nachdenkt.

Aufgabe 4/13: Notieren Sie Gelegenheiten, bei denen Sie das hier über Fragen und Fragetechnik Gelernte im Alltagsleben praktisch üben können.

Aufgabe 4/14: Wie unterscheiden sich herkömmliche Fragen zur Vorgeschichte eines Problems (z.B. ärztlich-anamnestische Fragen) von Fragen im auxiliären Gespräch?

Pausen, Unterbrechungen, Blockierungen

Mit dem Begriff ***Pausen*** bezeichnen wir hier die vorwiegend durch Denkprozesse (rational) bedingten Pausen im Verlauf eines Gesprächs. Solche Pausen Ihres Klienten können Zeichen der Besinnung, des Überlegens und des Ausformulierens sein, haben also in erster Linie kognitive Ursachen. Die nachdenkliche Mimik weist auf den Anlaß solcher Pausen hin; sie gehen meist mit einer Unterbrechung des Blickkontakts einher. Bei Pausen, die ein Thema beenden, nimmt der Klient meist unmittelbar vor Beginn der Pause ungerichteten Blickkontakt auf, unterbricht ihn dann und nimmt ihn in kurzen Zeitabständen wieder auf, und zwar meist ungerichtet, wenn er über die Fortsetzung des Gesprächs nachdenkt, dagegen gerichtet und damit fragend, wenn er Ihre Reaktion erwartet. Achten Sie einmal auf dieses feine Wechselspiel in Ihren Alltagsgesprächen.

Zu ***Entscheidungspausen***, in denen Ihr Klient z.B. überlegt, wie weit er sich offenbaren darf, gehören meist Spannungszeichen in Mimik und Gestik, Abbrechen des Blickkontaktes, leichtes Runzeln der Augenbrauen, Veränderung der Sitzhaltung und Beugung der Arme, die an den Oberkörper angelegt werden.

Unterbrechungen durch Erinnerungsschwierigkeiten gehen häufig mit plötzlichem Abbrechen des Blickkontaktes und mit Zeichen der Unruhe einher, wie Knipsen mit den Fingernägeln, Trommeln mit den Fingern, ruckartigen Auf- und Abbewegungen der Fußspitze bei übergeschlagenem Bein usw. Dagegen finden sich diese Zeichen der Unruhe nicht bei Klienten, die den Blickkontakt und ihren Bericht unterbrechen, weil sie ihre Gedanken mit den Augen “von weit herholen”.

Eine emotional bedingte Pause - wenn sie länger dauert, spricht man von ***Blockierung*** - geht, ähnlich wie die Formulierungs- oder Denkpause mit Unterbrechung des Blickkontaktes, häufig auch mit Abwenden des Gesichtes einher. Dabei sind das Ausmaß und die Häufigkeit der Abwendung Gradmesser für die Intensität der emotionalen Störung des Berichts.

Schließlich benutzen Klienten, die bei Ihnen leicht erhältliche Hilfe suchen, die Pause mit aufrechterhaltenem Blickkontakt - der meist gerichtet ist - als ein handliches Instrument, um sich weiterhelfen zu lassen.

Besonders wichtig für Sie ist es, bei jeder der drei geschilderten Pausenarten - Entscheidungspausen, Unterbrechungen, Blockierungen - nicht über die Pause selbst nachzudenken oder gar darüber, wie Sie in einer solchen Pause auf Ihren Klienten wirken, sondern in einer solchen Gesprächsphase die

Pausenursache und das bisher Gesagte zu überdenken, um Anknüpfungspunkte parat zu haben, die Ihrem Klienten ggf. weiterhelfen könnten.

Erst aus dem Gesprächszusammenhang und dem Ausdrucksverhalten Ihres Klienten können Sie natürliche Sprechpausen von Gesprächsunterbrechungen unterscheiden, die z.B. entstehen, weil Ihr Klient nicht weiter weiß oder aus emotionalen Gründen nicht weitersprechen kann, weil er sich schämt, Angst hat, etwas zu bekennen, oder Schuldgefühle dazu führen, daß er blockiert. Ob eine Pause in den natürlichen Ablauf eines Gesprächs paßt oder ob Ihr Klient aus emotionalen Gründen nicht weitersprechen kann - blockiert -, können Sie auch daran erkennen, ob eine Pause auf Sie quälend wirkt. Sicherer ist die Orientierung am Klienten. Nach Worten Suchende und von ihren Gefühlen Überwältigte brechen meist mit Beginn oder kurz nach Einsetzen der Pause den Blickkontakt ab. Wird er wieder aufgenommen und ist im Gesichtsausdruck eine gewisse Lösung festzustellen, können Sie aufnahmebereit und passiv bleiben. Ist aber der Ausdruck Ihres Klienten dann eher hilfesuchend oder nimmt er den Blickkontakt überhaupt nicht wieder auf, z.B. wenn er sich von seiner Trauer überwältigt fühlt, dann braucht er Ihre aktive Hilfe, um seinen Bericht fortsetzen zu können. Von Ihrem Einfühlungsvermögen, dem richtigen Zeitpunkt für das Eingreifen und von Ihrer Fähigkeit, das richtige Wort zu finden, hängt es ab, ob es angebracht ist, das angeschnittene Thema fortzusetzen.

Ungeübte Gesprächsführende versuchen oft etwas krampfhaft, jede Pause zu überbrücken, indem sie entweder selbst sprechen oder ungeduldig auf die Fortsetzung des Gesprächs drängen. Das könnte der Klient als unangebrachte Eile deuten. Sein Nachdenken und seine Selbstfindung werden dadurch gestört. Lassen Sie ihm Zeit. Notfalls kann auch eine Notiz, die Sie sich machen, als Überbrückungshilfe dienen.

Zeigen Sie bei längeren Pausen bewußt Ihre aufnahmebereite Zuwendung. Setzen Sie also Ihre körperliche Zuwendung, Ihre Mimik und Ihren Blickkontakt bewußt als Anregung ein. Fortbestehende Pausen bekommen unter Aufrechterhaltung des ungerichteten oder des gerichteten Blickkontaktes deutlichen Aufforderungscharakter für Ihren Klienten weiterzusprechen.

Überbrückende Hilfen, die Sie Ihrem Klienten anbieten können, um ihn nach einer längeren Pause zum Weitersprechen zu ermutigen, sind

- einfache *Wiederholungen* der letzten Worte, ggf. mit fragender Stimmführung,

- *Zwischenzusammenfassungen*, z.B.

  "Sie sprachen über die Gründe für die Spannungen in Ihrem Elternhaus."

- die schon erwähnten verbalen Zeichen anhaltender *Gesprächsbereitschaft*, z.B.

  "Lassen Sie sich ruhig Zeit zum Nachdenken."

  oder

  "Es hat keine Eile."

- die *unmittelbare Aufforderung* zur Fortsetzung des Gesprächs, z.B.

  "Sprechen Sie ruhig weiter."

Unterbrechungen durch Verlieren des Fadens können Sie dadurch überbrücken, daß Sie Ihrem Klienten eine gedankliche *Brücke bauen* oder ihm ein Suchfeld anbieten, z.B.

"Erinnern Sie sich im Zusammenhang damit an ein besonderes Ereignis?"

Bei emotionalen Inhalten, die Ihren Klienten stocken lassen, können Sie ggf. *auf die Blockierung selbst eingehen*, z.B.

"Es fällt Ihnen offenbar schwer, darüber zu sprechen ..."

Damit provozieren Sie mindestens eine Zustimmung oder ein bloßes Kopfnicken, das lösend wirken kann, weil damit der Bann der Pause gebrochen ist. Sie erleichtern es ihm, das Gespräch fortzusetzen, und Ihr Klient erkennt aus Ihrer Stellungnahme, daß Sie mit ihm fühlen, seine Schwierigkeiten richtig erkennen. Er sieht, daß Sie ihn akzeptieren, und wird sich deshalb eher bereit finden, den Rapport wiederherzustellen.

Eine längere Pause als Zeichen des unterbrochenen Rapports kann auch daran liegen, daß Sie selbst mehr Informationen anbieten, als mit der Rolle des Gesprächsführenden - als dem in erster Linie Zuhörenden - vereinbar ist, oder daß Sie Ihren Klieten bei seinem Bericht unterbrochen haben bzw. daß Sie dazu neigen, selbst seine Sätze zu vollenden. Es kann auch sein, daß Ihre Reaktion in eine andere Richtung führt, als sie der Klient im Augenblick einschlagen wollte.

Besonders in solchen Fällen gilt es zu versuchen, sich über die mögliche Ursache überlanger Pausen klar zu werden. Sie können dann die Kommunikation z.B. mit der Frage wieder aufnehmen:

> "Vielleicht habe ich Sie mit meiner Frage in eine Richtung gelenkt, die Sie im Augenblick nicht einschlagen wollten. Möchten Sie lieber zunächst über .... weitersprechen?"

Einem Klienten, der sich die Tränen aus den Augen wischt, können Sie mit der sanft ausgesprochenen Frage

> "Können Sie jetzt weitersprechen?"

eine *formale Hilfe* bieten, die ihm die Wiederaufnahme der Interaktion erleichtert. Sie sollten aber nicht erneut auf die Ursache des Kummers eingehen, um die quälenden Gefühle nicht zu verstärken.

Schwieriger ist ein vollständiger Abbruch des Rapports zu überwinden, z.B. wenn Ihr Klient derartig von seinen Gefühlen überwältigt wird, daß er überhaupt nicht weitersprechen kann. Sie haben dann die Wahl,

- das *Gespräch zu beenden,* z.B.

  "Ist es Ihnen lieber, wenn wir unser Gespräch heute nicht mehr fortsetzen?"

- das Gespräch für eine Weile mit dem Hinweis zu *unterbrechen,* daß Sie Ihrem Klienten eine Erholungspause gönnen wollen, z.B.

  "Ich möchte Ihnen etwas Zeit lassen, damit Sie sich wieder beruhigen können."

  oder

  "Wir wollen unser Gespräch erst fortsetzen, wenn Sie sich erholt haben."

Aufgabe 4/15: Eine 17jährige Schülerin berichtet:

"Es war schon später als sonst. Der letzte Bus war weg, und wir mußten zu Fuß gehen. Da, wo die Straße durch den Wald führt, hielt dann plötzlich ein Auto . . . (stockt).
Vier Mann, zuerst wollten sie uns 'reinzerren, aber dann sagte einer: 'Wo denn, hier ist es doch zu voll.' "
(Klientin beginnt leise zu weinen und spricht nicht weiter).

a) Welche Form der Unterbrechung liegt vor?

b) Welche Bewegungen der Klientin erwarten Sie in dieser Situation?

c) Wie würden Sie auf die Schilderung reagieren, wenn Sie Ihrer Klientin eine Atempause verschaffen wollen, nach der sie weitersprechen kann?

d) Mit welcher Formulierung würden Sie dann die Klientin auffordern weiterzusprechen?

Beantworten Sie diese Fragen zunächst für sich, und vergleichen Sie dann Ihre Lösungen mit unseren Vorschlägen am Ende des Buches.

Eine andere Möglichkeit, das Gespräch nach einer solchen Blockierung fortzusetzen, ist der Versuch, den Patienten wieder aufzubauen. Auch dabei sollten Sie Ihre ermutigenden Worte wegen der Gefahr des Rückfalls weniger auf das bisherige Thema beziehen, sondern z.B. auf die Person Ihres Klienten. Es gilt, sein Selbstgefühl z.B. durch *Rückblenden* zu stärken, etwa mit dem Hinweis auf ähnliche Fragen, deren Erörterung ihm anfangs auch nicht leicht gefallen ist, oder auf Probleme, deren Bewältigung im Rahmen des Gesprächs schon erörtert wurde.

Sie sollten versuchen, sich mit Ihrer Reaktion auf Pausen, Unterbrechungen und Blockierungen auf die Persönlichkeit Ihres Klienten einzustellen. Der eine lernt - oder muß aus Ihrem Schweigen schnell lernen -, daß er die Verantwortung für die Fortsetzung des Berichtes selbst trägt. Der Unselbständige und Unsichere bedarf der vorsichtigen Führung. Das geschieht am einfachsten und überzeugendsten, indem Sie dosiert die Zeitspanne für die Pausen bzw. Ihre Reaktion größer werden lassen und mit den kleinen Ermutigungen zum Weitersprechen langsam immer mehr zurückhalten. Berücksichtigen Sie aber dabei, daß Ihr Klient kommt, weil er selbst keine Lösung seines Problems findet, und vermeiden Sie also, daß sich bei ihm Angst vor dem Weitersprechen bildet und damit Angst vor einer tiefer führenden Selbstexploration. Ihr Patient kommt ja, um sich auszusprechen. Gelegentlich braucht er dazu Ihre Hilfe.

Viel Takt ist nötig, um Ihren Klienten nicht durch ermutigende Verstärkung zu verletzen. Als Regel hierfür gilt, daß überwältigte und/oder weinende Klienten anders und meist viel empfindlicher reagieren als Menschen, die zwar Hilfe brauchen, sich aber noch in einem stabilen emotionalen Gleichgewicht befinden.

Fassen wir das Gesagte zusammen, dann können Sie aus dem Zusammenhang des Gesprächs, dem Blickkontakt und den Ausdrucksbewegungen Ihres Patienten ablesen,

- ob ein Bericht eine sachlich begründete Pause am Ende eines Themas gefunden hat oder ob die Pause anderweitig rational bedingt ist,
- ob eine Unterbrechung des Gesprächs durch Erinnerungsschwierigkeiten vorliegt oder
- ob Ihr Klient nicht weitersprechen kann, weil ihn seine emotionale Beteiligung an der Fortsetzung des Berichts hindert.

Schließlich ist es auch möglich, daß Ihr Klient die Pause als ein handliches Instrument *mißbrauchen könnte,* um Sie zu unangemessen häufiger Hilfestellung aufzufordern.

Aufgabe 4/16:

a) Versuchen Sie, in Ihren Alltagsgesprächen Ihren Gesprächspartner dadurch zum Weitersprechen anzuregen, daß Sie dann, wenn Sie "eigentlich an der Reihe wären", eine Pause eintreten lassen.

b) Achten Sie dabei darauf, was Sie selbst bei länger werdenden Pausen fühlen.

Aufgabe 4/17: Überfliegen Sie die Seiten 65 bis 81 noch einmal anhand der Texthervorhebungen.

a) Fassen Sie dann den Stoff mit der Beantwortung folgender Fragen zusammen:

a 1: Welche Bedeutung messen Sie Fragen für KL und GF im auxiliären Gespräch zu?

a 2: Welche drei Überlegungen stellen Sie vor einer Frage an?

a 3: Worin sehen Sie auch Vorteile geschlossener Fragen?

a 4: Auf welche drei Gesprächsbereiche beziehen sich Fragen?

a 5: Worauf zielen Sie mit Fragen nach Gefühlsreaktionen ab und worauf mit Fragen nach Einstellungen?

a 6: Welche Hilfen können Sie einsetzen, um Ihren Klienten nach einer längeren Pause zum Weitersprechen anzuregen?

a 7: Auf welche Weise kann Ihr Klient Pausen mißbrauchen?

b) Versuchen Sie, z.B. einem Kollegen, einem Freund oder einem Kommilitonen zu erklären, welche Gefahren Suggestivfragen mit sich bringen. Machen Sie sich dazu Gedanken zu den drei Fragen:

- *Was muß ich erwähnen, um mich verständlich zu machen?*
- *Mit welchem Beispiel kann ich das Gesagte erläutern?*
- *Wie kann ich feststellen, ob ich mich verständlich gemacht habe?*

5. Emotionale Anteile am auxiliären Gespräch

Im kognitiv-sachlichen und auch im attitudinalen Bereich fällt es meist nicht allzu schwer, die Gedanken und Einstellungen seines Gesrpächspartners nachzuvollziehen. Darin haben die meisten Menschen durch die vielfältigen und häufigen Anforderungen während der Ausbildung oder im Berufs- bzw. Alltagsleben Übung - von der sphärischen Trigonometrie über die Einkommensteuererklärung bis zur Landtagswahl. Schwieriger ist die Aufgabe, sich in Gefühle anderer einzufühlen und sie in Worte zu fassen. Hier gilt der Grundsatz: Je besser man seine eigenen Gefühle kennt, desto besser kann man sich in andere einfühlen. Bezogen auf die Beschreibung von Gefühlen: Je leichter man seine eigenen Gefühle beschreiben kann, desto leichter findet man für die Gefühle anderer die rechten Worte.

Meist haben Nordeuropäer nur wenig Übung, Gefühle in Worte zu fassen. Wenn aber andererseits das gefühlsmäßige Erleben der Probleme des Klienten im Vordergrund des auxiliären Gesprächs stehen soll, müssen wir etwas ausführlicher auf emotionale Fragen eingehen.

Der Anlaß zu auxiliären Gesprächen liegt meist im emotionalen Bereich. Angst vor einer lebensbedrohenden Krankheit, Versagen in der Ausbildung, Verzweiflung, weil eine Ehe auseinanderbricht - das sind Beispiele emotionaler Engpässe, in denen Ihr Klient Rat und Hilfe sucht. Ihre Aufgabe als Gesprächsführender kann sich deshalb nicht auf die Sachangaben Ihres Klienten, also den objektiven (kognitiven) Anteil seines Problems beschränken, d.h.

- der Arzt kann sich nicht damit begnügen, Beschwerden und Befunde zu erheben,
- für den beratenden Lehrer genügt nicht die Feststellung, daß der Arbeitseinsatz des Schülers nicht ausreicht,
- für den Psychologen dürfen die rational erfaßbaren Gründe des Scheiterns einer Ehe nur Anlaß sein, tiefer zu explorieren.

Wer auxiliäre Gespräche führen will, muß sich nicht nur in die Gefühle seines Klienten einfühlen, die meist Grund der Probleme und damit Anlaß seines Kommens sind, sondern darüber hinaus dieses Nachfühlen auch zum Ausdruck bringen, d.h die Gefühle des Klienten nicht nur in sich anklingen lassen, sondern sie auch identifizieren und in Worte fassen können.

Wenn diese Forderung erfüllt werden soll, ist die Frage zu beantworten, wie man überhaupt Gefühle eines anderen erkennen kann. Zwei Zugänge gestatten es, sich in die seelische Lage seines Gesprächspartners zu versetzen und Gefühle zu diagnostizieren:

1. Die unmittelbare Verbalisierung von Gefühlen, z.B.

   "Ich bin neidisch."

2. Der Versuch, Rückschlüsse aus den Äußerungen bzw. dem Ausdrucksverhalten des Klienten auf seine Gefühle zu ziehen, z.B.

   "Erst als ich den Vertrauensbruch meines Partners wirklich überwunden hatte, konnte ich mich wieder voll meiner Arbeit zuwenden."

Zwar bedarf die ***unmittelbare Benennung von Gefühlen*** (s. 1.) der kritischen Überprüfung, denn nicht jeder Klient ist in der Bezeichnung seiner Gefühle so sicher, daß er beispielsweise zwischen Resignation und Verzweiflung unterscheiden kann. Dennoch ist das Aussprechen von Gefühlen der einfachere Zugang zu emotionalen Gesprächsanteilen.

Mittelbar erfolgt die ***schlußfolgernde Einfühlung*** (s. 2.) über die Wahrnehmung emotionaler Äußerungen etwa im Gesicht, der Haltung, den Bewegungen oder Formulierungen Ihres Klienten. Darüber hinaus müssen Sie das Gesehene und Gehörte interpretieren. Als Beispiel mag die zusammengesunkene Haltung eines Patienten dienen, der über Partnerprobleme berichtet (s.o.), aus der Sie eine depressive Verstimmung schließen könnten.

Die Schwierigkeit bei beiden Zugängen zur Einfühlung besteht darin, daß Ihr Klient nicht "objektiv" so ist, wie Sie ihn wahrnehmen. Sie projizieren unumgänglich bei Ihrem Ihn-so-sehen, bei Ihrer Art zu sehen, Ihre eigenen Einstellungen und Anschauungen auf ihn. Sie sehen ihn also - wie man volkstümlich sagt - durch Ihre Brille.

Trotz allen Bemühens wird es Ihnen nie ganz gelingen, diese Brille endgültig abzusetzen. Sie können sich aber durch Selbstbeobachtung darum bemühen, sich Ihrer Wertmaßstäbe und Ihrer Vorurteile bewußt zu werden. Das sind wörtlich die Urteile, die Sie fällen, bevor Sie Informationen vom Patienten/Klienten erhalten und analysiert haben. Dann können Sie auch erfolgversprechend Ihre Schlußfolgerungen, die Sie aus äußeren Zeichen auf die innere Eigenschaften des anderen ziehen, daraufhin überprüfen, wie weit sie ihm gerecht werden. Mit dieser Methode der ***kontrollierten Wahrnehmung*** schaffen Sie Grundlagen für eine Einfühlung in Ihren Klienten, die über das laienhafte Verständnis für seine Mitmenschen weit hinausgeht und eine solide Basis für das auxiliäre Gespräch bildet.

Auf drei Störfaktoren, die sich nachteilig auf die objektive Sicht für den Klienten auswirken und durch die kontrollierte Wahrnehmung gemindert werden können, ist K. Bullmer ausführlich eingegangen:

- die ***Zweckbezogenheit***, bei der Zweckmäßigkeitsgesichtspunkte des Gesprächsführenden - etwa die Absicht, den Patienten arbeitsfähig zu halten, - zur selektiven Wahrnehmung führen,

- die ***unzureichende Einsicht***, die sich aufgrund intellektueller Selbstüberschätzung oder mangelhafter Anstrengungsbereitschaft des Gesprächsführenden negativ auf ein Gespräch auswirkt, und

- ein ***ausgeprägtes Menschenbild*** des Gesprächsführenden, das im Sinne einer dezidierten Einstellung zu den Menschen - Vorurteile, Stereotypien und unbegründete Zuordnung zwischen äußeren Merkmalen und Wesenszügen - für das tatsächliche Sosein des Klienten blind macht oder es verzerrt.

x entschieden, bestimmt, energisch

Wie kann man sich einfühlen?

Die in unserem Kulturkreis sprichwörtliche Regel "Über Gefühle spricht man nicht" oder "Gefühle zeigt man nicht" verliert zwar in den letzten 20 Jahren an Gültigkeit. Dennoch gibt es große Bereiche, in denen Gefühle als vermeintliche Zeichen der Schwäche, der Unreife oder des Mangels an Selbstkontrolle noch weitgehend verpönt sind. Denken Sie an unsere Universitäten oder an große Bereiche der organorientierten Medizin.

Neben dem mehr intellektuellen Verständnis für die logischen Zusammenhänge, die Ihrem Klienten als unlösbares Problem erscheinen, hängt der Erfolg der auxiliären Gesprächsführung sehr weitgehend davon ab, daß Sie die gefühlsmäßigen Reaktionen Ihres Klienten richtig erfassen und in die Lösung des Problems einbeziehen. Es gibt aber durchaus Klienten, die ihre Gefühle nicht ausdrücken können oder nicht ausdrücken mögen, weil es ihnen unangenehm ist. In solchen Fällen gilt es, genau hinzuhören und zu beobachten und schon die Andeutung emotionaler Regungen zu erfassen, die es dann gestatten, Ihren Klienten zu ermutigen, auch verborgene oder verheimlichte Gefühle zu zeigen. Erst dann können Sie ihn verstärken, auch über unangenehme Gefühle zu sprechen.

Es wird sicher Fälle geben, in denen Sie auch bei sich selbst Widerstände überwinden müssen, um voll auf die emotionalen Äußerungen Ihres Klienten eingehen zu können, denn es ist nicht einfach, mit einem weinenden oder einem verzweifelten Menschen zu sprechen. Übung hilft Ihnen, solche Ängste zu überwinden und Gefühlsansteckungen zu vermeiden und doch dem Klienten die Hilfe zu bieten, die er am meisten braucht, um sich zu öffnen.

Signalisieren Sie ihm Ihre aufnahmebereite Zuwendung, und ermutigen Sie ihn, seine Gefühle zu äußern. Verschaffen Sie sich Klarheit über Ihre eigenen Gefühle und die Gefühle Ihres Klienten. Wie schwierig das sein kann, wird Ihnen bei der folgenden Aufgabe bewußt.

Aufgabe 5/1: Wenn Sie mit Ihrem Klienten über Gefühle sprechen wollen, setzt das eine gewisse Sicherheit Ihres Urteils über Gefühle und ein bestimmtes Vokabular für die Gefühle voraus, die im Rahmen der auxiliären Gesprächsführung häufig anklingen.

Vergewissern Sie sich selbst, wie sicher Ihr Urteil im emotionalen Bereich ist. Legen Sie dazu für die drei folgenden Beispiele fest, welches Gefühl im Vordergrund steht:

> *Nachdem er seinem Hauswirt für die Mieterhöhung eins auswischen konnte, fühlte er sich wohler.*
>
> *Nach all' der Arbeit ging ich zu dem Fest, um mich zu amüsieren. Aber nichts regte mich dort wirklich an; es war einfach nichts los.*
>
> *Sie war über den Fauxpas dieses jungen Menschen so ungehalten, daß sie ihm ungeschminkt ihre Meinung sagte und die Beziehung abrupt abbrach.*

Versuchen Sie dann, ohne Zuhilfenahme zusätzlicher Informationen zu definieren, was Sie unter

> *Rache*
>
> *Langeweile*
>
> *Zorn*

verstehen. Sie können dann Ihre Ergebnisse mit unseren Definitionen auf den folgenden Seiten vergleichen.

Aufgabe 5/2: Versuchen Sie, in dem Bericht eines 15jährigen Jungen die emotionalen Anteile von den sachlichen Mitteilungen - dem kognitiven Inhalt - zu unterscheiden. Berücksichtigen Sie dabei, daß diese Trennung nicht immer scharf sein kann, sondern daß es eher darum geht, Schwerpunkte zu erkennen.

Lesen Sie zunächst die ganze Aussage dieses Jungen (S. 88), und unterstreichen Sie dann in den vorwiegend emotionalen Aussagen jeweils den Begriff, der Ihre Entscheidung beeinflußt hat.

	vorwiegend	
	emotional	*rational*
	E	*R*
1. "Als ich noch klein war, gingen meine Eltern viel auf Reisen.		
2. Damals mußten meine Großeltern für mich sorgen.		
3. Sie kümmerten sich nicht allzu sehr um meine Erziehung.		
4. Das fand ich schön.		
5. Ich konnte machen, was ich wollte.		
6. In der Schule begann dann die Quälerei.		
7. Wenn ich es gar nicht mehr aushalten konnte,		
8. wurde ich einfach krank.		
9. Zur Strafe wurde ich in ein Internat abgeschoben,		
10. 300 km von zu Hause weg.		
11. Nur in den Ferien konnte ich nach Hause.		
12. Der Rest des Jahres war dann kein Vergnügen mehr.		
13. Jetzt bin ich rausgeflogen - - - (Pause),		
14. aber nicht wegen Latein und Mathe,		
15. die Lehrer mochten mich einfach nicht.		
16. Einer hat sich beim Ausflug ein Bein gebrochen -		
17. ich war schuld.		
18. Von da ab ließen mich alle ablaufen.		
19. Der Turnlehrer,		
20. der große Klasse war - und der einzige, den ich mochte -,		
21. ließ mich links liegen.		
22. Erst war mir das Wurst,		
23. aber jetzt habe ich überhaupt keinen mehr, der sich um mich kümmert."		

Wie Sie aus dem Vergleich Ihrer Ergebnisse mit unseren Lösungsvorschlägen gesehen haben, ist eine völlig eindeutige Zuordnung der Aussagen nicht möglich. Vielmehr bleibt es in mancher Hinsicht Ihrer Entscheidung überlassen, wo Sie den Schwerpunkt einer Klientenäußerung sehen.

Zählen Sie jetzt aus, wie oft der Junge in dieser kurzen Darstellung den Begriff "kümmern" benutzt hat und wie oft er ihn mit anderen Worten ausdrückte, und schließlich - wenn Sie ganz genau hinhören -, an welchen Stellen seine Enttäuschung in verdeckter Form zum Ausdruck kommt. Einmal weist ein "nur" darauf hin, ein anderes Mal wird das Gegenteil etwas zu sehr betont, und erst im letzten Satz spricht er aus, was ihn wirklich bedrückt. Wie würden Sie das Grundgefühl nennen, von dem der Junge spricht?

Aufgabe 5/3: Kennzeichnen Sie als nächste Übung die Richtung der Gefühlsäußerungen eines Patienten, die eher positiven mit einem +, die eher negativen mit einem –, die mehr ambivalenten mit +/–. Lesen Sie zunächst die ganze Aussage.

	+	–	+/–
1. *"Wie ich mich fühle? Bestens.*	o		/
2. *Wenn man mich ließe, würde ich schon morgen nach Hause gehen*		/	
3. *und mit den Kumpels kräftig einen heben.*	/		
4. *Vielleicht täte das im Bauch noch etwas weh,*	/	o	
5. *aber selbst wenn es mir nicht so gut ginge, wäre ich doch draußen.*	/		
6. *Die Leute waren ja ganz nett zu mir,*	/		
7. *trotzdem würde ich lieber heute als morgen gehen.*		o	/
8. *Kein Spaß mit den Mädchen,*		/	
9. *der Doktor zugeknöpft.*		/	
10. *Wenn ich erst draußen bin, sieht mich hier keiner mehr.*		/	
11. *Sie haben gesagt, ich hätte nicht mehr allzu lange.*		/	
12. *Früher war ich immer fidel,*	/	o	
13. *selbst beim Skat, wenn ich auch meist verloren habe."*	/	o	

Aufgabe 5/4: Erweitern Sie in der folgenden Übung jede Sachangabe (1 - 5) so, daß in Ihrer Äußerung Gefühle anklingen, die der Hundebesitzer gehabt haben mag und die Sie selbst hätten, wenn Sie in einer ähnlichen Lage wären. Sie sollen also zunächst analysieren, wie einem in einer bestimmten Lage wohl zumute ist, und dann einen Satz formulieren, mit dem Sie dieses gefühlsmäßige Erleben zum Ausdruck bringen. Dabei brauchen Sie das Gefühl selbst nicht unbedingt zu benennen - man kann z.B. seine Angst auch äußern, ohne das Wort "Angst" zu benutzen.

1. *Mein Hund ist gestorben.*
2. *Ich bin zu einem Tierarzt gegangen,*
3. *aber der konnte nichts finden.*
4. *Wir haben ihn hinter dem Haus vergraben.*
5. *Ich will keinen neuen Hund haben.*

Aufgabe 5/5: Formulieren Sie zu jedem der folgenden Themen mit zwei oder drei Sätzen Ihre Aussage, die Sie als K l i e n t machen würden, um Gefühle zum Ausdruck zu bringen.

Meine Kindheit
Ein Vorbild
Ein besonderes Ereignis
Eine Freundschaft
Meine Leistungen
Ein Abschied

Mit dieser Aufgabe sollten Sie sich bewußt machen, wie Sie Gefühle zum Ausdruck bringen. Das konnte im Rahmen eines gedruckten Textes nur schriftlich geschehen. In der Wirklichkeit des auxiliären Gesprächs gehen die Möglichkeiten, Gefühle auszudrücken, über das Wörtliche weit hinaus. Artikulation, Betonung, Körperhaltung, Ausdrucksbewegungen modifizieren, verstärken oder schwächen ab. Sie könnten sogar den Bedeutungsgehalt verbalisierter Gefühle in ihr Gegenteil umkehren.

Wie lernt man, seine Gefühle mitzuteilen?

Durch Übung!
Denken Sie zunächst darüber nach, wie Sie ein Thema, das Sie besonders interessiert, - wie Sport, Musik, Freundschaft, Krankheit, Examen -, in wenigen Minuten schildern und dabei Ihre Gefühle ausdrücken können.

Am besten nehmen Sie zur Vorbereitung Papier und Bleistift und notieren ein paar Stichworte. Legen Sie dann die Reihenfolge fest, in der Sie die Stichworte verwenden wollen. Sprechen Sie dann ganz ernsthaft vor einem Spiegel, im Idealfall vor einer Videokamera, mindestens aber auf ein Tonband, mit sich selbst über das Thema, das Ihnen am Herzen liegt; aber beschränken Sie sich nicht auf Sachangaben, sondern schildern Sie Ihre Gefühle.

Setzen Sie sich in gesprächsbereiter, entspannter Körperhaltung vor den Spiegel.
Halten Sie Blickkontakt mit sich selbst. Starren Sie sich nicht an, sondern wechseln Sie zwischen gerichtetem und ungerichtetem Blickkontakt.
Ton- und Wortwahl sollen zu dem passen, was Sie ausdrücken wollen.
Benutzen Sie Ausdrucksbewegungen, die Ihnen für das, was Sie ausdrücken wollen, angemessen erscheinen.
Und helfen Sie sich ruhig selbst mit Zeichen aufnahmebereiter Zuwendung, mit Zwischenfragen, die Sie sich selbst stellen ("Wie ging es weiter?") oder der kritischen Selbstbefragung: "Kann ich das Gefühl noch deutlicher ausdrücken?"

Suchen Sie dann anhand Ihrer Aufzeichnungen festzustellen, ob Sie Gefühle, die Sie hatten, auch zum Ausdruck bringen konnten, und wie überzeugend Sie dabei wirken. Wer seine eigenen Gedanken ordnen und aussprechen kann und wer es gelernt hat, seine Gefühle sich selbst gegenüber auszudrücken, ist auch in der Lage, einen Gesprächspartner, dem er helfen will, zu verstehen, sich in ihn einzufühlen und ihm zu helfen, mit sich selbst "ins reine zu kommen".

Wenn Sie sich davor scheuen, über Gefühle zu sprechen, sollten Sie bedenken, daß Sie im auxiliären Gespräch Gefühle, deren Äußerung Ihnen jetzt schwerfällt, Ihrem Klienten verdeutlichen und ihn dazu anleiten sollten, über seine Gefühle zu sprechen. Also – überwinden Sie sich!

Sie versuchen, im auxiliären Gespräch zunächst auf das einzugehen, was der Klient Ihnen mitteilen will. In vielen Fällen kann oder mag er Ihnen wohl sein Problem als Sachverhalt schildern, sein gefühlsmäßiges Erleben dieses Problems oft aber nur mittelbar sagen. Dann müssen Sie den emotionalen Gehalt aus den Informationen heraushören - besser herausfühlen -, die er Ihnen anbietet.

Aufgabe 5/6: Wählen Sie aus den folgenden Beispielen aus, mit welcher der drei Reaktionen ein Gesprächsführender am ehesten auf den emotionalen Gehalt dessen eingeht, was der Klient eigentlich ausdrücken wollte, Reaktionen also, auf die der Klient am ehesten antworten könnte: "Ja, das stimmt."

Lesen Sie jeweils nach dem Sternchen erst weiter, wenn Sie sich für die geeignetste Form, auf den emotionalen Anteil einzugehen, entschieden haben.

A. *"Seit der Vorprüfung weiß ich nicht mehr, ob ich die Meisterprüfung schaffen werde. Vielleicht bin ich doch nicht wirklich dafür geeignet."*

1. *"Könnten Sie sich vorstellen, Geselle zu bleiben?"*
2. *"Sie sind also durch die Vorprüfung verunsichert worden?"*
3. *"Hat irgend jemand Ihre Eignung angezweifelt?"*

*

Was der Patient vorrangig ausdrücken will, ist sein Gefühl der Unsicherheit (2). Die Informationserweiterung in Richtung auf Auswege (1) oder die Meinung anderer (3) trifft nicht primär den emotionalen Kern der Sache.

*

B. *"Ja, er kümmert sich auch noch um seine Mutter, aber die früheren Spannungen sind jetzt überwunden. Schließlich habe ich es doch geschafft!"*

1. *"Wie lange haben Sie darum kämpfen müssen?"*
2. *"Braucht seine Mutter Fürsorge und Unterstützung?"*
3. *"Sind Sie stolz darauf, daß Sie durchgehalten haben?"*

*

Die Sachfrage nach der Dauer der Bemühungen (1) trifft den Kern - die emotionale Aussage - ebensowenig wie die Frage nach der Versorgung der Mutter (2). Der Patientin geht es offenbar darum, ihren Stolz über ihr Durchhaltevermögen auszudrücken (3).

Schwieriger ist es, auf Gefühle einzugehen, die der Patient nicht wörtlich zum Ausdruck bringt, sondern nur durch sein Verhalten kundtut. Tonband- oder Fernsehaufzeichnungen sind hierfür bessere Lehrmeister.

Aufgabe 5/7: Versuchen Sie, folgendes Gefühl zu reflektieren, das lediglich in dem Verhalten ausgedrückt wird.
Ihre Klientin bricht auf Ihre folgende Zwischenzusammenfassung den Blickkontakt ab und errötet:

> *"Sie können sich also nicht recht entscheiden. Einerseits wollen Sie Ihren Freund nicht verlieren, andererseits haben Sie Angst vor dem vorehelichen Geschlechtsverkehr."*

Handelt es sich bei der Reaktion der Klientin um das Gefühl der Unentschlossenheit, des Beleidigtseins oder der Scham?
Sicher ist das Abwenden zusammen mit dem Erröten Ausdruck der Scham. In diesem Fall wäre es unklug, das Gespräch mit einer weiteren unmittelbaren, emotionalen Reflexion auf das Gefühl der Patientin fortzusetzen. Damit würden Sie bei Ihrer Klientin nur das Schamgefühl verstärken, ähnlich wie Sie das Rotwerden mit der Feststellung verstärken: "Du wirst ja rot!". Angaben über das weitere Vorgehen wären eine Hilfe.

Nicht immer werden also Gefühle mit Worten ausgedrückt. Achten Sie auf Körperhaltung und Ausdrucksbewegungen wie Gestik und Mimik Ihres Gesprächspartners. Sucht oder meidet er den Blickkontakt, unterbricht er ihn bei bestimmten Themen, hören Sie genau hin, *wie* er spricht (schneller, langsamer, abgehackt, mit höherer oder tieferer Stimmführung), holt er tief Luft - auch im übertragenen Sinn - oder sagt er etwas mit einem Seufzer, zögert er bei der Antwort, oder kommt er ins Stocken? Aus den Ausdrucksbewegungen oder der Form seiner Äußerungen können Sie Hinweise auf die Gefühle gewinnen, die der Patient hat, auch wenn er nicht ausdrücklich über seine Gefühle spricht.

Gefühle, die beim auxiliären Gespräch häufig anklingen

Gefühle sind seelische Regungen, Erlebnisqualitäten, mit denen wir etwas als wertvoll (positiv) oder als unwert (negativ) erleben. Sie bilden die Grundlage für Motive und Handlungen. Deshalb können wir aus dem Handeln - allgemeiner gesagt, aus dem Verhalten - auf Gefühle zurückschließen, z.B. aus dem Schluchzen auf die Trauer, aus der Form einer Flucht auf die Angst des Flüchtenden.

Im folgenden bieten wir Ihnen in Anlehnung an Ph. Lersch Kurzdefinitionen einiger Gefühle und Beispiele an, die Ihnen helfen sollen, Gefühle zu erkennen, richtig zu benennen und in drei Gruppen einzuteilen:

1. das Erlebnis des Förderlichen und der Sicherung,
2. das Erlebnis des Abträglichen und der Beeinträchtigung und
3. in bezug auf Werte, die außerhalb seiner eigenen Person liegen, Gefühle, die man als Wertbezogenheit oder als Sinnwerte bezeichnet. Das sind solche, die man z.B. gegenüber der Erhabenheit eines gotischen Domes erlebt.

Zwar geht bei der im folgenden gewählten alphabetischen Ordnung der Gefühle manche Möglichkeit verloren, durch unmittelbar aufeinanderfolgende Darstellung Gemeinsamkeiten oder Kontraste herauszuarbeiten. Doch schien uns diese Ordnung das Nachschlagen zu erleichtern.

Sehen Sie diese ***Definitionen*** besonders kritisch daraufhin durch, ob Sie mit den gegebenen Definitionen übereinstimmen. Notieren Sie abweichende Auffassungen für die spätere Verwendung am Rand. Sie haben mehr von diesem Kapitel, wenn Sie zu jedem der aufgeführten Gefühle ein eigenes Beispiel bilden.

In der Kindheit erleben wir alle das Gefühl der ***Abhängigkeit***. Je nach unserer Persönlichkeit akzeptieren wir sie oder streben sie sogar an, oder wir lehnen uns dagegen auf. Ungewöhnliche Situationen in Ausbildung, Beruf, Krankheit oder Familie können dazu führen, daß Menschen mit ausgeprägtem Abhängigkeitsbedürfnis noch mehr Abhängigkeit suchen. Andere, die die Unabhängigkeit vorziehen, können in eine Abhängigkeit geraten, die sie nicht ertragen. Wer gerne abhängig ist, heischt vermehrt nach Aufmerksamkeit, nimmt die Dienste anderer über Gebühr in Anspruch und mißbraucht im Extremfall die natürliche Fürsorge, die ihm Mitmenschen - Ehefrau, Kinder, Freunde, Mitarbeiter, Pflegepersonal - entgegenbringen, dazu, sie zu versklaven. Heimliche Zeichen eines solchen Versuches, übersteigerte Abhängigkeitsansprüche durchzusetzen, können ständige Unpünktlichkeit, das Nichtbefolgen von Anweisungen oder das Vernachlässigen der Körperhygiene sein. Aber auch die angebliche Unfähigkeit, irgend etwas selbst zustande zu bringen, ist dann eher ein Nichtwollen.

Achtung und Verachtung setzen rationale Durchdringung des Gefühls im Sinne einer Beurteilung voraus, die den anderen für würdig erklärt oder nicht und die eine sachliche Rechtfertigung darstellt, z.B. für den Umgang mit anderen. Dabei versucht man - und das unterscheidet besonders deutlich die Achtung von der Sympathie -, objektive Wertmaßstäbe anzulegen.

Es ist die Würde des Menschen, an der sich unsere Achtung oder Nichtachtung orientiert. Die Würde liegt in dem anderen. Sie ist unabhängig von Mögen oder Nichtmögen, aber doch abhängig von dem Wert, den wir uns selber zumessen und mit dem Wert anderer Menschen vergleichen. Achtung äußert sich nicht zuletzt in einer gewissen Ritterlichkeit, mit der wir auch dem Schwächeren nicht zumuten, vor dem Stärkeren "zu Kreuze zu kriechen". Man achtet z.B. einen Lehrer wegen seiner Sachlichkeit oder Großzügigkeit, beides Eigenschaften, die wir selber schätzen; aber man mag ihn (Sympathie), weil er "ein netter Kerl" ist. Wir achten auch einen Armen oder Kranken. Selbst wenn er nicht soviel Geld hat wie wir oder nicht mehr körperlich so leistungsfähig ist wie ein gesunder Mensch, behält er doch seine Würde wegen der typisch menschlichen Eigenschaften, in denen auch wir uns als Menschen ihm ähnlich fühlen.

Bei der ***Angst*** fühlen wir uns bedroht, können aber die Bedrohung nicht identifizieren. Es ist eine objektlose, intensive Furcht, ein Sichausgeliefertfühlen, das keine gezielten Gegenmaßnahmen zuläßt, z.B. Angst vor einer Operation, vor dem Tod, vor dem Scheitern im Beruf (zu unterscheiden von Furcht. Angst ist immer existentiell. Die "Angst vor dem Hund" ist in Wirklichkeit Furcht).

Ärger - oder schwächer Mißvergnügen - entzündet sich an etwas Unangenehmem, meist an einer Störung, an Ereignissen, die unseren Wünschen und Vorstellungen Widerstände entgegensetzen oder ihnen zuwiderlaufen. Wir ärgern uns z.B. über das Werkzeug, das nicht funktioniert, oder den Lärm der Nachbarn, der unseren Schlaf stört. Mit Ärger reagieren wir auf Frustrationen. Das geschieht entweder, indem man sagt, man ärgert sich über etwas, oder der Ärger manifestiert sich im Verhalten, etwa in der Wortwahl, im Verlust der Kontrolle über sich selbst, in lauter Sprache, im Schimpfen oder in Bewegungen, die ausgeprägter und eckiger sind als bei emotionalem Gleichgewicht. Ein besonderes Kennzeichen des Ärgers ist, daß er sich selbst aufschaukelt. Achten Sie im Selbstversuch auf die Geräusche, die Sie verursachen, wenn Sie Ihren Kugelschreiber oder ein Lineal in seelischem Gleichgewicht oder ärgerlich aus der Hand legen.

Aufregung erleben wir als Gefühl der Verwirrung. Die Situation ist für uns nicht mehr überschaubar, unser Verhalten verliert die üblichen Muster und steigert sich im Extremfall bis zur Panik. In Aufregung versetzen uns Unfälle, Kriegsereignisse, das eingebrannte Loch in einer Tischdecke oder ein umgekipptes Bierglas, aber auch ein freudiges Wiedersehen oder ein Lottogewinn. Sie können mit einem Sturm unkontrollierter Denkabläufe und Bewegungen einhergehen, die u.U. noch zu größerem Schaden führen. Hat die Aufregung positive Ursachen, spricht man auch eher von Erregung.

Dankbarkeit erleben wir gegenüber einem Menschen, dem wir etwas schulden, der uns in einer nicht selbstverständlichen Form etwas Gutes getan hat, uns geholfen hat oder uns in einer freundlichen Form behandelt, die über das erwartete oder normale Maß hinausgeht.

Depressive Verstimmung nennen wir den Zustand unangemessener Traurigkeit. Sie beruht selten auf Persönlichkeitsmerkmalen, die man als traurige Lebensgrundstimmung bezeichnet und die den Weg zur Depression ebnen kann. Meist ist sie eine Folge davon, daß ereignis- oder situationsbedingte negative Gefühle nicht abreagiert werden konnten oder daß ihre Ursachen bestehen bleiben (reaktive depressive Verstimmung). Zu den äußeren Zeichen, die alle innerhalb kurzer Zeit einsetzen, gehören neben dem Gefühl der Traurigkeit Verlangsamung, Rückzug aus menschlichen Bindungen (plötzliches Aufgeben reger Vereinstätigkeit), Äußerungen und Handlungen, die eine Entmutigung erkennen lassen ("Mir will auch nichts mehr gelingen"), die

Abneigung, selbst mit näheren Angehörigen zu sprechen, schwindender Appetit und das Bild der Entscheidungsschwäche bis zur Tatenlosigkeit.

Alltagsbeispiele sind Schüler, die in Heimerziehung nicht gedeihen, Patienten im Krankenhaus, Mütter nach einer Fehlgeburt, Frauen nach einer Mamma-Ablatio, Arbeiter bei erzwungenem Arbeitsplatzwechsel usw. Der Unterschied zur Traurigkeit ist längere Dauer der depressiven Verstimmung und das Hineingleiten in eine abnorme Passivität. Der depressiven Verstimmung fehlen im Gegensatz zur echten Depression die vorangehenden großen Schwankungen der Stimmungslage und der Selbsteinschätzung sowie Angstreaktionen.

Eifersucht erleben wir z.B., wenn eine geschätzte Person einem anderen Menschen, einem Tier, einem Werk oder einer Beschäftigung mehr Aufmerksamkeit oder Zuneigung widmet, als ihm oder der Sache nach Meinung des Eifersüchtigen zusteht und die der Eifersüchtige gern selbst in Anspruch nehmen möchte.

Während der Neidische eher auf Vorteile abzielt, klingt in der Eifersucht mehr die Rolle an, die dem Eifersüchtigen durch einen Dritten streitig gemacht wird und die er selbst einnehmen oder behalten will, z.B. die Mutter, die die Liebe ihres Sohnes nicht teilen will (" ... er hat sich früher viel mehr um mich gekümmert").

Das ***Eigenmachtgefühl*** entspricht am ehesten dem Selbstvertrauen, mit dem wir unsere Ansprüche durchzusetzen suchen. Es ist das Gefühl der Stärke oder Schwäche, mit dem wir unsere Ansprüche gegen die Anforderungen behaupten, die man an uns stellt, und das zwischen den Polen starker selbständiger Zielsetzung, Entschlossenheit und unbefangenem Mut zum Risiko einerseits sowie zaghafter Unentschlossenheit oder scheuer Gehemmtheit andererseits zum Ausdruck kommt.
(Wie drückt sich ein starkes Eigenmachtgefühl im Umgang mit anderen aus?)

Ekel stellt sich ein vor etwas, mit dem man nicht in Berührung kommen möchte, von dem man sich abgestoßen fühlt, z.B. Speisen, die von Fliegen belagert werden, oder Menschen, die übel riechen.

In der ***Enttäuschung*** werden gehegte Erwartungen oder Hoffnungen nicht erfüllt. Man macht eine schlechte, bittere Erfahrung.

Das Gefühl der Ernüchterung tritt bei zu hoch gesteckten Erwartungen auf, die enttäuscht werden.

Einen negativen Aspekt bekommt die Enttäuschung, die in bezug auf die Erwartungen unter den Sollpunkt führt. Der Anlaß der Enttäuschung liegt meist in uns selbst, denn wenn wir uns enttäuscht fühlen, haben wir meist zu viel erwartet. Wer auf nichts hofft, wird wohl nicht enttäuscht werden. Besonders im Liebeskummer ist die Enttäuschung enthalten.

Steigerungsformen der Enttäuschung sind Hoffnungslosigkeit und Resignation, z.B. die Enttäuschung über die Führerscheinprüfung, die man nicht geschafft hat, das Gefühl der Hoffnungslosigkeit bis zur Resignation beim zweiten und dritten Versuch.

Erschrecken wird verursacht durch eine plötzliche Bedrohung, z.B. beim Anblick einer Schlange oder bei einer plötzlichen Einsicht in unangenehme Zusammenhänge. Der Schreck wirkt sich lähmend auf unser Denken und Handeln und damit auf unsere Ausdrucksbewegungen aus (" . . . Mit weit aufgerissenen Augen stand er wie angewurzelt vor Schreck.").

Freude ist ein Gefühl der inneren Helligkeit, mit der wir auf Dinge, Ereignisse oder Menschen reagieren, die wir als einen Wert, als eine Bereicherung unseres Lebens auffassen. Wir freuen uns z.B. über das Erreichen eines Zieles, ein bestandenes Examen, ein Geschenk, über das Wiedersehen mit einem Freund oder über die ersten Schneeglöckchen. Für das Gefühl der Freude ist der Sinn wichtiger als die Sache, über die man sich freut. Sie dringt viel tiefer und hält länger an als z.B. das Vergnügen. Eine besondere Form der Freude ist die Vorfreude, z.B. auf die Ferien, auf die Zeit nach dem Examen usw.

Furcht nennen wir das Gefühl, wenn wir einer bestimmten, identifizierbaren Bedrohung nicht oder nicht ohne Aufwand ausweichen können, z.B. Furcht vor dem Hund des Nachbarn, dem wir "aus dem Wege gehen", Furcht vor dem Tritt gegen das Schienbein beim Fußballspielen, Furcht vor der scharfen Kante einer zerschlagenen Fensterscheibe.

Haß ist der Gegenpol zu Liebe. Im Haß sieht man einen Menschen oder eine Sache als bloßen Unwert, den man im Gegensatz zum Meiden des Unsympathischen und zur Abwendung von dem Verachteten zerstören oder vernichten möchte. Man haßt z.B. denjenigen, der einen ungerechtfertigt eines Verbrechens beschuldigt und einem damit schweren Schaden zufügt. Haß findet seinen Ausdruck in der zerstörerischen Aggression.

Die ***Heiterkeit*** ist - ähnlich wie die Freude, aber mehr andauernder - Ausdruck innerer Helle und Leichtigkeit, die auf die Mitmenschen ausstrahlt. Spannung, Streß oder gar Frustration und Sorgen passen nicht zum Bild des Heiteren, der sich der Umwelt öffnet und eine positive Einstellung zum Leben hat. Heitere wenden sich ihren Mitmenschen zu, sind aufgeschlossen, umgänglich und teilnahmebereit. Welche heiteren Menschen fallen Ihnen aus Ihrem Freundes- und Bekanntenkreis ein?

Das Gefühl der ***Hoffnung*** entwickelt sich in bezug auf die Verwirklichung der eigenen Vorstellung erwarteter Möglichkeiten im weitesten Sinne. Sie findet ihren Ausdruck in der erwartungsvollen Öffnung und bildet die Grundlage langfristiger Handlungsbereitschaft, z.B. wenn man in der Hoffnung auf eine Beförderung härter arbeitet oder wenn man spart, damit man sich ein Haus bauen kann.

Kränkung fühlt man, wenn der eigene Anspruch auf Geltung, Wertschätzung, Achtung, Eitelkeit, Ehrgeiz oder der Respekt, den man erwartet, nicht erfüllt wird. Gekränkt, beleidigt oder verletzt wird man, wenn die Mitwelt die Werte, die man sich selbst zumißt, nicht wahrnimmt oder nicht würdigt. Man zieht sich gekränkt zurück, bricht aber den Kontakt nicht völlig ab, denn es besteht doch noch die Möglichkeit, seine Ansprüche durchzusetzen: "Ich habe zwar kein Verständnis für seine Haltung mir gegenüber, aber . . .". Die Ausdrucksbewegungen der Distanzvergrößerung und des Sichzurückziehens entsprechen dem.

Langeweile ist ein Gefühl, das bei seelischem Stillstand auftritt. Sie wird aber nur als ein Mangel erlebt, wenn ein Lust- oder Veränderungsbedürfnis vorhanden ist, z.B. die Langeweile bei einem Theaterstück, dessen Thema uns nicht interessiert, oder im Zusammensein mit manchen Menschen.

Wenn sie nicht ausdrücklich verbalisiert wird, ist das Gefühl der Langeweile deshalb schwer zu diagnostizieren, weil es - abgesehen von der Neigung zum Gähnen - keine Antriebsmomente enthält, die zu Handlungen führen und damit Rückschlüsse auf das Gefühl zulassen. Klassische Beispiele der Langeweile finden sich in den Schilderungen der tagelangen Reisen mit der Transsibirischen Eisenbahn, Reiseberichte, zu denen man heute schlicht sagen würde, "es war nichts los."

Liebe kann man als dauerhafte, rückhaltlose Zuneigung interpretieren, bei der man den anderen (oder eine Sache) so, wie er ist, in seiner Gesamtheit und unmittelbar als Sinn und als Wert erlebt, durch den man selbst bereichert wird. Ihr Ausdruck ist die uneingeschränkte Zuwendung, z.B. die mitmenschliche Liebe oder die Liebe zu dem Fach, das man studiert.

Lust ist das Gefühl, mit dem wir etwas genießen. Dabei werden unsere Wünsche erfüllt. Wir nehmen etwas Angenehmes in uns auf, kosten lustvoll etwas aus. Lust verspüren wir z.B. beim leiblichen Genuß des guten Essens oder der Liebe. Lust haben wir aber auch, in ein Konzert zu gehen oder zu wandern. In der Lust erfährt unser Dasein seine Erfüllung.

Lustigkeit und Vergnügtheit sind ebenfalls Ausdruck innerer Helle und gelöster Lebensbejahung, aber sie bleiben oberflächlicher und brauchen im Gegensatz zur Heiterheit die Resonanz ihrer Umwelt. Heiter sein kann man im Extremfall auch ohne Publikum, während der Lustige sich mit anderen vergnügt, im Extremfall übermütig ist.
Wen würden Sie eher als lustig bezeichnen?

Mit ***Minderwertigkeitsgefühlen*** bezeichnen wir passagere Gefühlsreaktionen auf bestimmte Erfahrungen oder mehr dauerhafte, chronische Gefühlszustände als Reaktionen auf eigene Häßlichkeit, Intelligenzmangel, Impotenz, Armut usw.

Das Gefühl der Minderwertigkeit entwickelt man nicht nur, wenn der eigene Geltungsanspruch gegenüber anderen nicht erfüllt wird, sondern auch, wenn man die Ziele, die man sich gesteckt hat, nicht erreicht und in der eigenen Beurteilung an Wert verliert oder auch, wenn man seinen Wert im Vergleich mit den eigenen Wertmaßstäben nicht hoch genug veranschlagt, z.B. beim Vergleich mit anderen nicht so abschneidet, wie man es sich vorgenommen hat, oder in der Turnstunde zu der Auffassung kommt, man sei ein Schwächling. Die Menschen reagieren auf ihr anhaltendes Minderwertigkeitsgefühl mit Resignation bis zur Selbstverachtung oder mit Protest, der zur Kompensation und damit zum sachlichen Ausgleich des Mangels und des mangelhaften Selbstwertgefühls führt (Demostenes). Gelegentlich kommt es auch zur Überkompensation, bei der Menschen mit Minderwertigkeitsgefühlen übertreiben. Entsprechend kommen Minderwertigkeitsgefühle in einem Sichverschließen, im Sichzurückziehen zum Ausdruck, manchmal auch in besonders lautem oder gar unverschämtem Verhalten.

Mißgunst verspürt man nur gegenüber anderen, z.B. die reiche Dame, die den Angestellten "die Butter auf dem Brot nicht gönnt", oder die Äußerung eines Landwirts:"Eine so gute Ernte hat er eigentlich nicht verdient". Mißgunst spürt man also, wenn man zwar nicht selbst etwas haben oder erreichen will (Neid), sondern es nur dem anderen nicht gönnt, wie etwa der Autofahrer dem Nachbarn das Auto.

Neid und Mißgunst sind deshalb nicht einfach zu diagnostizieren, weil sie verbal nicht gern geäußert werden und es andererseits keine typischen Ausdrucksbewegungen für Neid oder Mißgunst gibt.

Das Gefühl des ***Mißmuts*** oder der ***Verdrossenheit*** läßt auch das Freuen für den anderen nicht mehr zu, das z.B. noch möglich ist, wenn man selbst traurig ist. Beiden Gefühlen sind Unzufriedenheit und innere Leere gemein. Während sich der Traurige lediglich von der Welt zurückzieht, erlebt der Mißmutige eine gewisse aggressive Gereiztheit gegen seine Umwelt und gegen seine Mitmenschen, die er für seine Unfrohheit zur Rechenschaft zieht.

Mißtrauen ist ein Nachbar der Furcht. Wenn wir einem Menschen oder einer Situation mißtrauen, sehen wir uns etwas Unüberschaubarem gegenüber. Während beim Mißtrauen lediglich ein Anlaß fehlt, an die guten Absichten eines Menschen oder an die Gunst einer Situation zu glauben, rechnet man beim Gefühl des ***Argwohns*** bereits mit etwas Bösem.

Mitleid ist ein Gefühl des Miteinander. Wir leiden mit dem anderen, und indem wir uns in die seelische oder körperliche Lage des anderen versetzen, stellen wir uns vor, es könnte uns genauso ergehen, z.B. das Gefühl gegenüber einem Behinderten, der sich nicht so frei bewegen kann wie wir und schon gar nicht zum Tanzen gehen kann.

Neid stellt sich ein, wenn ein anderer etwas hat, was man selbst gern haben möchte, was man aber nicht oder nur mit größerem Aufwand bekommen kann als man einzusetzen bereit ist. Neid drückt sich im dauernden gedanklichen oder auch körperlichen Hinschielen auf das aus, was unseren Neid erregt, sei es das Geld, die Figur der Freundin oder der Mann unserer Nachbarin. Zwar klingt im Neid Unzufriedenheit an darüber, daß man nicht bekommt, was man haben möchte, doch liegt der Unterschied darin, daß sich das Gefühl der Unzufriedenheit auch unabhängig davon einstellt, ob ein anderer das besitzt, was man nicht bekommt oder nicht erreicht. Neidisch ist man z.B. auf die bessere Technik des anderen Klavierspielers, unzufrieden, wenn man eine Gipfelbesteigung nicht schafft.

Beim ***Pflichtgefühl*** handelt es sich um einen Anreiz zum Leistungshandeln, einen Prozeß, in dem der Handelnde auch die Gründe von möglichem oder schon eingetretenem Erfolg oder Mißerfolg in Betracht zieht und sich von der Vorwegnahme möglicher Handlungsfolgen leiten läßt.

Pflichtgefühl entwickelt man, wenn man den Wert der Aufgabe auch für andere voll erfaßt hat und aus dieser moralischen Gebundenheit heraus die Handlung beginnt oder durchführt (s. Heckhausen, H.).

Rachegefühle hegt man, wenn man dem anderen, der einem etwas angetan hat, mit gleicher Münze heimzahlen will. Rachegefühle sind die Voraussetzung für den Vergeltungsdrang, den Drang zur Abrechnung "Auge um Auge - Zahn um Zahn". In ihrer Extremform führen Rachegefühle z.B. zur Blutrache.

In erfüllter Rache liegt Genugtuung: "Rache ist süß", schlichter: "Dem hab ich's aber gegeben!"

Abzugrenzen von Rachegefühlen ist die *Schadenfreude* (s. d.), z.B. gegenüber einem Menschen, den wir nicht leiden können: "Es geschieht ihm ganz recht . . .".

Religiöse Gefühle beziehen sich auf absolute, unerschütterliche und unübertreffbare Werte, die rationeller Erklärbarkeit unzugänglich sind. Religiöse Ergriffenheit findet sich nicht dort, wo Menschen aus Angst oder zur Erfüllung ihrer Wünsche um Hilfe bitten, sondern wo sich der Mensch in Ehrfurcht einbezogen fühlt in eine Sinnhaftigkeit der Welt, in die er sich selbst zwar eingeschlossen fühlt, die aber weit über ihn und seine Möglichkeiten des Erkennens hinausgeht, z.B. beim glücklichen Ausgang einer Katastrophensituation oder bei überwältigenden Naturereignissen.

Von ***Resignation*** sprechen wir, wenn es uns nicht mehr möglich erscheint, unsere Hoffnungen zu verwirklichen. Bereitschaft und Aktivität weichen der Indifferenz, der Müdigkeit und der Gleichgültigkeit. Das eigene Schicksal wird als unausweichlich erlebt. Kraft und Unmittelbarkeit des Antriebs gehen verloren. Enttäuschung und Verzicht bestimmen das Denken und Fühlen, gestatten damit aber auch einen neuen Anfang, z.B. bei einem Berufswechsel.

Reue verspürt man nur, wenn man in seiner Selbstachtung Schaden nimmt. (Schuldgefühl bezieht eine andere Person oder Sache ein). Reue braucht weder den Mitwisser noch den Zuschauer. Es ist nicht der eigene Geltungsanspruch gegenüber anderen, der bei der Reue anklingt, und nicht die Unzufriedenheit mit dem eigenen Versagen, wie sie in der Überzeugung zum Ausdruck kommt:"Das habe ich schlecht gemacht." Wir sind vielmehr im Kern unserer Persönlichkeit getroffen und kommen beim Nachdenken darüber, wie wir sind und wie wir sein sollten, zu Schlüssen, die uns veranlassen, uns zu ändern. Reue fühlen wir z.B., wenn wir einen anderen Menschen ernstlich enttäuscht haben oder wenn wir ohne ernstere Gründe unseren Prinzipien untreu werden.

Schadenfreude ist ein Gefühl der Genugtuung, der Freude über den Verlust oder den Schaden, den ein anderer erleidet. So wie die Mißgunst dem anderen etwas nicht gönnt, triumphiert die Schadenfreude über die Niederlage des anderen. Sie kann dabei durchaus in der Verkleidung "höherer Werte" auftreten, z.B. statt "Es geschieht ihm ganz recht, daß er sein Vermögen verloren hat" sagt man: "Eine gewisse ausgleichende Gerechtigkeit ist in diesem Fall nicht zu bestreiten."

Scham ist eine besondere Form des Minderwertigkeitsgefühls. Sie stellt sich ein, wenn wir bei unserem Gefühl, einen Wert zu verlieren oder ein Ziel nicht zu erreichen, Publikum haben, also unseren Wert im Urteil anderer herabgesetzt sehen. Man kann sich zwar auch alleine schämen, aber das Besondere dieses Minderwertigkeitsgefühls bleibt dann die gedankliche Bezugnahme auf andere. Z.B. schämt man sich, wenn man einen Freund grundlos enttäuscht und die Gewißheit hat, daß der Freund das auch so sieht. Eine besondere Form des Schamgefühls tritt z.B. bei der Verletzung von Tabus auf, wenn man sich der Situation nicht gewachsen fühlt, etwa bei der unangemessenen Erörterung sexueller Fragen oder dem Erleben körperlicher bzw. seelischer Nacktheit. Ausdruck der Scham ist der Rückzug, das Sichverschließen, das Vermeiden des Blickkontaktes und das Erröten.

Von ***Schuldgefühl*** sprechen wir, wenn wir - ähnlich wie bei der Scham - Normen nicht gerecht werden. Hier handelt es sich aber meist um Normen, durch deren Verletzung wir anderen Schaden zugefügt haben. Der häufigste Grund für Schuldgefühle sind Verantwortungen, die wir übernehmen wollen oder übernehmen müssen und denen wir nicht gerecht werden können. Wir entsprechen damit nicht mehr dem eigenen Leitbild, das wir uns von uns selber machen. Ein Familienvater, der nicht soviel verdient, daß er seine Familie auf dem Niveau erhalten kann, das er für angemessen hält, ein Student, der die vom Elternhaus in ihn gesetzten Erwartungen, mit denen er sich identifiziert, nicht erfüllt, eine Frau, die ihrem Mann nicht die Kinder schenkt, die er nach ihren Vorstellungen von ihr haben möchte, oder die Arbeiterin, die mit mehr Ausschuß arbeitet als sie gegenüber ihren Kolleginnen vertreten kann, entwickeln Schuldgefühle gegenüber denen, die es besser machen, oder gegenüber den Normen, die sie sich selbst gesetzt oder übernommen haben, aber die sie nicht erreichen können.

Kommen zu den üblichen Anforderungen an einen solchen Menschen noch erschwerende Umstände hinzu wie Krankheit oder Arbeitslosigkeit, dann werden diese Schuldgefühle bedrohlich und können den Klienten aus dem Gleichgewicht bringen, so daß er sich zurückzieht oder als chronisch Unzufriedener auch zum Querulanten werden kann. Im ernstesten Falle entwickeln sich diese Menschen in Richtung zur Depression, überwiegt die kämpferische Haltung, zum Michael Kohlhaas.

Im ***Selbstgefühl*** erleben wir unser Zumutesein in bezug auf uns selbst. Wir fühlen uns stark - die Psychologen sprechen von Eigenmachtgefühl (s. dort) -, wir erleben uns als Wert oder Unwert, man nennt es Selbstwertgefühl (s. d.). Entsprechend der Stärke dieses Gefühls sind wir dann auf die Dauer mit uns selbst eher zufrieden oder unzufrieden.

Selbstwertgefühl nennt man das Bewußtsein der eigenen Geltung. Sie beruht auf der Anerkennung, Zuneigung und Bewunderung durch andere oder auf der Meinung, die man von seinem eigenen Wert hat. Liegt der Anlaß des Selbstwertgefühls eher außerhalb der eigenen Person, spricht man von *Selbstbewußtsein* (z.B. hebt die öffentliche Belobigung das Selbstbewußtsein). Erlebt sich der Mensch vorwiegend selbst als einen Wert, handelt es sich um *Eigenwertgefühl.*

Welche Art des Selbstwertgefühls ist Ihnen persönlich wichtiger?

Unkritisches Selbstwertgefühl beruht auf einem Mangel an Lebenserfahrung oder Urteilskraft und ist oft Ursache jugendlicher Selbstüberschätzung oder schulmeisterlicher Besserwisserei und steifer Doktrin. In den Steigerungsformen findet sich übersteigertes Gefühl des eigenen Wertes und der eigenen Wichtigkeit im Größenwahn.

Aristokratisches Selbstwertgefühl stellt sich ein, wenn man die Werthaftigkeit der eigenen Person so sehr betont, daß man sich selbst für außergewöhnlich hält, wohlgemerkt: sein Sosein, nicht die eigene Leistung. Betont langsame Ausdrucksbewegungen geben dann z.B. zu erkennen, daß man kaum etwas für so wichtig hält, daß man sich beeilt.

Menschen mit *narzistischen Selbstwertgefühlen* halten sich ständig den Spiegel vor und sind in sich selbst verliebt. Als Abart der Eitelkeit haben narzistisches Selbstwertgefühl und Stolz Gemeinsamkeiten im Geltungsbewußtsein. Aber während der Eitle und der Narzist Anerkennung suchen, ist der Stolze leicht zu stolz, um andere für wert zu erachten, ihnen gegenüber seine Ansprüche zum Ausdruck zu bringen.

Sorge erleben wir als Bedrohung dessen, was wir für wertvoll halten. Ihr entspricht das Bedürfnis, sich gegenüber möglichen Bedrohungen der Zukunft abzusichern. Sorge drückt sich darin aus, daß wir Furcht bzw. Angst haben oder Vorkehrungen treffen. So macht man sich z.B. Sorgen über seinen Besitz und schließt Versicherungen ab, oder man hat Sorgen, wenn zum Schulweg der Kinder die Überquerung einer Hauptstraße gehört.

Stolz ist ein Gefühl der Überlegenheit und der Freude über einen Besitz oder eine erbrachte Leistung. Man ist z.B. stolz auf das geschaffte Examen, auf die intelligenten Kinder, auf das neue Auto.
Stolz kann aber auch bei übertriebenem Selbstbewußtsein zu Überheblichkeit führen und damit einen negativen Aspekt bekommen ("Der ist zu stolz, einen zu grüßen!").

Sympathie und Antipathie sind Gefühle, die wir auf Menschen richten, die wir als Partner akzeptieren oder ablehnen. Man mag ihn oder mag ihn nicht, weil man ihn für wertvoll hält oder nicht, weil man sich mit ihm identifiziert oder ihn ablehnt, ihn sympathisch oder unsympathisch findet. Dabei fragt man in bezug auf Sympathie und Antipathie nicht nach Gründen. Das erlebte Hingezogen- oder Abgestoßenfühlen ist so ursprünglich, daß es kaum weiter zu analysieren, sondern bestenfalls mit Zuneigung (und damit Annäherung) bzw. Ablehnung (und damit Distanzierung) zu übersetzen ist.

Versuchen Sie, als Beispiel in Stichworten den Menschentyp zu skizzieren, der Ihnen sympathisch bzw. unsympatisch ist.

Trauer erlebt man bei einem Verlust. Im Gegensatz zum oberflächlichen Traurigsein oder Betrübtsein über ein verregnetes Wochenende trauert man über etwas unwiderruflich Verlorenes, z.B. über den Tod eines Angehörigen. Trauer geht einher mit dem Gefühl der Leere und der Lichtlosigkeit und den Ausdrucksbewegungen kraftloser Passivität. Sie findet ihren Ausdruck in gebeugter, kraftloser Haltung des Trauernden mit sparsamen, langsamen Bewegungen.

Beim ***Überdruß*** fehlt das Lustbedürfnis der Langeweile. An seine Stelle tritt der vorangegangene Genuß, z.B. heiße Rock-Musik, die man nach einem ausführlichen Angebot irgendwann nicht mehr hören mag und die dann dazu führt, daß man sich zurückzieht, sich ihr verschließt. Modern ausgedrückt führt Überdruß zum Abschalten.

Unzufriedenheit ist ein Gefühl der Spannung und der Unruhe, das bei Nichterfüllung unserer Ansprüche mit Ärger und schließlich auch mit Wut einhergehen kann, z.B. die Unzufriedenheit mit uns selbst, wenn wir bei einem Partner mit unseren Wünschen scheitern.

Verantwortungsgefühl beruht auf der eigenen Bewertung der Vorstellung, daß unser Handeln zum Glück oder Unglück anderer führen kann. Man muß sich vorstellen können, was mit dem anderen im positiven oder negativen Sinn passiert, wenn . . ., und man muß wertend Entscheidungen treffen und handeln und fühlt sich verantwortlich, z.B. für das Glück seiner Kinder, das man sich in einer bestimmten Weise vorstellt und hoch einschätzt. Man opfert z.B. aus diesem Verantwortungsgefühl heraus manches für ihre Ausbildung, man verzichtet aus Verantwortungsgefühl für einen schwerkranken Patienten auf seinen rechtzeitigen Feierabend, man unterstützt den Aufbau eines Kinderdorfes, um die Ordnung, wie man sie sich vorstellt, aufrechtzuerhalten.

Vergnügen oder Spaß sind Gefühle, die sich einstellen, wenn wir uns frei entfalten können oder wenn unser Spieltrieb angesprochen wird. Ähnlich wie zur Lust gehört auch zum Vergnügen das Genießen dieses Zustandes. Denken Sie an die Kinder beim Ballspiel, deren Funktionslust im Lachen und Schreien ihren Ausdruck findet.

Wie die Lustigkeit das Publikum, braucht das Vergnügen eine bestimmte Umwelt. Damit unterscheidet es sich auch von der Freude.

Vertrauen geht mit dem Gefühl der Ruhe und Gelassenheit einher. Wenn wir Vertrauen haben, erwarten wir von einem Menschen oder einer Situation nichts Negatives. Vertrauen führt zu Ausdrucksbewegungen des sich Annäherns und des Sichöffnens, wie dem Entgegenneigen und der vollen Zuwendung beim Gespräch, dessen Inhalt geradlinig verläuft, weil man "sich freut", ohne Umschweife zur Sache kommen zu können.

Spontanes Vertrauen *hat* man z.B. in die eigene Kraft und oft auch zu Eltern oder Freunden. Fremde müssen sich unser Vertrauen *verdienen.*

Verzweiflung ist die Steigerungsform der Resignation. In ihr erscheint die Zukunft und damit die Verwirklichung von Sinnwerten absolut ausweglos (Ph. Lersch). Verzweiflung lähmt nicht nur - wie die Resignation - Aktionsbereitschaft und Aktionsfähigkeit, sondern auch den Daseinswillen. Die Hoffnungs- und Ausweglosigkeit, die man in der Verzweiflung erlebt, kann bis zur Selbstvernichtung führen, z.B. die Verzweiflung über wiederholtes Scheitern bei der Partnerwahl, Verzweiflung über den endgültigen Verlust des Vermögens oder den Tod eines Menschen.

Widerwillen ist eine Steigerung des Überdrusses mit einer aktiven Komponente. Neben das Abwenden von dem, was das Gefühl des Überdrusses hervorruft, tritt hier das aktive Wegschiebenwollen der Ursache des Widerwillens. Denken Sie an ein Buch mit endlosen Wiederholungen oder Werbemaßnahmen mancher politischer Parteien vor den Wahlen, die nicht nur dazu führen, daß man sie nicht mehr hören kann, sondern daß man u.U. auch "schon wegen dieser Reklame" die Gegenpartei wählt.

Wut spüren wir gegenüber Widerständen, die sich unseren Wünschen entgegenstellen und die so intensiv sind, daß wir gegen sie Aggressionen entwikkeln. Wir fühlen uns dann aufgerufen, den Widerstand zu beseitigen, nicht selten im Sinne blinder Zerstörungswut, die wir ohne Abwägen von Schuld und Zweckmäßigkeit "austoben", z.B. wenn wir in einem Streit mit einem Vorgesetzten so wütend werden, daß wir uns dabei "ohne Sinn und Verstand um Kopf und Kragen reden". Wille und Denken werden dabei weitgehend überspielt. Wut findet ihren Ausdruck in der zerstörerischen Unbedachtsamkeit.

Im ***Zorn*** berufen wir uns auf allgemeingültige Normen, deren Verletzung unseren Zorn erregt. Wir werden zornig, weil wir meinen, daß ein Wert, der außerhalb unserer selbst liegt, angetastet oder zerstört wird. Der Zornige bleibt sich seines Zorns und dessen Anlasses bewußt, der Wütende dagegen "rast blind vor Wut". Wir sind z.B. zornig über Friedhofsschändungen, auch wenn es nicht die Gräber unserer Angehörigen sind, über Leute, die mutwillig die Verkehrsregeln überschreiten und uns behindern. Der Zornige will dann ggf. durch seine Anzeige belehren, der Wütende fährt u.U. in den anderen Wagen.

Das Gefühl der ***Zufriedenheit*** stellt sich als Entspannung ein, wenn wir unsere Wünsche verwirklichen oder die Erfüllung unserer Ansprüche erleben, sei es, daß ein Habenwollen in Erfüllung geht, sei es, daß wir das Erlebnis der Macht oder der Geltung haben, wenn wir uns durchsetzen. Beispiele der Zufriedenheit sind Gefühle, die man nach einem gut bestandenen Examen oder einem gewonnenen Fußballspiel hat.
Man kann auch mit sich selbst zufrieden sein über die eigene Ausdauer beim Lesen eines schwierigen Buches.

Selbständige Vertiefung zum Thema Gefühle

Um Sie anzuregen, sich über Äußerungsformen bestimmter Gefühle klar zu werden, bieten wir Ihnen im folgenden Aussagen an, denen Sie unterschiedliche Gefühle entnehmen können. Konstruieren Sie selbst Zusammenhänge oder Situationen, in denen die Äußerungen gefallen sein könnten.

Aufgabe 5/8: Welche Aussage deutet auf Furcht, welche auf Angst und welche beiden anderen Gefühlsqualitäten kommen zum Ausdruck?

Formulieren Sie die Gefühlsregung, und benutzen Sie die Begriffe der Definition als Begründung.

a) *Ich bin so aufgekratzt und könnte die ganze Welt umarmen.*
b) *Ich war immer ein sehr guter Schüler, leider nur durch Mogeln.*
c) *Ich habe mir immer etwas Geld zur Seite gelegt für unvorhergesehene Krankheiten oder so.*
d) *Ich fahre nachts nicht gerne Auto. Die anderen blenden oft nicht ab.*
e) *Den Prozeß werde ich Dummkopf verlieren, weil der andere Vorfahrt hatte.*

Aufgabe 5/9: Welche Aussage deutet auf Angst hin?

a) *Ich habe das Gefühl, schwer krank zu sein.*
b) *Ob mich meine Kinder wohl im Krankenhaus besuchen kommen?*
c) *Der Nachbar hat gesagt, jeder Dritte stirbt an Krebs.*
d) *Kommen alle Patienten dieser Station in die Intensivpflege?*
e) *Wie viele Jahre habe ich noch, Herr Doktor?*

Aufgabe 5/10: Für welche Gefühle sprechen folgende Aussagen?

a) *Jetzt kann ich endlich Auto fahren!*
b) *Ich verehre Sie nicht nur, ich möchte immer für Sie da sein.*
c) *Das Geld hätten gerechterweise eigentlich wir bekommen müssen.*
d) *Du solltest Dich lieber mehr um mich kümmern, statt ewig mit Deinem Freund zusammen zu sein.*
e) *Vielleicht reicht die Zeit bis zur Abfahrt des Zuges nicht aus.*
f) *98 von 100 möglichen Punkten!*

Aufgabe 5/11: Welche Gefühle werden in den Beispielfällen 1, 2, 3 und 10 in folgenden GF-Reaktionen angesprochen: GF 1.6, GF 1.7, GF 2.2, GF 2.4, GF 2.5, GF 3.3, GF 3.5, GF 3.7, GF 3.8, GF 10.3, GF 10.4 und GF 10.6?

Aufgabe 5/12: Formulieren Sie selbst je drei Aussagen, die auf folgende Gefühle Rückschlüsse zulassen:

Angst	*Neid*	*Furcht*	*Ärger*
Freude	*Mitleid*	*Eifersucht*	*Scham*
Schuld	*Liebe*	*Stolz*	*Haß*

Aufgabe 5/13: Versuchen Sie jetzt, ohne Zuhilfenahme der vorangehenden Informationen selbst schlagwortartig die in Aufgabe 5/12 genannten Gefühle zu definieren.

Aufgabe 5/14: Formulieren Sie Beispielaussagen zu folgenden Gefühlen, ohne daß Sie in Ihrer Aussage die Gefühle selbst nennen, es aber anderen erleichtern, Ihre Gefühle zu benennen.

a)	*Haß*	*(der Hund, der mich gebissen hat)*
b)	*Neid*	*(bessere Prüfungsergebnisse)*
c)	*Scham*	*(ein gegebenes Wort nicht gehalten)*
d)	*Schuld*	*(nicht rechtzeitig um die Mutter gekümmert)*

Abwehrmechanismen

Die Absicht des Gesprächsführenden, sich mit Hilfe seines Verstandes und seines Einfühlungsvermögens in das Erleben und die Situation seines Klienten zu versetzen, wird oft durch Ängste, sich zu offenbaren, behindert. Um mit diesen Ängsten fertig zu werden, wenden Klienten in erster Linie fünf Abwehrmechanismen an (in Anlehnung an Bullmer, K.), mit denen sie die Wirklichkeit verfälschen, verzerren oder verleugnen. Solche Abwehrmechanismen sind z.B. Rationalisierung, Identifikation, Projektion, Reaktionsbildung und Kompensation.

Entscheidend für Ihr Verständnis dieser Abwehrmechanismen ist die Tatsache, daß bei allen Abwehrmechanismen die ***Selbstwahrnehmung*** verfälscht, verzerrt oder verleugnet wird, um die Angst vor der Realität zu ertragen oder zu überwinden. Nur wenn Sie diese Formen der Kaschierung durchschauen, werden Sie in der Lage sein, Ihrem Klienten zu einem besseren Verständnis seiner selbst und seiner Situation, aber schließlich auch zur Lösung seines Problems zu verhelfen.

Die psychoanalytische Schule bietet mit ihrer Sicht der Abwehrmechanismen ein Denkmodell, das für die auxiliäre Gesprächsführung genutzt werden kann. Es gilt nicht nur, Zusammenhänge zwischen Abwehrmechanismen und dem Problem des Klienten zu erkennen, sondern ihm auch dabei zu helfen, diese Zusammenhänge zu verstehen und damit ein Werkzeug zu gewinnen, um das Problem, das er mit Abwehrmechanismen zu kaschieren sucht, anzugehen. Das geschieht in erster Linie, indem man eben dieses Kaschieren "fragwürdig" im Sinne von "erfragenswürdig" und damit zum intensiven Gegenstand auxiliärer Gesprächsführung macht. Es bedarf kaum der Erwähnung, daß auch Gesprächsführende Abwehrmechanismen anwenden und am ehesten vermeiden lernen, wenn sie sie kennen.

Rationalisierung heißt, Wünsche, die einem selbst oder anderen unerfüllbar erscheinen, mit akzeptablen Motiven unterlegen, um damit die Angst vor der Übermächtigkeit der Wünsche zu dämpfen.
Äußerungsform: Man hat "überzeugende" oder wohlklingende Gründe.

Identifikation nennt man den Abwehrmechanismus, mit dem man sich selbst - eher auf Äußerlichkeiten bedacht - fremde, aber erwünschte Persönlichkeitsmerkmale oder Sachmerkmale (z.B. das PS-starke Auto) zuschreibt, um die Angst vor der eigenen Schwäche zu dämpfen.
Äußerungsform: Die Überpolsterung der Schultern, der Sportwagen des Sechzigjährigen, die überbetont gewählte Ausdrucksweise des Mindergebildeten usw.

Als ***Projektion*** bezeichnet man einen Abwehrmechanismus, mit dem unerwünschte eigene Gefühle anderen zugeschrieben werden, und man versucht, die eigene Angst vor diesen unerwünschten Gefühlen dadurch zu dämpfen, daß "andere sie auch haben".
Äußerungsform: Der ist genauso feige wie ich. Er hat sich auch geniert (o.ä.).

Reaktionsbildung nennt man das betonte gegenteilige Reagieren auf eigene Gefühle. Hier wird die Angst vor dem eigenen Gefühl "mit zuviel Farbe überdeckt".
Äußerungsform: Der Geizige wird in Einzelbereichen großzügig, der Klatschsüchtige betont gelegentlich seine Zurückhaltung, der Verärgerte tut besonders freundlich usw.

Mit der ***Kompensation*** strebt man Ersatzziele an, um die Angst vor der Frustration zu vermindern, daß man die eigentlichen Ziele nicht erreichen kann oder darf, weil sie nicht anerkannt werden.
Äußerungsform: Der übertrieben laut geäußerte Wunsch nach einem prak-

tischen Beruf, wenn man den Eltern die Studienkosten nicht aufbürden möchte; die übergroße Zahl der Freundinnen bzw. Freunde des sexuell Ängstlichen usw.

Aufgabe 5/15: Ordnen Sie unter Zuhilfenahme der Definitionen die Begriffe a) bis f) - die mehrmals vorkommen können - den Aussagen 1 bis 7 zu.

a) Rationalisierung b) Identifikation c) Projektion
d) Reaktionsbildung e) Kompensation f) kein Abwehrmechanismus

1. *Ich lüge nur, weil ich den Lehrer nicht mag.*
2. *Karl ist genauso neidisch wie ich.*
3. *Meine Leistungen wären besser, wenn ich mir mehr Mühe gäbe.*
4. *Mein alleiniges Lebensprinzip heißt: Geben ist seliger als nehmen.*
5. *Alle Menschen, die keine Freundin haben, wirken auf mich verklemmt.*
6. *Mein Jahrgang arbeitet besser als alle vorangehenden.*
7. *Es ist mir völlig gleichgültig, ob ich etwas erbe.*

Aufgabe 5/16: Bilden Sie mit Hilfe der gegebenen Erläuterungen zu jedem der 5 Abwehrmechanismen eigene Beispiele.

Aufgabe 5/17: Überdenken Sie mit Hilfe der Texthervorhebungen noch einmal das auf den Seiten 83 bis 112 Gesagte.

a) Mit der Beantwortung der folgenden Fragen können Sie dann den Rahmen für das Thema "Emotionale Anteile am auxiliären Gespräch" und die Störfaktoren zusammenfassend wiederholen:

a 1: Welche beiden Zugänge gestatten es Ihnen im auxiliaren Gespräch, Gefühle Ihres Klienten zu diagnostizieren?

a 2: Wie könnten Sie den Begriff "kontrollierte Wahrnehmung" erläutern?

a 3: Nennen Sie Störfaktoren, die die tatsächliche Sicht für den Klienten beeinträchtigen können.

a 4: Warum benutzen Klienten Abwehrmechanismen?

a 5: Was verstehen Sie unter Rationalisierung? - Identifikation? - Projektion? - Reaktionsbildung? - Kompensation?

b) Versuchen Sie, z.B. einem Kollegen, einem Freund oder einem Kommilitonen zu erklären, worin die Schwierigkeit besteht, einen Klienten "objektiv" zu sehen. Mit der Antwort auf folgende drei Fragen können Sie sich darauf vorbereiten:

- Was muß ich erwähnen, um mich verständlich zu machen?
- Mit welchem Beispiel kann ich das Gesagte erläutern?
- Wie kann ich feststellen, ob ich mich verständlich gemacht habe?

Teil III
Resonanz als inhaltliche Reaktion auf den Klienten

Gegenstand auxiliärer Gespräche ist der Sachverhalt, der für den Klienten zum Problem wird, und die gefühlsmäßigen Reaktionen des Klienten auf das Problem, also *sein Erleben des Problems.* Daraus ergeben sich die Aufgaben für den Gesprächsführenden, wie sie 1942 in ähnlicher Form von Carl Rogers formuliert wurden:

> Der Gesprächsführende muß Einsicht gewinnen in Sachverhalte, die dem Problem zugrundeliegen, Verständnis für den Klienten in seiner Situation haben und sich in das Erleben des Klienten einfühlen.

Bei diesem Prozeß soll aber auch der Klient durch Selbstexploration tieferen Einblick in die Zusammenhänge seines Problems und in seine Situation gewinnen, um sich selbst besser zu verstehen. Damit schafft er die Voraussetzungen, um sein Problem selbst anzugehen und zu lösen. Andererseits bietet er dem Gesprächsführenden mit seiner Schilderung Informationen, die der Gesprächsführende ggf. für Problemlösungsvorschläge verwenden kann, die dem Problem und dem Klienten angemessen sind und deshalb am ehesten verwirklicht werden können.

In den vorangehenden Kapiteln haben wir gezeigt, wie man eine intime Gesprächssituation schafft, das Entstehen eines Vertrauensverhältnisses fördert und sich dem Klienten , ohne schon auf den Inhalt des Gesagten ausdrücklich einzugehen, aufnahmebereit zuwendet. Im folgenden wollen wir uns mit der Frage beschäftigen, wie Sie *inhaltlich* auf die Äußerungen Ihres Klienten reagieren können, um sein Bemühen um ein besseres Problem- und Selbstverständnis und schließlich um eine Problemlösung zu unterstützen. Dazu werden wir

- auf die Grundformen der ***Resonanz*** eingehen:
  Einfühlendes Verständnis für das Problem Ihres Klienten,
  Achtung vor der menschlichen Würde und
  echte Hilfsbereitschaft,
- dann die Bereiche ***analysieren*** (rational, attitudinal, emotional), in denen die Äußerungen Ihres Klienten erfolgen und auf die Sie mit Ihren Reaktionen eingehen,
- und schließlich werden wir Sie mit den Techniken der ***selektiven Reflexion*** vertraut machen:
  Spiegelung, Klärung, Zwischenzusammenfassung, Neuformulierung, Konkretisierung, Konfrontation und Interpretation.

6. Grundformen der Resonanz

Der Erfolg des auxiliären Gesprächs beruht auf der Resonanz, auf Ihrer Fähigkeit und Neigung, sich geistig und seelisch in den Klienten hineinzuversetzen. Das setzt im wesentlichen voraus, daß Sie

- im Laufe des Gesprächs ***einfühlendes Verständnis*** für Ihren Klienten gewinnen und zeigen,
- ***Achtung vor der Würde*** Ihres Klienten mit seinen Stärken und trotz seiner Schwächen in Form menschlicher Wärme zum Ausdruck bringen,
- ihn mit ***echter Hilfsbereitschaft*** bei seinem Bemühen um eine Problemlösung unterstützen.

Diese drei Formen der Resonanz, die Sie Ihrem Klienten bieten, bilden den ideellen, aber auch unbestritten recht abstrakten Hintergrund auxiliärer Gesprächsführung. Wir werden mit der folgenden Schilderung versuchen, den Zusammenhang aufzuzeigen, der Ihnen die Beantwortung der Frage erleichtert: "Was muß in mir anklingen, wenn ich einem anderen durch ein Gespräch helfen will?"

Zu den Grundformen bieten wir Ihnen zunächst Definitionen an, beschreiben dann die Funktion jeder Resonanzform, nennen Kriterien (Maßstäbe), mit denen Sie Art und Ausprägungsgrad der drei Grundformen beurteilen können, und veranschaulichen Resonanz an praktischen Beispielen. Die Bearbeitung der Aufgaben wird Ihnen das Verständnis besonders dieses Kapitels erleichtern.

Einfühlendes Verständnis

Definition:
Einfühlendes Verständnis zeigt der Gesprächsführende mit dem Versuch, den anderen nachzuerleben, ihn von innen her zu verstehen. Einfühlendes Verständnis ist die Antwort auf die Frage *"Was würde ich in der gleichen Situation denken, fühlen oder tun?"* Einfühlung heißt also mit den Augen des anderen sehen, mit den Ohren des anderen hören und mit dem Herzen des anderen fühlen. Abweichend vom bloßen Mitgefühl und von der Sympathie bleibt Einfühlung in bezug auf allgemeine oder persönliche Wertmaßstäbe wertungsfrei. Der Klient bedarf der Wertschätzung im Sinne der Wohlgesonnenheit und der freundlichen Zuwendung, nicht aber der Bewertung (R. Tausch, 1970).

In bezug auf unser Ziel können wir einfühlendes Verständnis definieren als eine Form der Interaktion, die wir mit dem Ziel einsetzen, den Patienten sowohl rational als auch in bezug auf seine Gefühle, Einstellungen und Wünsche zu erfassen. Damit ist Einfühlung der zentrale Begriff der auxiliären Gesprächsführung. Erst wenn Ihr Klient aus Ihrer verbalen oder ausdrucksmäßigen Reaktion auf die Schilderung seines Problems und seiner emotionalen Reaktion, sein Erleben, den Eindruck gewinnt, daß Sie für ihn und für seine Situation Verständnis haben, wird er sich öffnen und Ihnen damit Gelegenheit geben, ihm zu helfen, sich selbst und seine Probleme besser zu verstehen und damit eine Lösung anzubahnen.

Funktion:

Voraussetzung für einfühlendes Verständnis ist Ihre Absicht, sich auf den anderen einzustellen, Ihre intensive Konzentration auf die verbalen, vokalen und averbalen Äußerungen Ihres Klienten. Erst *einfühlendes Verständnis macht es möglich, daß Sie die Erlebniswelt Ihres Klienten nacherleben, daß Sie sein Erleben und seine Einstellungen nachvollziehen können, daß seine Gefühle auch in Ihnen anklingen,* und daß Sie angemessen auf sein Problem und sein Erleben reagieren. Erst wenn Sie voll und ganz verstehen, was er Ihnen mitteilt, können Sie ihm helfen, mit den Mitteln der Selbstexploration tiefer in sich einzudringen und damit eine Problemlösung vorzubereiten.

Kriterien für die Beurteilung der Einfühlung

Stufe 1:	Die Gesamtreaktion des Gesprächsführenden richtet sich nicht oder nur unzureichend auf die Äußerungen* des Klienten.
Kriterien:	Zuhören und Teilnahme des Gesprächsführenden reichen nicht aus, um den Klienten zu öffnen. Er übersieht bzw. verkennt den Bedeutungsgehalt der Äußerungen oder zeigt sich desinteressiert. Er reagiert deshalb gar nicht oder kaum auf die Äußerungen und die Gefühle des Klienten.
Stufe 2:	Die Aufgeschlossenheit des Gesprächsführenden ist angemessen, um das Anliegen des Klienten und die ausgedrückten Gefühle und Einstellungen richtig zu verstehen und wiederzugeben.
Kriterien:	Die Gesamtreaktion des Gesprächsführenden ähnelt den Äußerungen seines Klienten so weit, daß sie dagegen austauschbar wäre oder vom Klienten mit einem Kopfnicken, einem Ja

* Gemeint ist immer die Gesamtäußerung des Klienten, verbales und sonstiges Ausdrucksgeschehen.

oder einer anderen bestätigenden Äußerung beantwortet wird.

Stufe 3: Der Gesprächsführende zeigt in seiner Resonanz soviel verständnisvolle Einfühlung, daß der Klient sein Problem, sein Erleben und seine eigene Situation besser versteht und zum Ausdruck bringt.

Kriterien: Die Gesamtreaktion des Gesprächsführenden führt über die Äußerungen des Klienten hinaus. Er erkennt offenbar auch nichtverbalisierte Gefühle oder Motive und vermag sie so wiederzugeben, daß der Klient zustimmt oder sie äußern kann.

In dem Beispiel einer Mutter, die deprimiert ist, weil sie ihrer Tochter in einer schwierigen Lage nicht genügend helfen kann, entsprechen die folgenden Reaktionen des Gesprächsführenden den genannten Stufen der Einfühlung:

	Kriterien
Stufe 1:	
GF: "Was sagten Sie - woran ist das letzte Kind Ihrer Tochter gestorben?"	Zuhören und Teilnahme fehlen.
Stufe 2:	
GF: "Sie sind also traurig darüber, daß Sie ihr bei der Geburt des Kindes nicht beistehen können. Welcher Mutter würde es wohl nicht auch so gehen!"	Verständnis für die geäußerten Gefühle, Aufgeschlossenheit für das Problem.
Stufe 3:	
GF: "Ich sehe, daß Sie sich Sorgen machen und daß Sie nach der gemachten Erfahrung Angst haben, es könnte wieder etwas schiefgehen. Wer sorgt denn inzwischen für die anderen Kinder?"	Einfühlung in die Äußerungen. Gesamtschau des Problems über die Äußerungen hinaus.
KL: "Ja, das ist eigentlich der Grund, warum ich komme."	Bestätigung durch den Klienten.

Beurteilen können Sie die Einfühlung sowohl aus der Reaktion des Gesprächsführenden als auch nach der Wirkung beim Klienten.

Geht der Klient überhaupt nicht auf das ein, was der Gesprächsführende sagt, oder korrigiert er ihn oder bricht er das Gespräch ab, so fehlt es offensichtlich an Einfühlung, oder sie reicht nicht aus, oder der GF ist nicht in der Lage, sein Einfühlungsvermögen mitzuteilen (Stufe 1).

Stimmt der Klient der Reaktion des Gesprächsführenden auch im emotionalen Bereich zu und bringt der GF zum Ausdruck, daß er die Gefühle seines Klienten nacherleben kann, so hat er sich offenbar in den Klienten eingefühlt (Stufe 2).

Hilft die Reaktion des Gesprächsführenden dem Klienten, Zusammenhänge auch im emotionalen Bereich und damit auch sich selbst besser zu verstehen, dann hat der GF soviel verständnisvolle Einfühlung gezeigt, daß er dem Klienten die Selbstfindung erleichtert und damit die Lösung des Problems anbahnt (Stufe 3).

Aufgabe 6/1: Stellen Sie sich eine 23jährige Klientin vor, die Ihnen weinend darüber berichtet, daß ihr Verlobter die Verlobung aufgelöst hat.

a) Schreiben Sie zunächst Reaktionen nieder, die einfühlendes Verständnis der Stufen 1, 2 und 3 ausdrücken sollen.
b) Beurteilen Sie dann selbst Ihre Reaktionen anhand der auf den Seiten 115 und 116 genannten Kriterien.
c) In welchen GF-Reaktionen auf die Beispielfälle 1 - 3 erkennen Sie mangelhafte Einfühlung (Stufe 1)?
d) In welchen GF-Reaktionen auf die Beispielfälle 4, 5 und 7 werden die ausgedrückten Gefühle richtig verstanden und wiedergegeben (Stufe 2)?
e) Versuchen Sie, in einem "Alltagsgespräch" Ihrem Gesprächspartner verbal zu zeigen, daß Sie sich darum bemühen, sich in seine Lage zu versetzen, sich einzufühlen. Wie reagiert er darauf?

Da unzureichende Einfühlung oft der Grund dafür ist, daß Gespräche, in denen der eine dem anderen helfen will, nicht zum Ziele führen, seien hier die häufigsten Ursachen aufgelistet. Hier und da könnte die Einsicht in mögliche Ursachen zur Verbesserung des Einfühlungsvermögens beitragen.

Ursachen unzureichender Einfühlung

mangelhafte Bereitschaft
Zweckdenken
Projektion eigener Gefühle und Einstellungen
Unter- oder Überidentifikation
Rollenkleben
Abwehr und Selbstsicherungsbemühungen
narzistische Einstellungen des Gesprächsführenden
Aposteltum
Furor therapeuticus

Achtung vor der menschlichen Würde

Definition:
Unter Achtung ist hier *Respektieren gemeint im Sinne wertungsfreier, wohlgesonnener Aufgeschlossenheit für den Klienten,* d.h. der Gesprächsführende versucht, seinen Klienten so zu sehen wie er ist, mit seinem sozio-ökonomischen Hintergrund, mit seinen persönlichen Eigenarten, seinem Bezugssystem, das er verwendet, um sein Leben zu bewältigen. Achtung vor der menschlichen Würde drücken Sie aus, wenn Sie Ihren Klienten trotz seiner Schwächen als Mitmenschen anerkennen und sich bemühen, ihm nicht zu nahe zu treten. Die Kraft, die er aufbringt, um die Lösung seiner Probleme mindestens in Angriff zu nehmen, die Art, wie er versucht, sein Leben mit seinen Mitteln zu meistern, verleihen ihm - selbst, wenn die Ergebnisse seines Bemühens unzureichend erscheinen mögen - Würde, die es zu respektieren gilt. Der Volksmund macht über die Würde eine sehr feinfühlige Aussage, wenn er z.B. zur Erziehung die Forderung aufstellt: Weinende Kinder lacht man nicht aus.

Sie sollen Ihren Klienten nicht unkritisch sehen, aber enthalten Sie sich jeder mißbilligenden Kritik im Sinne einer Wertung, und versuchen Sie, Ihre Achtung vor ihm z. B. dadurch auszudrücken, daß Sie seinen Anteil am Gespräch als etwas Positives anerkennen, z.B. den Mut, über Gefühle zu sprechen, die Offenheit, auch unangenehme Erlebnisse zu erörtern, sein Durchhaltevermögen und auch die Selbstüberwindung, die zu dem Versuch gehört, die anstehenden Probleme mit einem doch letztlich Fremden zu besprechen, um sie zu lösen. Bringen Sie Ihr Wohlwollen zum Ausdruck!

Ihre Achtung können Sie auch durch Ihr a v e r b a l e s Verhalten zeigen, durch Kleinigkeiten wie das aufmerksame Zuhören, das Eingehen auf die Wünsche Ihres Klienten, das Zurückkommen auf einen Gesprächsgegenstand, den der Klient erörtern wollte, den Sie aber zunächst zurückgestellt hatten, oder das taktvolle Übersehen von Schwächen. Auch die verständnisvolle Einfühlung, mit der Sie auf Ihren Klienten eingehen, und die spontane Unmittelbarkeit, mit der Sie ihm gegenübertreten, bringen Achtung vor seiner Person zum Ausdruck.

Funktion:
Mit der Achtung vor ihm und seinem Leben geben Sie Ihrem Klienten das Gefühl der Sicherheit, Sie bauen damit das *Vertrauensverhältnis* auf, das erforderlich ist, wenn sich Ihr Klient Ihnen, einem Fremden, öffnen soll. Er wird es nur tun, wenn er nicht befürchten muß, daß das, was er äußert, mit fremden Maßstäben gemessen und z.B. als Kritik gegen ihn verwandt wird.

Das Gefühl der *Sicherheit* können Sie ihm geben, indem Sie jede wertende, mißbilligende Kritik unterlassen, ihm aber Gelegenheit bieten, sich selbst in einem positiven Licht zu sehen und damit seine eigene Wertschätzung zu stärken, auf die Sie zurückgreifen werden, wenn Sie ihm helfen wollen, seine Probleme zu lösen.

Kriterien für die Beurteilung:

Stufe 1:	Die Gesamtreaktion des Gesprächsführenden ist deutlich distanziert. Ein Mangel an Achtung für die Äußerungen und das Handeln kommt zum Ausdruck. Der Gesprächsführende kann auch verletzend wirken.
Kriterien:	Der Gesprächsführende läßt seinen Klienten durch sein Verhalten und seine verbalen Reaktionen erkennen, daß er ihn nicht schätzt. Er benutzt sich selbst oder allgemeine Normen als Maßstab für die Bewertung, bleibt von den Äußerungen des Klienten weitgehend unberührt, verhält sich passiv oder spielt lediglich eine Rolle. Er äußert mißbilligende Kritik und/oder betont Schwächen seines Klienten und läßt erkennen, daß er ihn nur akzeptiert, wenn er sich den Wertungen des Gesprächsführenden anschließt.

Stufe 2: Die Gesamtreaktion des Gesprächsführenden beweist angemessene Achtung vor der Würde des Klienten, seiner persönlichen Eigenart und seinen Formen der Lebensbewältigung.

Kriterien: Der Gesprächsführende drückt in angemessener Form seine Anerkennung der Versuche des Klienten aus, seine Probleme zu lösen. Er bleibt wertungsneutral und läßt seinen Klienten mit den Mitteln der verständnisvollen Einfühlung wissen, daß er ihn als Menschen schätzt.

Stufe 3: Aus der Gesamtreaktion des Gesprächsführenden ist ein hoher Grad an Achtung für den Klienten zu entnehmen.

Kriterien: Der Klient fühlt sich akzeptiert, in seinem Denken und Fühlen verstanden und deshalb sicher genug, sich ungehemmt zu äußern. Er bekennt sich zu sich selbst, und die Wertschätzung des Gesprächsführenden fördert ihn in seinem Selbstverständnis und seiner Selbstverwirklichung und bahnt damit eine Lösung des Problems an.

Unterscheiden Sie die drei Stufen am Beispiel eines Zögernden, der sich trotz offensichtlichen Bemühens nicht zu einer bestimmten Entscheidung durchringen kann. Folgende Reaktionen des Gesprächsführenden entsprechen den genannten Stufen:

	Kriterien
Stufe 1:	
"Sie müssen sich selbst um eine Entscheidung bemühen,	keine Anerkennung des bisherigen Bemühens
wie auch ich mich entscheiden muß, wenn ich etwas erreichen will.	GF als Maßstab
Geben Sie also die Sache auf. Die Rolle des Schwächlings müssen Sie anderen überlassen."	Indirekte mißbilligende Kritik
Stufe 2:	
"Sie haben sich offenbar schon intensiv mit dem Problem beschäftigt,	Bezugnahme auf vorangehendes Gespräch
und Ihre bisherigen Überlegungen haben Sie auch weitergebracht.	Ermutigung
Welche konkreten Möglichkeiten bieten sich denn aus Ihrer Sicht an?"	Aufforderung, Wege zur eigenen Problemlösung vorzubereiten

	Kriterien
Stufe 3:	
"Ich kenne die Energie und die Geduld, mit der Sie Ihre sonstigen Probleme lösen.	Generelle Wertschätzung, Akzeptieren
Wenn Sie Ihre Gründe für und gegen diese Partnerwahl in Ruhe abwägen und dann eine wohlüberlegte Entscheidung treffen,	Anstoß zu weiterer Selbstentdeckung
werden Sie mit Ihrer Entscheidung auch zufrieden sein."	Förderung des Selbstvertrauens

Aufgabe 6/2:

a) In welcher GF-Reaktion auf die Beispielfälle 4, 6 und 9 (am Ende des Buches) kommt Mangel an Achtung vor dem Klienten zum Ausdruck? (Stufe 1).

b) In welcher GF-Reaktion auf die Beispielfälle 1, 5 und 10 zeigt der GF Achtung vor der menschlichen Würde, der Eigenart seines Klienten und seiner Form der Lebensbewältigung? (Stufe 2).

Die folgenden Reaktionen eines GF auf die Äußerungen seines Klienten bringen Achtung zum Ausdruck und fördern damit die Selbstachtung des Klienten.

Klient 1:

"Ich kann mich einfach nicht entschließen, mich nicht aufraffen, in meinem Privatleben Ordnung zu schaffen . . ."

GF: "Aber Sie führen doch Ihr Geschäft seit vielen Jahren, haben eine intakte Buchhaltung, die sogar das Finanzamt gelobt hat . . ."

Klient 2:

"Es fällt mir so schwer, mit meinem Mann darüber zu sprechen. Er hat doch am wenigsten Schuld daran, daß ich mich zu . . . mehr hingezogen fühle."

GF: "Sie sind schließlich auch zu mir gekommen, und dazu gehört Mut und die Absicht, klare Verhältnisse zu schaffen . . ."

Klient 3:

"Mein Sohn treibt Schindluder mit mir. Er kommt und geht, wann er will, arbeitet nicht, beschimpft mich und trinkt. Ich bin wohl zu schwach, . . ."

GF: "Offensichtlich sind Sie in einer besonders schwierigen Situation. Aber Sie sind doch auch mit den anderen Schwierigkeiten fertig geworden, haben ein Haus gebaut, eine Firma gegründet . . ."

Klient 4:

"Ich habe gestohlen, und ich fühle mich schuldig. Aber ich bin zu feige, es einzugestehen."

GF: "Einen ersten Schritt haben Sie schon gemacht, indem Sie vor sich selbst bekennen, daß Sie falsch gehandelt haben . . ."

Aufgabe 6/2:

c) Formulieren Sie selbst zu den 4 Klientenäußerungen Reaktionen im Sinne der Stufe 2, mit denen Sie die Selbstachtung Ihres Klienten wiederherstellen bzw. steigern können.

d) Versuchen Sie, in einem "Alltagsgespräch" Ihrem Gesprächspartner zu zeigen, daß Sie ihn achten. Wie reagiert er darauf?

Echte Hilfsbereitschaft

Definition:

Wenn der Gesprächsführende seine Funktion als Helfender wirklich ernst nimmt und nicht nur die "Rolle des Gesprächsführenden" spielt, sondern seine Gedanken, Gefühle und Einstellungen mit seinen Äußerungen der Hilfsbereitschaft und seinem helfenden Handeln übereinstimmen, wirken schon seine aufnahmebereite Zuwendung und sein Eingehen auf den anderen, sein Verständnis und sein Mitgefühl wirklich echt, nicht mehr gelernt und nachgesprochen, sondern so gemeint, wie sie geäußert werden, und sind damit eine wirkliche Hilfe. Der Gesprächsführende zeigt dann nicht nur, daß er sich in den Klienten einfühlt, sondern gibt ihm auch Einblick in sein eigenes Denken und Fühlen als Zeichen der Wertschätzung und damit der Achtung vor dem anderen. Diese Hilfsbereitschaft nützt dem Klienten und trägt durch ihre stärkende Wirkung zur Anbahnung der Problemlösung bei.

Funktion:

Indem der Gesprächsführende ohne Fassade auf seinen Gesprächspartner eingeht, *fordert er mit diesem Zeichen echter Hilfsbereitschaft die Öffnung seines Klienten geradezu heraus.* Echte Hilfsbereitschaft bedeutet Geben. Sie läßt den Klienten vergessen, daß er mit einem Fremden spricht, zu dessen Beruf es gehört, anderen zu helfen.

Kriterien für die Beurteilung:

Stufe 1:	Der Gesprächsführende ist nicht bereit, eigenes Denken und Fühlen preiszugeben. Sein Handeln ist nicht als Geben aufzufassen.
Kriterien:	Der Gesprächsführende versucht offensichtlich, sein Denken und eigene Gefühlsregungen bzw. Einstellungen durch ablenkende Äußerungen oder einstudiertes Rollenverhalten zu verdekken. Die “ausgestreckte Hand” fehlt.
Stufe 2:	Es besteht keine erkennbare Diskrepanz zwischen dem Erleben und den Äußerungen des Gesprächsführenden. Seine Reaktionen werden vom Klienten als echte Hilfe verstanden.
Kriterien:	Der Gesprächsführende ist mit seinen Reaktionen ohne Fassade voll bei der Sache und geht uneingeschränkt auf seinen Klienten ein. Seine angebotenen Hilfen werden angenommen.
Stufe 3:	Der Gesprächsführende verläßt seine mehr rezeptive Position und fördert das Entstehen einer partnerschaftlichen Beziehung.
Kriterien:	Der Gesprächsführende teilt eigenes Denken und Fühlen mit, um seinem Klienten zu helfen. Er bietet konkrete Hilfeleistung an.

Am Beispiel ärztlicher Reaktionen auf Fragen todkranker Patienten sollen die Stufen echter Hilfsbereitschaft deutlich gemacht werden.

	Kriterien
Stufe 1: (GF zu einem ängstlichen Patienten) “Es ist nicht nötig, daß wir Ihre Befürchtungen ausführlich diskutieren. Sie können sich auf mein Urteil verlassen.”	Angst, verdeckt durch Professionalismus

	Kriterien
Stufe 2: (GF zu einem weinenden Patienten) "Ich verstehe, wie Ihnen zumute ist. Wenn Sie sich etwas beruhigt haben, werden wir ausführlich darüber sprechen. . ."	Unmittelbares Eingehen auf das Problem. Offenheit für den Patienten.
Stufe 3: (GF nach Mitteilung einer Diagnose) "Die Operation hat gezeigt, daß die Ausbreitung des Krebses nicht mehr zu verhindern ist. Aus Erfahrung in der eigenen Familie kann ich Ihnen nachfühlen, wie Ihnen zumute ist. Ich stehe Ihnen heute abend gern für ein ausführliches Gespräch zur Verfügung."	Rückhaltlose Offenheit, Angebot von Information und Hilfe.

Aufgabe 6/3:

a) *In welcher GF-Reaktion auf die Beispielfälle 4, 5 und 8 (am Ende des Buches) klingt echte Hilfsbereitschaft (Stufe 2/3) an?*

b) *Eltern berichten darüber, daß ihr Sohn heroinsüchtig ist, und suchen Hilfe. Formulieren Sie drei Reaktionen, bei denen Sie in Stufe 1 ausweichen, in Stufe 2 Ihre Bereitschaft erkennen lassen, sich der Eltern anzunehmen, und in Stufe 3 ein konkretes Hilfsangebot machen.*

c) *Versuchen Sie bewußt, in einem "Alltagsgespräch" Ihre Hilfsbereitschaft zum Ausdruck zu bringen. Wie reagiert Ihr Gesprächspartner darauf?*

Aufgabe 6/4:

a) *Die zusammenfassenden Fragen zu diesem Kapitel sollen Ihr Verständnis für das Thema "Resonanz" vertiefen. Scheuen Sie sich nicht, nach einem ersten eigenen Antwortversuch ggf. im Text nachzuschlagen.*

a 1: *Was würden Sie sich selbst fragen, wenn Sie sich in einen anderen einfühlen wollen?*

a 2: *Wie unterscheiden Sie zwischen Wertung und Wertschätzung Ihres Klienten?*

a 3: *Welche Funktion hat einfühlendes Verständnis im auxiliären Gespräch?*

a 4: Welche Grundformen der Resonanz erleben Sie, wenn Sie wohlgesonnene, wertungsfreie Aufgeschlossenheit für das besonders Menschliche Ihres Klienten und seine Form der Lebensbewältigung aufbringen?

a 5: Welche beiden emotionalen Voraussetzungen schaffen Sie bei Ihrem Klienten mit dem Ausdruck der Achtung?

a 6: Wann wird aus der "Rolle" des Gesprächsführenden echte Hilfsbereitschaft?

a 7: Welche Funktion sehen Sie im Ausdruck echter Hilfsbereitschaft für das auxiliäre Gespräch?

b) Machen Sie sich selbst zu diesem Kapitel noch einmal klar, welchen Stellenwert die drei Grundformen der Resonanz für das Anliegen der auxiliären Gesprächsführung haben.

7. Reflexion in drei Gesprächsbereichen

Ihre Einzelreaktionen auf die Äußerungen Ihres Klienten, mit denen Sie die geschilderten drei Grundformen der Resonanz zum Ausdruck bringen, richten sich im wesentlichen auf folgende Bereiche:

1. Der Gesprächsführende reagiert auf ***Sachäußerungen*** seines Klienten (auch rationale oder kognitive Gesprächsinhalte), also den Inhalt des Problems, z.B.

   "Die Herausgabe meiner Abschlußarbeiten wurde mir verweigert."

   "Hat man Ihnen Gründe genannt?"

2. Der Gesprächsführende reagiert auf ***Einstellungen, Meinungen oder Haltungen*** (attitudinale Äußerungen), die der Klient zu bestimmten Fragen einnimmt, z.B.

   "Ich halte nichts von übermäßiger Betriebstreue."

   "Haben Sie diese Einstellung auch in Ihrer Firma geäußert?"

3. Der Gesprächsführende reagiert auf ***gefühlsmäßige Äußerungen*** (auch emotionale oder affektive Gesprächsinhalte), z.B.

   "Ich fühle mich in Gegenwart Fremder unsicher."

   "Entsteht das Unsicherheitsgefühl regelmäßig?"

Wie Sie aus unseren Beispielen sehen, gehen die Gesprächsführenden in ihren Reaktionen jeweils auf den Bereich ein, der in der Klientenäußerung anklingt. Obgleich beim realen Gespräch wohl reine Formen rationaler, attitudinaler oder emotionaler Äußerungen selten sind, ist die *richtige* schwerpunktmäßige Zuordnung zu einem der drei Bereiche die Voraussetzung dafür, daß Sie mit Ihrer Reaktion auch auf den angesprochenen Bereich eingehen.

Sie werden also mit den Mitteln der selektiven Reflexion, von der im folgenden die Rede sein wird, nicht wahllos auf das eingehen, was Ihr Klient äußert, sondern gezielt die Gesprächsinhalte vertiefen, die zur Klarstellung des Problems und seiner Lösung beitragen. Dazu müssen Sie diese Bereiche erkennen und Ihre Reaktionen den Bereichen anpassen können. Wir werden bei den Beispielen für die Techniken der selektiven Reflexion darauf zurückkommen.

Techniken der selektiven Reflexion

Im auxiliären Gespräch erfolgt das Eingehen auf den Klienten auf der Basis einfühlenden Verständnisses, der Achtung vor dem Klienten und Ihrer Bereitschaft, ihm zu helfen. ***Reflexion*** nennen wir Ihre *Einzelreaktionen, mit denen Sie auf die Inhalte des Gesprächs eingehen* und mit denen Sie Ihrem Klienten durch Fragen oder Stellungnahmen zu seinen Äußerungen zeigen, daß Sie sich in ihn einfühlen, ihn beachten und ihm helfen wollen. Ihre Einzelreaktionen sind also Instrumente, mit denen Sie die Grundformen der Resonanz zum Ausdruck bringen.

Die aufnahmebereite Zuwendung (Teil II) diente in erster Linie dazu, den Klienten zu öffnen und ihm während des Gesprächsablaufs zu helfen, seine Probleme darzustellen. Im folgenden werden wir die Zeichen aufnahmebereiter Zuwendung im Auge behalten, aber besonderen Wert auf Techniken legen, mit denen der Gesprächsführende auf den Inhalt der Äußerungen eingeht und den Klienten zu größerer Klarheit über das Problem hinführt, das ihn bewegt.

Für das Eingehen auf die verbalen und averbalen Gesprächsinhalte bieten sich sieben Formen der Reflexion an:

1. Spiegelung als wörtliche Wiederholung
2. Klärung als Vertiefung von Zusammenhängen
3. Zwischenzusammenfassungen als Fokussierung der Klientenäußerung
4. Neuformulierung mit synonymen oder ähnlichen Begriffen
5. Konkretisierung der Klientenäußerung durch seine Erlebnisse
6. Konfrontation mit spannungserzeugenden Widersprüchen
7. Interpretation als Darlegung der Bedeutung einer Klientenäußerung.

Von ***selektiver Reflexion*** sprechen wir, wenn wir aus der verbalen oder averbalen Äußerung des Gesprächspartners Passagen herausgreifen, die für das Erkennen und Lösen des Problems von besonderer Bedeutung sind. Selektiv heißt also nicht, auf die Äußerungen des Klienten durch die Brille des GF zu reagieren; selektiv heißt, die für das Problem des Klienten wesentlichen Aspekte eher im Sinne eines Sammelspiegels scharf stellen, das Gespräch auf das Wesentliche fokussieren. Damit soll der Klient mehr Einsicht in sein Problem, sich selbst und seine Situation gewinnen und Ansätze zur Problemlösung finden. Die selektive Reflexion ist also ein Instrument zur *Analyse des Problems,* aber auch des Denkens und Fühlens, der Haltungen und Wünsche, kurz des *Bezugsystems* des Klienten, mit dem er sein Problem erlebt und angeht.

Durch die selektive Reflexion gewinnt der Klient darüber hinaus den Eindruck, daß Sie ihn verstehen. Er erhält Gelegenheit, Unklarheiten zu klären, sich selbst über den attitudinalen und emotionalen Hintergrund seines Problems klar zu werden und das, was ihn bedrückt, auszusprechen. Das fördert nicht nur sein Vertrauen, sondern es erleichtert auch und vertieft den Zugang zu sich selbst, zur Selbstreflexion und damit zu größerer Klarheit für die Sicht seines Problems, seine Einstellungen und über seine gefühlsmäßigen Reaktionen. In dem Spiegel, den Sie Ihrem Klienten in Form selektiver Reflexionen vorhalten, erfährt Ihr Klient eine tiefere Zuwendung zu sich selbst. Er wird zur Selbstreflexion angeregt und schafft damit die Grundlage für eine selbständige Problemlösung.

Selektive Reflexion kann in Form von Aussagen oder Fragen erfolgen, z.B. als Aussage nach der Schilderung einer gespannten Familiensituation:

> "Sie fühlen sich also nicht mehr wohl in Ihrer Familie."
> (Ton abfallend)

oder als Frage:

> "Sie fühlen sich also nicht mehr wohl in Ihrer Familie?"
> (Ton anhebend)

Am folgenden Beispiel können Sie die sieben Reflexionstechniken selbst ableiten. Ordnen Sie zunächst die Klientenäußerung den drei Bereichen zu. Handelt es sich *vorwiegend* um

- eine sachliche Information (Rational = R)?
- eine Einstellungsfrage (Attitudinal = A)?
- eine gefühlsmäßige Äußerung (Emotional = E)?

Stellen Sie sich dann die Frage, für welchen Bereich der Gesprächsführende durch seine Reaktion das Gespräch zu vertiefen sucht (R, A, E) und welche Reflexionstechnik (1 - 7) er benutzt. Greifen Sie ggf. auf die Kurzdefinitionen auf Seite 127 zurück. Sowohl in bezug auf die Gesprächsbereiche als auch auf die Reflexionstechniken sind Mehrfach-Zuordnungen möglich.

Aufgabe 7/1:

1. Spiegelung
2. Klärung
3. Zwischenzusammenfassung
4. Neuformulierung
5. Konkretisierung
6. Konfrontation
7. Interpretation

	R, A, E	*1 - 7*
I. *"Meiner Meinung nach ist es gleichgültig, ob Beförderungen nach Dienstalter oder Leistung ausgesprochen werden, aber . . ."*	( )	
I.1 *"Es ist Ihnen also gleichgültig . . ."*	( )	( )
I.2 *"Haben Sie das Gefühl, übergangen zu werden?"*	( )	( )
I.3 *"Sie halten es also nicht für wesentlich, ob eine Beförderung . . ."*	( )	( )
I.4 *"Werden Beförderungen in Ihrer Dienststelle sowohl nach Dienstalter als auch nach Leistung ausgesprochen?"*	( )	( )
I.5 *"Sie haben jetzt ausführlich über Ihr Tätigkeitsfeld und Ihre Stellung in der Behörde gesprochen. Wie waren wir denn auf das Thema gekommen?"*	( )	( )
I.6 *"Haben Sie z.B. dadurch, daß Sie übergangen werden, unter diesem Beförderungssystem gelitten?"*	( )	( )
I.7 *"Besteht nicht ein gewisser Widerspruch zwischen Ihrer Einstellung zu Leistung und dem Hinweis, daß Ihnen die Beförderungsart gleichgültig ist?"*	( )	( )

Unsere Zuordnungsvorschläge finden Sie bei den Lösungsvorschlägen unter 7/1.

In der Gesprächspraxis kommt es selten vor, daß Äußerungen Ihres Klienten eine zweifelsfreie, eindeutige Zuordnung gestatten. Seien Sie also nicht allzu erstaunt darüber, daß Ihre Lösungen nicht hundertprozentig mit unseren Vorschlägen übereinstimmen. Lassen Sie es aber nicht bei dieser Feststellung bewenden, sondern suchen Sie eine Begründung sowohl für unseren Lösungsvorschlag als auch für die von Ihnen gewählte abweichende Lösung. Sie schärfen damit Ihr eigenes Urteil über Gesprächsbereiche und Techniken der selektiven Reflexion.

Im praktischen Gespräch mit dem Klienten ist es nicht möglich und auch nicht erstrebenswert, auf alle Äußerungen des Klienten einzugehen. Sie müssen also eine Auswahl treffen. Mit den folgenden Reaktionen auf bestimmte Gesprächsinhalte sollen Sie noch einmal darauf hingewiesen werden, wie das selektive Eingehen auf bestimmte Gesprächsanteile als wesentliches Hilfsmittel eingesetzt werden kann, um bestimmte Anteile zu vertiefen und andere in den Hintergrund treten zu lassen, z.B.

> "Kurz nach der Geburt unseres Kindes, die mich sehr glücklich machte, konnte ich nur bei abgeschlossenen Türen und Fenstern schlafen."
>
> "Sie hatten also Angst?"

In der Klientenäußerung sind eine Reihe von Informationen enthalten. Der Gesprächsführende strebt auf der Basis einfühlenden Verständnisses mit seiner Interpretation aber nur eine Vertiefung im emotionalen Bereich an. Dazu geht er nicht auf die Gesamtäußerung ein, sondern vernachlässigt die Angaben zur Situation (rationaler Bereich) und die zweite emotionale Äußerung. Er fordert aber die Klientin auf, sich über ihre Gefühle klar zu werden und zu der Verbalisierung ihres Problems Stellung zu nehmen.

Ein weiteres Beispiel:

> "Die Absprache über die Gütertrennung macht mich ganz unsicher."
>
> "Wie äußert sich diese Unsicherheit konkret?"

Auch hier wird der Anlaß - die rationale Information - vernachlässigt und der emotionale Gehalt mit einer Spiegelung und der Aufforderung zu konkretisieren selektiv reflektiert. Der Klient wird dadurch angeregt, über sich selbst und seine Situation nachzudenken.

Achten Sie darauf, daß die Reaktion auf das erste Beispiel tatsächlich nur eine Äußerung reflektiert, die z.B. vom Klienten durch ein "Ja" bestätigt werden könnte, während die Reflexion im zweiten Beispiel durch die Frageform weiterführt. Das Eingehen auf die Gefühle des anderen zeigt Ihrem Gesprächspartner, daß Sie mit ihm fühlen, daß Sie versuchen, sich in seine Erlebniswelt einzufühlen, daß Sie ihn verstehen, und regt ihn gleichzeitig an, z.B. durch die Beschäftigung mit der Frage und durch die Benennung der Gefühle Grundlagen für eine Problemlösung zu schaffen.

Mit der folgenden Schilderung werden wir ausführlicher auf die ***sieben Formen selektiver Reflexion*** eingehen und dabei gleichzeitig die Zuordnung der Klientenäußerungen zu den drei Gesprächsbereichen R, A und E mit zusätzlichen Beispielen vertiefen, um Ihnen das Erkennen dieser drei Gesprächsbereiche und die Auswahl eines bestimmten Bereichs bei Ihrer Reaktion zu erleichtern.

Spiegelung ist die einfachste Form selektiver Reflexion. Um Ihren Klienten anzuregen, seine Äußerungen zu überdenken, zu klären oder zu vertiefen, beschränken Sie sich bei dieser Form der Reaktion auf die *wörtliche Wiederholung* einzelner Worte oder ganzer Sätze.

Machen Sie sich bei folgenden Patientenaussagen für jede Teiläußerung klar, in welchen der drei Gesprächsbereiche (R, A, E) die Äußerung Ihres Klienten gehört und auf welchen Bereich der Gesprächsführende mit welcher der sieben Formen selektiver Reflexion eingeht.

Aufgabe 7/2:

	In welchem Bereich liegt jede Einzelaussage schwerpunktmäßig?
"Mein Partner ist kinderlos verheiratet;	*R A E*
aber da habe ich keine Skrupel.	*R A E*
Dennoch beunruhigt mich der Gedanke, daß ich in absehbarer Zeit . . ."	*R A E*

		***Spiegelung** im*
GF 1	*"Der Gedanke beunruhigt Sie?"*	*R A E - Bereich*
GF 2	*"Ihr Partner ist verheiratet."*	*R A E - Bereich*
GF 3	*"Sie sagten, Sie haben keine Skrupel?"*	*R A E - Bereich*
GF 4	*"Sie fühlen sich also nicht so recht wohl, weil Ihr Partner verheiratet ist."*	*R A E - Bereich*
GF 5	*"Würden Kinder Sie zögern lassen?"*	*R A E - Bereich*

Unsere Zuordnungsvorschläge finden Sie bei den Lösungsvorschlägen unter 7/2.

Aufgabe 7/3:

Ein 43jähriger Kaufmann berichtet:

> *"Sie hat ja doch wirklich nicht viel zu tun. Sie kann später aufstehen, macht sich zurecht, geht einkaufen . . .*
> *Leider muß ich aus Zeitgründen in der Kantine essen.*
> *Wenn ich abends todmüde nach Hause komme, hat meine Frau die Einstellung, ich müßte mit ihr Konversation treiben."*

Formulieren Sie Spiegelungen, mit denen Sie

a) auf den emotionalen Anteil der Klientenäußerung eingehen,

b) ihn veranlassen wollen, die Einstellung seiner Frau zu erläutern,

c) die Aussage über die Tätigkeit seiner Frau vertiefen wollen.

Achten Sie dabei auf den unterschiedlichen Klang Ihrer Reaktionen, wenn Sie kleine Füllwörter (z.B. also, im allgemeinen, doch usw.) einfügen, und darauf, ob Sie Ihre Spiegelung als Aussage (Statement) oder als Frage formulieren.

Die selektive Reflexion in Form von Fragen zur ***Klärung*** dient ebenfalls in allen drei Gesprächsbereichen dazu, mehr Verständnis für Sachverhalte, Einstellungen oder Gefühle Ihres Klienten zu gewinnen bzw. durch *Erläuterungen des Klienten* Gelegenheit zu bekommen, sich in sein Erleben einzufühlen.

Auch mit Fragen zur Klärung helfen Sie Ihrem Klienten, sich selbst über gedankliche Zusammenhänge, eigene Einstellungen und Gefühle klar zu werden, und bereiten damit eine Lösung des Problems vor.

Die selektive Reflexion in Form von Fragen oder Aussagen zur Klärung unterscheidet sich von der Konkretisierung (5) insofern, als eine Klärung durchaus im abstrakten Bereich erfolgen kann, z.B.

> "Wie haben sich Freundschaften auf Ihre Entwicklung ausgewirkt?",

während die Bitte um Konkretisierung auf greifbare Einzelheiten zielt.

Aufgabe 7/4:

	In welchem Bereich liegt jede Einzelaussage schwerpunktmäßig?
"Ich fürchte mich vor der kleinsten Belastung,	*R A E*
und mein Kopf tut ständig weh.	*R A E*
Eine gewisse Rücksichtnahme könnte ich doch wohl erwarten."	*R A E*

		***Klärung** im*
GF 1	*"Wie lange haben Sie schon diese Kopfschmerzen?"*	*R A E - Bereich*
GF 2	*"Fürchten Sie sich auch vor der täglichen Hausarbeit?"*	*R A E - Bereich*
GF 3	*"Wer schuldet Ihnen mehr Rücksichtnahme?"*	*R A E - Bereich*
GF 4	*"Wie äußert sich Ihre Furcht?"*	*R A E - Bereich*

Aufgabe 7/5:

Eine 19jährige Klientin berichtet über ihren Freund:

> *"Ich weiß, daß er mich mag. Wir sind schon seit ein paar Monaten zusammen, aber dazu ist es einfach noch nicht gekommen.*
> *Wenn wir zusammen tanzen, fühle ich, daß er mich begehrt.*
> *Er tut es aber nicht.*
> *Meine Freundin hat den Verdacht, der geht wo hin, sonst könnte er es gar nicht aushalten."*

Formulieren Sie Reaktionen zur Klärung,

a) wie stark der Wunsch der Klientin ist, mit ihrem Freund zu schlafen,

b) ob sich Gelegenheit dazu ergeben hat,

c) welche Bedeutung die Klientin der Meinung ihrer Freundin beimißt.

Unsere Zuordnungsvorschläge zu Aufgabe 7/4 finden Sie bei den Lösungsvorschlägen.

Zwischenzusammenfassungen als Form selektiver Reflexion dienen dazu, nach natürlichen Gesprächsabschnitten selektiv das *zu rekapitulieren und zu verdichten,* was Sie aus einer ganzen Reihe von Aussagen zu einem Thema entnommen haben. Als Beispiel eine Zwischenzusammenfassung, die sich auf eine emotionale Äußerung bezieht:

> "Wenn ich Ihre jetzige Situation recht verstehe, ist Ihnen der Tod Ihres Bruders sehr nahe gegangen."

Mit Zwischenzusammenfassungen können Sie nicht nur das Gespräch kondensieren und den Fluß der Äußerungen in Gang halten. Die Zwischenzusammenfassung wirkt auch verstärkend und fördert damit die Motivation, mit dem Gespräch "im gleichen Fahrwasser" zu bleiben. Mit Zwischenzusammenfassungen können Sie dem Klienten einfühlendes Verständnis zeigen. Gleichzeitig legen Sie sich damit selbst Rechenschaft darüber ab, ob Sie ihn richtig verstanden haben, denn Ihr Klient kann Ihnen, indem er die Zwischenzusammenfassung ablehnt oder akzeptiert, zeigen, ob Ihre Sicht zutrifft. Sie sollten deshalb die Zwischenzusammenfassung bewußt als *Mittel der Selbstkontrolle* benutzen.

Mit Zwischenzusammenfassungen können Sie auch Gesprächsinhalte, die auf den ersten Blick nicht unbedingt zusammenpassen, unter einen einheitlichen Aspekt bringen. Äußert z.B. ein verstört wirkender Klient über seine Tätigkeit bejahende Zustimmung zum Beruf in einem Atemzug mit negativen Gefühlsreaktionen auf bestimmte Mitarbeiter, dann gilt es herauszufinden und abzuwägen, was nun im Vordergrund steht, was Ursache und was Wirkung ist. Dazu brauchen Sie zunächst mehr Informationen, können aber dann das Gewicht der einzelnen Komponenten richtig zusammenfassen, wenn Sie zuhören, beobachten, rückfragen und sich bemühen, über die Einzelheiten hinaus den Stellenwert dieser Einzelinformationen abzuwägen und damit die Gesamtsituation zu erfassen, die Sie in Ihrer Zwischenzusammenfassung reflektieren.

Sie können Zwischenzusammenfassungen aber auch verwenden, um *ein Gespräch abzuschließen* oder in der Frühphase eines Anschlußgesprächs den Faden *wieder aufzunehmen,* z.B.

> "Bei unserem letzten Gespräch waren Sie ausführlich auf die Ursachen Ihrer Probleme eingegangen ...",

oder um *Längen abzukürzen,* z.B.

> "In bezug auf die Gründe für die Auseinandersetzung mit dem Nachbarn verstehe ich Sie jetzt schon besser ...".

Zusammengefaßt gibt es im auxiliären Gespräch folgende Möglichkeiten, Zwischenzusammenfassungen einzusetzen. Sie können

1. selektiv Gesprächsphasen resümieren,
2. durch Übersicht Klarheit schaffen,
3. das Gespräch auf bestimmte Inhalte konzentrieren,
4. im "gleichen Fahrwasser" bleiben,
5. bestimmte Gesprächsabschnitte betonen,
6. einfühlendes Verständnis zeigen,
7. sich selbst kontrollieren,
8. Gespräche und Gesprächsabschnitte abschließen oder Anschlußgespräche beginnen,
9. dem Gesprächspartner bis zur nächsten gemeinsamen Sitzung eine Anregung mit auf den Weg geben, z.B.

   "Jetzt haben Sie die Ablenkung durch den Sport als wesentliche Ursache Ihrer Arbeitsunlust erkannt, und es wird Ihnen leichter fallen, sich bis zum nächsten Gespräch Gedanken darüber zu machen, was Sie unternehmen könnten, um mehr Freude an Ihrer beruflichen Tätigkeit zu haben."

Aufgabe 7/6:

Verwenden Sie den Beispielfall 7 am Ende des Buches, und formulieren Sie dazu Zwischenzusammenfassungen, mit denen Sie

a) auf die emotionale Reaktion der Mutter eingehen,

b) das Gespräch in derselben Richtung fortsetzen können,

c) die Zwischenzusammenfassung ausdrücklich als Mittel der Selbstkontrolle verwenden.

Achten Sie darauf, daß Sie die Zwischenzusammenfassung mit jeder anderen Form der selektiven Reflexion kombinieren können.

Neuformulierungen als Form der selektiven Reflexion bieten Gelegenheit, dem Klienten *durch die neue Wortwahl* eine zusätzliche, vielleicht *auch der Sache gerechtere Sicht* für den Inhalt seiner Äußerungen zu geben. Sie können mit Neuformulierungen präzisieren und u.U. auch Zusammenhänge zum Ausdruck bringen, an die der Klient noch nicht gedacht hat oder die er noch nicht auszusprechen wagt, die aber die Problemlösung vorbereiten, z.B.

> "Ich gebe mir die größte Mühe, aber dann platze ich
> doch mit meiner Meinung heraus."
>
>> "Wollen Sie damit sagen, daß Sie sich nicht
>> beherrschen können?"

Unterschiede zwischen Neuformulierungen im emotionalen und rationalen Bereich werden an folgendem Beispiel klar:

> "Ich überlege schon eine ganze Weile und komme zu keiner
> klaren Entscheidung, bin mir nie so recht sicher, woran ich
> mit meiner Verlobten bin. Mal ist sie freundlich, ein andermal
> ablehnend und kühl, ganz unabhängig von dem Thema, über
> das wir sprechen."
>
>> "Man könnte also das Verhalten Ihrer Verlobten
>> als schwankend bezeichnen . . .
>> (Neuformulierung im rationalen Bereich)
>> . . . und dadurch fühlen Sie sich verunsichert."
>> (Neuformulierung im emotionalen Bereich)

Neuformulierungen bieten dem Klienten, wenn er sie als zutreffend akzeptiert, einen *Anstoß,* in der angedeuteten Richtung selbst *weiter zu explorieren* und sich - wie im obengenannten Fall - z.B. die Frage zu stellen, ob es sich bei der Verlobten eher um Wandlungsfähigkeit oder um Zwiespältigkeit handelt. Die angebotene Deutung seines Zweifels als Unsicherheit ist als Anregung gemeint, tiefer in den emotionalen Gehalt seines Erlebens einzudringen und nach den Ursachen seines Zweifels zu suchen, die ihm die Entscheidung schwer machen.

Neuformulierungen dienen aber auch ähnlich wie die Zwischenzusammenfassungen (3) oder Fragen zur Klärung (2) dazu, *sich selbst zu vergewissern,* ob Sie Ihren Klienten richtig verstanden haben. Das ist der Fall, wenn Ihre Wortwahl, mit der Sie Ihr Verständnis und Ihre Einfühlung für seine Situation ausdrücken, von ihm akzeptiert wird.

Aufgabe 7/7:

Ein 52jähriger Lehrer, der einen niedergeschlagenen Eindruck macht:

> *"Ich kann so nicht weiter. Vielleicht halten Sie mich für abartig, aber seit zwei Jahren werde ich in der Mädchenklasse immer unruhiger. Die sind so rausgeputzt und legen es darauf an. Ich kann das einfach nicht länger ertragen."*

a) Reagieren Sie mit einer Neuformulierung in bezug auf den Sachverhalt.

b) Formulieren Sie die Gefühle des Klienten neu, so daß Sie mit seiner Zustimmung zu Ihrer Formulierung rechnen können.

Das auxiliäre Gespräch unterscheidet sich von der Konversation u.a. dadurch, daß Ihr Klient nicht bei Aussagen über Ereignisse, Sachverhalte oder Personen stehenbleibt, sondern dazu aufgefordert und angleitet wird, zu s e i n e n konkreten persönlichen Erlebnissen Stellung zu nehmen. Er soll *sein Denken, seine persönliche Einstellung und seine Gefühle zu konkreten Einzelheiten* hier und jetzt mitteilen. Damit ist auch die ***Konkretisierung*** eine Form der selektiven Reflexion.

Sie ist für Ihren Klienten keineswegs eine alltägliche Anforderung. Sie müssen ihn dazu ermuntern, durch Selbstexploration die Einsicht in sich selbst zu vertiefen, seine Einsichten mitzuteilen und damit Vorbereitungen für die Lösung seiner Probleme zu treffen.

Besonders mit der Selbstidentifikation - man könnte auch sagen, mit den Selbsterkenntnissen, zu denen er hingeführt wird, wenn Sie das "man" oder "wir" oder verallgemeinernde Sachaussagen wie "Es gibt keine Gerechtigkeit" hinterfragen - leiten Sie Ihren Klienten an, seine persönliche Beteiligung an der Entstehung der Probleme darzustellen, richtig einzuschätzen und seine Kraft bzw. seine Möglichkeiten abzuwägen, sie zu lösen. Praktisch können Sie Ihrem Klienten dadurch helfen, daß Sie ihn bitten, z.B. zu der allgemeinen Äußerung, er habe Prüfungsangst, eine ganz reale Situation zu schildern, in der ihn die Angst bei der Prüfung überkommt:

> "Sie gehen also in den Raum, in dem die Prüfung stattfinden soll. Was geschieht dann?"

oder zu einem Ehemann, der von Auseinandersetzungen wegen der Kinder berichtet:

> "Sie sprechen also mit Ihrer Frau eben noch ganz ruhig über die Kinder. Was sagt oder tut Ihre Frau dann, daß es zum Streit kommt?"

Mit der Bitte um konkrete Beispiele verlassen Sie das abstrakte und oft intellektuelle Niveau des Gesprächs. Persönliches Denken, Beurteilen und Fühlen kommen zur Sprache und bringen die persönliche Beteiligung des Klienten zum Ausdruck, z.B. bei einem Eheproblem, das auf Schuldgefühlen beruht:

> "Sie sprachen von sexuellen Störungen, die Sie bedrücken. Was meinen Sie damit konkret? Können Sie mir ein praktisches Beispiel nennen?"

Aufgabe 7/8:

Ein 60jähriger Frührentner schildert folgenden Sachverhalt:

> *"Ich lebe seit dem Tod meiner Frau mit meiner Schwester zusammen. Früher haben wir uns ganz gut verstanden, aber jetzt ist sie immer so unverträglich."*

Formulieren Sie eine Reaktion, mit der Sie den Klienten auffordern, die Ursachen für die Schwierigkeiten im Zusammenleben mit seiner Schwester zu konkretisieren.

Im auxiliären Gespräch können Widersprüche als Gegensätze zwischen einzelnen Äußerungen des Klienten auftreten. ***Konfrontation*** im Sinne eines *Hinweises auf diese Widersprüche* ist ein angemessenes Mittel der Gesprächsführung, wenn sie dazu dient, Ihrem Klienten bei der Selbstfindung und damit der Lösung seiner Probleme zu helfen. Konfrontationen können z.B. angebracht sein

- bei Widersprüchen zwischen dem, was Ihr Klient sagt, und dem, was er fühlt, z.B. wenn er verbal Sicherheit äußert, in seinem sonstigen Verhalten aber alle Anzeichen von Angst und Unruhe bietet,
- bei Gegensätzen zwischen eigenem Denken (Sagen) und Handeln, z.B. ein Geschäftsmann, der sich edelmütig nennt, aber rücksichtslos handelt,

- bei Divergenzen zwischen Beschreibung und Wirklichkeit, z.B. wenn ein Arzt zu einem Kind sagt "Das tut nicht weh" und dennoch eine schmerzhafte Injektion vornimmt,
- bei der Unvereinbarkeit von Wunschvorstellungen und wirklichem So-Sein, z.B. wenn ein Hochschullehrer glaubt, er sei ein ausgezeichneter Lehrer; in Wirklichkeit aber ist er ein langweiliger Vortragsredner.

Vor jedem Versuch, den Klienten mit Widersprüchen zu konfrontieren, sollten Sie den Zeitpunkt sorgfältig abwägen und in zwei Stufen vorgehen. Alle Techniken der selektiven Reflexion können dazu benutzt werden, Widersprüche schärfer hervortreten zu lassen, indem Sie Fragen stellen, die Ihrem Klienten die Möglichkeit bieten, Widersprüche und Gegensätze deutlicher zu sehen. Die nächste Stufe, der unmittelbare Zugang, ist dann der Hinweis auf Widersprüche und die Aufforderung bzw. die Anleitung, selbst zur Lösung der aufgetretenen Widersprüche und Gegensätze beizutragen.
Achten Sie auch hier darauf, daß Konfrontation mit allen anderen Formen der selektiven Reflexion kombiniert werden kann.

Am Beispiel einer unsicheren Mutter sollen die 2 Stufen der Konfrontation erläutert werden, die dazu führen, daß sie sich selbst besser versteht und damit zur Lösung ihres Problems beiträgt:

1. Stufe: "Wie können Sie das Mitleid, von dem Sie gesprochen haben, damit in Einklang bringen, daß Sie Ihre Tochter nicht im Hause dulden wollen, solange sie Drogen nimmt?"
(Frage zur Klärung des offensichtlichen Widerspruchs zwischen dem, was die Klientin sagt, und dem, was sie tut, ohne ausdrücklichen Hinweis auf den Widerspruch)

2. Stufe: "Wir haben über die Ursachen gesprochen, die es Ihrer Tochter schwer machen, sich ihrem Elternhaus anzupassen. Besteht nicht ein Widerspruch zwischen Ihrem Mitleid einerseits und der Strafe, die Sie verhängt haben?"
(Zwischenzusammenfassung/Erläuterung und dann direkte Konfrontation)

Ziel der Konfrontation ist es, daß der Klient Widersprüche erkennt und aufarbeitet. Damit können Sie die Selbstfindung des Klienten fördern und zur Lösung anstehender Probleme beitragen, die z.B. auf der Spannung beruhen, die sich aus dem Widerspruch ergibt, aber nicht aus eigener Kraft gelöst werden kann.

Aufgabe 7/9:

Der Besitzer eines mittleren Industriebetriebes, dessen Frau (offenbar nicht zu Unrecht) über seinen Mangel an Interesse für die Familie klagt, erläutert als seine Grundhaltung:

> *"Wenn ich etwas mache, dann mache ich es ordentlich - aber dafür hat meine Frau nicht immer das rechte Verständnis."*

Formulieren Sie eine Selbstkonfrontation, durch die Sie

a) Ihrem Klienten den Widerspruch zwischen der geschilderten Haltung und der Situation in der Familie deutlich machen, ohne direkt auf den Widerspruch hinzuweisen, oder

b) Ihren Klienten direkt auf den Widerspruch zwischen seiner Haltung gegenüber dem Betrieb und seiner Familie ansprechen; fragen Sie ihn gleichzeitig nach einer Lösungsmöglichkeit.

Konfrontationen können auch vom Klienten ausgehen und sich auf den Gesprächsführenden richten. Ihre häufigste Ursache sind überhöhte Erwartungen des Klienten in bezug auf den Beitrag, den Sie zur Lösung seiner Probleme - z.B. im Sinne von Patentrezepten - anbieten können oder in bezug auf Ihr persönliches Entgegenkommen im Rahmen der auxiliären Gesprächsführung. Sie können solche überhöhten Erwartungen vermeiden, wenn Sie zu Beginn der Arbeit mit Ihrem Klienten - mindestens in bezug auf Ihren Anteil an der Lösung seiner Probleme - eindeutige Verhältnisse schaffen und Ihrem Klienten klarmachen, daß nicht Sie seine Probleme lösen können, sondern nur er selbst, und daß Ihre Aufgabe darin besteht, ihn bei der Klärung und bei der Übernahme der Verantwortung zu unterstützen (siehe auxiliäres Angebot).

Aufgabe 7/10:

Wie würden Sie auf eine 42jährige Klientin mit komplexen Familienprobleme reagieren, die nach 30 Minuten sagt:

> *"Ich habe das Gefühl, daß Sie nicht der richtige Gesprächspartner für mich sind. Sie haben überhaupt kein Herz für meine Probleme, und einen vernünftigen Ratschlag habe ich auch noch nicht bekommen."*

Interpretation ist eine Form der selektiven Reflexion, mit der Sie als Gesprächsführender an die Grenze der Gesprächssituation vorstoßen, bei der Ihr eigenes Denken und Fühlen in das Gespräch einzufließen beginnt. Das birgt Gefahren, die im nächsten Kapitel ausführlich erörtert werden.

Mit der Interpretation gehen Sie über die eigentliche Äußerung des Klienten hinaus und *zeigen ihm die Bedeutung dessen, was er sagt,* in bezug auf das Problem, auf sein Erleben des Problems und die Problemlösung, z.B.

> "Als ich vor 50 Jahren meinen Führerschein machte, waren die Straßen noch leer. Ich habe dann später eine Plakette für 40 Jahre unfallfreies Fahren bekommen. In den letzten Jahren kam dann eins zum anderen, und in diesem Jahr habe ich schon meine dritte Beule gefahren, so daß ich Zweifel bekomme . . ."
>
> > "Sie sind in ein Alter gekommen, in dem Sie nicht mehr so schnell reagieren wie jüngere Leute. Das mag wohl die Ursache für die Beulen sein."

Achten Sie darauf, daß sich diese Interpretation *voll auf die Aussage des Klienten zurückbezieht.* Sie unterscheidet sich von der Neuformulierung dadurch, daß sie sich nicht nur auf die Ausdrucksform bezieht, sondern auf den *Bedeutungsgehalt*. Wenn Sie aber bei Ihrer selektiven Reflexion einzelner Gesprächsinhalte Bezugsysteme heranziehen, die außerhalb Ihres Patienten liegen, z.B. zu der o.g. Klientenäußerung

> "... Wenn Sie der heutigen Rechtsprechung folgen, müßten Sie sich überlegen, ob Sie nicht in Ihrem Alter den Führerschein zurückgeben sollten . . .",

handelt es sich schon um eine weiterführende Form der Interpretation, hier im Sinne einer Empfehlung. Mit ihr setzen Sie die Äußerung des Klienten in Bezug zu Ihren Wertvorstellungen, zu gesellschaftlichen Regeln, Gesetzen oder theoretischen Erklärungssystemen, etwa zur Psychoanalyse oder zum christlichen Glauben, z.B.

"Meine Frau ist seit Jahren schwer krank, und ich mache mir unentwegt Vorwürfe, weil ich ihr nicht treu bin."

"Sind es religiöse Skrupel, die Sie beunruhigen?"

Aufgabe 7/11: Überdenken Sie mit Hilfe der Texthervorhebungen noch einmal die sieben Techniken der selektiven Reflexion.

a) Beantworten Sie dann als Zusammenfassung des Themas die folgenden Fragen:
a 1: Wie unterscheiden Sie aufnahmebereite Zuwendung und selektive Reflexion nach der Zielsetzung?
a 2: Was halten Sie für den charakteristischen Inhalt einer Spiegelung?
a 3: Wie unterscheiden Sie Fragen zur Klärung von der Aufforderung zur Konkretisierung?
a 4: Welchen Zweck verfolgen Sie primär mit Zwischenzusammenfassungen?
a 5: Welche Möglichkeiten bieten Zwischenzusammenfassungen dem Gesprächsführenden?
a 6: Welche drei Ziele können Sie mit Neuformulierungen erreichen?
a 7: Wie können Sie erreichen, daß die Aussage "Es gibt keine Gerechtigkeit" vom Klienten auf sein Problem bezogen wird?
a 8: Unter welchen Voraussetzungen können Sie im auxiliären Gespräch die Konfrontation einsetzen?
a 9: Wie unterscheiden Sie zwischen Interpretation und Empfehlung?

b) Versuchen Sie, z.B. einem Kollegen, einem Freund oder einem Kommilitonen zu erklären, welcher Zusammenhang zwischen den drei Grundformen der Resonanz und den sieben Techniken selektiver Reflexion besteht.

Machen Sie sich als Voraussetzung dazu Gedanken über drei Fragen:

- Was muß ich erwähnen, um mich verständlich zu machen?
- Mit welchem Beispiel kann ich das Gesagte erläutern?
- Wie kann ich feststellen, ob ich mich verständlich gemacht habe?

8. Beratung und Lenkung

In den ersten drei Teilen dieses Taschenbuchs haben wir uns mit voller Absicht auf die Beschreibung von Verhaltensweisen des GF beschränkt, die dazu führen, daß der Klient Vertrauen gewinnt, sich aufschließt, mehr Einsicht in seine Situation und sich selbst gewinnt und damit aus eigener Kraft Mittel und Wege zur Lösung seiner Probleme sucht und findet. Der Kern des bisher beschriebenen Vorgehens lag in der konsequenten Förderung der Möglichkeiten, die im Klienten selber liegen. Es wird aber manchen Klienten geben, der durch diese klientenzentrierte Methode der auxiliären Kommunikation allein nicht so weit unterstützt werden kann, daß er ohne Ihre Hilfe seine Schwierigkeiten überwindet. Findet er im gegebenen zeitlichen Rahmen des Gesprächs nicht selbst einen geeigneten Ansatz zur Problemlösung oder bittet er Sie nach einem ausführlichen Gespräch bzw. nach einer Reihe von Sitzungen, die keinen Fortschritt erkennen lassen, um Ihren Rat, z.B. in einer schwerwiegenden Entscheidung über die eigene Zukunft, oder zeigt er durch sein Verhalten - etwa indem er einen neu eingeschlagenen Weg nicht durchhalten kann -, daß er der Führung bedarf, dann müssen Sie die grundsätzliche Entscheidung treffen, ob und in welcher Form Sie über den Rahmen nicht-direktiver Gesprächsführung hinausgehen wollen.

Es scheint uns von besonderer Bedeutung, Ihr Augenmerk auf diese Grenzüberschreitung zu richten, weil mit ihr ein ganz neuer Aspekt zur bisherigen Darstellung der Gesprächsführung hinzukommt. Er beruht auf so grundsätzlich anderen Voraussetzungen, daß Sie diese Grenze nur mit vollem Bewußtsein überschreiten sollten.

Bisher haben Sie in erster Linie darauf hingearbeitet, sich in die Sorgen und Nöte, die Gedanken, Einstellungen und in die Erlebniswelt Ihres Klienten, d.h. in *sein Bezugssystem* einzufühlen. Sie haben Ihren Klienten in der gemeinsamen Analyse dahingeführt, daß er sich selbst in seiner Situation besser begreift und Kräfte mobilisiert, mit denen er sein Problem lösen lernt. Bei einer darüber hinausgehenden Beratung und Lenkung des Klienten werden Ihr Denken, Ihr Fühlen, Ihre Wertvorstellungen und Ihre Vernunft, also *Ihr Bezugssystem,* in den Rat, den Sie dem Klienten geben, einfließen und u.U. sogar als Grundlage Ihrer Führungsrolle verwendet, die Sie notfalls übernehmen müssen. Damit ändern Sie den Charakter der Kommunikation mit Ihrem Klienten von Grund auf!

Im Rahmen der auxiliären Gesprächsführung, deren primäres Ziel Selbstfindung und Selbsthilfe sind, kann nicht genug betont werden, daß Sie diesen Wechsel *vom klientenzentrierten zum beraterzentrierten Gespräch* immer mit vollem Bewußtsein und erst zu einem Zeitpunkt durchführen, zu dem für Sie eindeutig feststeht, daß der Klient nicht aus eigener Kraft eine Problemlösung findet bzw. daß er der Führung bedarf. Ihr Erfolg im auxiliären Gespräch hängt weitgehend davon ab, daß Sie sich jederzeit klar darüber sind, wann Sie Ihr eigenes Bezugssystem anwenden und damit *vom aktiven Zuhören zur aktiven Beratung und Lenkung* übergehen. In diesem Fall sind Sie nicht mehr nur Zuhörender, sondern ein Gesprächsführender, der seinerseits Lösungsvorschläge für die Probleme des Klienten anbietet und damit auch in gewisser Weise einen Anspruch auf Überlegenheit und *Autorität* geltend macht. Sie üben damit einen Einfluß auf Ihren Klienten aus, der ihn veranlaßt, sich leiten zu lassen. Grob ausgedrückt: Sie manipulieren Ihren Klienten, und darin kann eine Gefahr liegen, denn Sie betonen mit der Übernahme einer Führungsrolle gewollt oder ungewollt seine *Abhängigkeit* und verstärken sein Gefühl, mit dem Problem nicht oder noch nicht aus eigener Kraft fertig zu werden. Es kann passieren, daß Sie das fördern, was Sie eigentlich überwinden wollen, seine *Unselbständigkeit.* Aus diesem Wechsel der Gesprächssituation ergibt sich die Forderung, daß Sie dabei nicht nur mit viel Umsicht zu Werke gehen, sondern sich auch vorher entscheiden,

- ob eine *Notwendigkeit* für einen derartigen Wechsel besteht,
- ob Ihr Klient für ein solches Vorgehen *geeignet* ist,
- welche *Ziele* Sie erreichen wollen,
- ob Sie *realisierbare* Problemlösungsvorschläge machen können,
- mit welchen Beratungs- und Lenkungs-*Techniken* Sie ggf. arbeiten wollen.

Grundsätzlich müssen Sie sich darum bemühen, Ihrem Klienten bei einem mehr direktiven Zugang schon durch Ihre Formulierungen Gelegenheit zu geben, sich *Ihrer Beratungs- und Führungsabsicht zu entziehen,* ohne dabei Angst-, Schuld- oder Minderwertigkeitsgefühle zu entwickeln, die das gegenseitige Verhältnis belasten können. Für die Darstellung möglicher Beratungs- und Lenkungsformen wählen wir die Reihenfolge von der mildesten bis zur intensivsten Beeinflussung und folgen damit annähernd einer begrifflichen Ordnung von A. Benjamin.

Als kleine Ermutigungen haben wir meist Hilfen bezeichnet, mit denen Sie es dem Klienten leichter machen können, sich im Gespräch zu öffnen, und die als Zeichen aufnahmebereiter Zuwendung dazu beitragen sollen, daß er selbst tiefer in sich und seine Situation eindringt. Hierzu gehören z.B. ermutigendes Kopfnicken, mit dem Sie Ihre Bereitschaft signalisieren, weiterhin zuzuhören, aber auch das gelegentliche "Hm-hm" oder ein unbetontes "Ja", das ihn anregt, seine Darstellung fortzusetzen.

Die Grenze zwischen kleinen Ermutigungen und ***gezielter Motivierung (1)*** ist nicht scharf. Der Anspruch, den Sie aber mit der Motivierung Ihres Klienten zur Geltung bringen, geht über das aktive Zuhören hinaus; denn damit *steuern Sie* bereits die Fortsetzung des Gesprächs in eine von Ihnen bestimmte Richtung, z.B.

> "Wenn Sie den Zusammenhang zwischen Ihrem Gefühl, vernachlässigt zu werden, und der Arbeitsbelastung Ihres Mannes weiter durchdenken, werden Sie selbst die Lösung Ihres Problems finden."

Sie unterstützen den Klienten mit der Motivierung, seine Situation, sich selbst und seine Pläne in der Richtung weiter zu analysieren, die Sie für besonders bedeutungsvoll halten. Praktisch motivieren Sie Ihren Klienten auch bereits, wenn Sie ihm als Beispiel zeigen, wie ein anderer seine Probleme löst, oder etwa, indem Sie ihn darauf hinweisen, daß die zeitliche Distanzierung von den augenblicklichen Nöten ihn zu einer klareren Sicht kommen lassen wird.

In der Steigerungsform *sprechen Sie Ihrem Klienten Mut zu,* den eingeschlagenen Weg fortzusetzen, seine Kräfte auf ein angestrebtes Ziel - das Sie doch offenbar für richtig halten - zu konzentrieren oder auch sich selbst in einer ganz bestimmten, schon erörterten Form, die Sie für gut halten, aus dem Sumpf der Probleme zu ziehen, in dem er steckt. In den genannten Motivierungen kommt Ihre Wertung bestimmter Lösungsmöglichkeiten zum Ausdruck. Das ist mehr als bloßes Zuhören. Sie geben damit zu erkennen, daß Sie an die Kraft Ihres Klienten und seine Fähigkeit glauben, die aufgetretenen Schwierigkeiten auf eine bestimmte Weise zu überwinden, ein "seelisches Auf-die-Schulter-klopfen", mit dem Sie z.B. einem Studenten, der Angst vor einem Examen hat, sagen:

> "Wenn Sie wirklich wollen, werden Sie es schaffen",

oder stärker:

> "Ich bin sicher, daß Sie es schaffen werden. Nur Mut!",

oder noch stärker:

> "Da bin ich meiner Sache aber ganz sicher. Natürlich werden Sie es schaffen.",

und schließlich:

> "Es gehört nicht mehr dazu als wirklicher Einsatz. Sie müssen es einfach schaffen."

Mit ***Ihrer Sicht der Sache (2)*** bieten Sie dem Klienten *Ihre Erklärung* für sein Problem an, so z.B. auf die Frage

> "Wie sehen Sie den Zusammenhang zwischen meinen Schulden und der früheren Behandlung durch meinen Vater?"
>
>> "Ich glaube, daß kein unmittelbarer Zusammenhang zwischen Ihrem Vater und der Tatsache besteht, daß Sie mehr ausgeben als Sie zur Verfügung haben."

So sehr Sie sich auch bemühen mögen, Ihre Erklärung sachlich und unpersönlich zu halten, werden Sie doch schon durch Ihre Stellungnahme die weitere Kommunikation in eine bestimmte Richtung lenken, z.B.

(GF) "Ich gebe zu, daß es ein hartes Geschick ist, blind zu sein. Ihre jetzigen Schwierigkeiten sehe ich aber weniger darin, daß Sie blind sind, sondern vielmehr in der Form, wie Sie versuchen, dieses Geschick zu verarbeiten."

Die nächste Stufe beraterzentrierter Gesprächsführung ist die ***erbetene oder spontane Empfehlung (3)***. Ihr Inhalt ist zunächst - ganz abgesehen von dem Ton, in dem sie ausgesprochen wird - noch insofern unverbindlich, als Sie mit Ihrer Empfehlung dem Klienten *bewußt Spielraum lassen*, Ihrem Rate zu folgen oder eigene Wege zu gehen. Besonders mit Empfehlungen in Frageform zwingen Sie Ihren Klienten nicht, sich Ihrem Sachverstand unterzuordnen, z.B. wenn Ihr Klient sagt:

> "Ich weiß nicht recht weiter. Können Sie mir raten?"
>
>> "Wäre es in Ihrem jetzigen Gesundheitszustand nicht zweckmäßiger, zunächst von einer Reise abzusehen?"

Oder schon nicht mehr als Frage:

> "Ich würde Ihnen empfehlen, sich zunächst vollständig auszukurieren."

Noch dringender formuliert:

> "Ich möchte Ihnen dringend empfehlen, jetzt nicht zu verreisen."

Sehr weich klingt dagegen die Empfehlung für ein junges Mädchen, das sich nicht entschließen kann, entweder zunächst ihre Tätigkeit in der Firma des Vaters aufzunehmen oder sofort zu heiraten, und deshalb um Rat fragt:

> "Was meinen Sie zu meiner Empfehlung, diese Frage zunächst mit Ihrem Verlobten durchzusprechen, und wenn Sie gemeinsam keine Lösung finden, auch gemeinsam wiederzukommen?"

Sie sehen aus den Beispielen, wie sehr es auf die Wortwahl, die unterschiedlichen Formulierungsformen, z.B. als Frage oder als Aussage, ankommt. Ihr "persönliches Repertoire" schaffen Sie sich durch konsequente Übung verschiedener Reaktionsformen auf Klientenäußerungen. Sie können dazu unsere Textbeispiele oder die Beispiele am Ende des Buches als Anregung verwenden.

Beratung (4) heißt, dem Klienten sagen, was er tun oder lassen soll, gleichgültig, ob Sie den Rat direkt, indirekt, freundschaftlich oder in einem Abhängigkeitsverhältnis erteilen, ob Sie dem Klienten die Entscheidung überlassen oder bereits bedrohlich klingende Konsequenzen andeuten für den Fall, daß er diesen Rat nicht befolgt, bzw. ob Sie den Rat schließlich mit zeitlicher Begrenzung im Sinne eines Ultimatums erteilen. Bei allen Beratungsformen - und das ist das Entscheidende - machen Sie *Ihre Denkungsweise zum zentralen Inhalt des Gesprächs.* Deshalb sollte als Grundregel gelten, daß Sie vor einem Rat, den Sie erteilen, zunächst Ihren Klienten die Frage präzisieren lassen, zu der er Sie um Rat bittet, und daß Sie dann zunächst Ihren Klienten fragen, wie er darüber denkt und fühlt, was er tun möchte oder welche Wahlmöglichkeiten er sieht, z.B.

> "Können Sie noch einmal präzisieren, zwischen welchen beiden Angeboten Sie sich entscheiden sollen?"

Und wenn das Problem präzisiert ist:

> "Welche Entscheidungsmöglichkeiten haben Sie selbst schon in Erwägung gezogen?"

oder noch direkter:

> "Um Ihnen sinnvoll raten zu können, muß ich zunächst genauer wissen, wie Sie selbst über die Sache denken."

Die verschiedenen Möglichkeiten, im Rahmen des auxiliären Gesprächs Rat zu erteilen, beruhen alle auf derselben Voraussetzung:

Der Klient soll fähig werden, seine Probleme mit Ihrer Hilfe zu lösen.

Voraussetzung für diese Hilfe ist, daß Sie zunächst sein Denken und Fühlen erfassen, d.h. den Kontext, in dem er sein Problem sieht. Selbst wenn er die Problemlösung nicht aus eigener Kraft bewältigen kann, schaffen Sie mit dem klientenzentrierten Gespräch zwei wesentliche Voraussetzungen dafür, daß er entsprechend seinen Möglichkeiten dazu beiträgt:

1. Sie geben Ihrem Klienten mit dem Gespräch Gelegenheit, sich auszusprechen, und leiten damit die Katharsis, die Lösung der Spannung, ein, die seinem Problem zugrunde liegt. Bei diesem Gespräch wird sich sein Bezugsystem herauskristallisieren, er wird sich selbst besser kennenlernen.
2. Sie gewinnen Informationen, die es gestatten, Ihren Rat so zu formulieren, daß er in sein Denken und Fühlen, in seine Wertvorstellungen, kurz in sein Bezugssystem paßt. Damit wird die Annahme des Rats mindestens wahrscheinlicher.

Dennoch bleibt bei jeder Beratung zu berücksichtigen, daß Ihr Rat letztlich von außen kommt und keineswegs selbstverständlich die eigenen Initiativen oder die eigene Kraft Ihres Klienten steigert. Vielmehr kann Ihr Rat auch das Gegenteil bewirken und die Abhängigkeit des Klienten fördern und beim Schwachen das Gefühl seiner Schwäche verstärken. Es gilt deshalb in jedem Beratungsfall vorher abzuwägen, mit welchem Vorgehen Sie dem Klienten mehr helfen:

Rat zu erteilen und damit ggf. seine Abhängigkeit zu fördern

oder

ihn selbst eine Lösung suchen und finden zu lassen und damit Ihren Klienten zu verselbständigen.

Z.B. nach einem schwerwiegenden Betriebsunfall, der zur Amputation der rechten Hand führte (unter der Voraussetzung guten Rapports während mehrerer Gespräche):

(GF) "Nein, ich sehe es nicht als meine Aufgabe, Ihnen die Entscheidung über den erforderlichen Berufswechsel abzunehmen. Sie könnten den Eindruck gewinnen, Sie seien jetzt nicht mehr in der Lage, Pläne zu machen und Entscheidungen selbst zu treffen, welcher künftige Beruf am ehesten Ihren Vorstellungen entsprechen könnte."

Anders zu einer alleinstehenden, wenig selbständigen Mutter, deren Problem ausführlich erörtert wurde und deren Bezugssystem der GF dabei soweit kennengelernt hat, daß sein Rat erforderlich erscheint und gute Aussichten bestehen, daß die Klientin diesen Rat befolgt:

(GF) "Ich glaube, daß Sie selbst jetzt mehr Klarheit über die guten Chancen gewonnen haben, die sich Ihr Sohn in der Schule aufgebaut hat. Deshalb würde ich Ihnen von einem Wechsel des Wohnorts zu diesem Zeitpunkt abraten. Zuviel Unwägbares käme bei einem Schulwechsel kurz vor dem Abitur ins Spiel. Ich bin aber gern bereit, im Herbst noch einmal mit Ihnen darüber zu sprechen, ob und wie sich Ihr Plan dann verwirklichen läßt."

Wenn Sie einen Rat erteilt haben, sollten Sie sich - wie der gute Arzt bei der Verordnung von Medikamenten - ein Bild davon machen, *wie weit Ihr Klient Sie verstanden hat und wie er darauf reagiert.* Äußert er sich nicht spontan, können Sie ihn entweder auffordern, noch einmal mit seinen Worten Ihren Rat auszudrücken, z.B.

"Ich möchte gern wissen, ob Sie meine Gedanken verstanden haben",

ggf. mit der Fortsetzung

"Versuchen Sie deshalb, einmal mit Ihren Worten auszudrücken, was ich Ihnen geraten habe."

Sie können Ihren Klienten auch unmittelbar fragen, z.B.

"Was meinen Sie zu meinem Vorschlag?"

und aus der Klientenäußerung ableiten, ob er Sie verstanden hat.

In jedem Fall sollten Sie nach erteiltem Rat versuchen zu erfahren, ob er zur Lösung des Problems beigetragen hat. Vereinbaren Sie zu diesem Zweck einen telefonischen oder schriftlichen Kontakt bzw. einen neuen Gesprächstermin. Sie verschaffen sich damit nicht nur eine *Rückmeldung über den Erfolg Ihrer Arbeit,* sondern geben Ihrem Klienten auch Gelegenheit, ggf. über eine positive Erfahrung zu berichten oder auch den eingetretenen Mißerfolg als Türöffner für weitere Gespräche zu benutzen.

Mit gezielter Motivierung, Ihrer Sicht der Sache, Empfehlungen und dem Rat, den Sie Ihrem Klienten erteilen, haben Sie den Rahmen der klientenzentrierten Gesprächsführung verlassen. Diese vier Formen direktiver Reaktion zählen wir zu den milden Formen beraterzentrierter Gesprächsführung. Noch intensivere Klientenbeeinflussung gehört nur noch in Ausnahmefällen zur auxiliären Gesprächsführung in unserem Sinne. Wir beschränken uns deshalb hier auf ihre Andeutung.

Beim ***Überreden oder Drängeln (5)*** bleibt für den Klienten kaum Spielraum, um eigenen Wünschen oder Vorstellungen zu folgen. Vielmehr wird er genötigt, sich der vom GF für gut befundenen Meinung anzuschließen, z.B.

> "Befolgen Sie doch meinen Rat, sich zunächst mit Ihrem Vater ausführlich über Ihre Wahl zu unterhalten. Das schien Ihnen nach unserem letzten Gespräch als gangbarer Weg, um drohende Komplikationen zu vermeiden."

Am häufigsten drängen Gesprächsführende ihre Klienten, wenn sie einen Rat erteilt haben, der nicht in die Tat umgesetzt wird. Meist ist es angemessener, die Analyse des Klienten in seiner Situation zu vertiefen. Sie können ihm dann einen Rat geben, der einleuchtender erscheint, d.h. besser in sein Bezugssystem paßt und deshalb eher in die Tat umgesetzt wird, z.B. für den eben genannten Fall das Aufarbeiten der von Angst getragenen Sohn-Vater-Beziehung, die dazu geführt hat, daß der Klient zwar rational den vorgeschlagenen Weg gutheißen konnte, die Realisierung aber an emotionalen Hemmnissen scheiterte.

Beim ***Moralisieren (6)*** erweitert der GF seinen persönlichen Bezugsrahmen und verknüpft den erteilten Rat z.B. mit dem anonymen "man" oder mit moralischen Regeln bzw. mit sozialen Normen und schließlich mit dem Appell an das Gewissen des Klienten. Dieser kann dann den üblichen Normen zustimmen, Widerstand, Protest und Aggression geltend machen und damit den Weg in die Rolle des Außenseiters einschlagen oder sich verschließen, um nicht erneut mit Schuldgefühlen offenbaren zu müssen, daß zwischen seiner Position und dem "man" Gegensätze bestehen, z.B.

> ". . . . nach der Operation gab es auf der Station Schwierigkeiten. Die Schwestern beklagten sich. Man schickt doch nicht einfach die Nachtschwester mit den Schlaftabletten weg . . ."

Sieht der GF sich als ***Autorität*** oder benutzt er die Überlegenheit, die ihm in seiner Rolle z.B. als Arzt oder als Lehrer aufgrund seiner Kenntnisse und Fähigkeiten oder seiner Position zufällt, bewußt und absichtlich zur Durchsetzung seiner Zielvorstellungen bei der Gesprächsführung, dann verläßt er noch mehr den klientenzentrierten Rahmen und macht sich zum autoritären Zentrum des Gesprächs, d.h. anstelle verständnisvoller Einfühlung tritt der Anspruch des GF, seine Vorstellungen von einer zweckmäßigen Problemlösung durchzusetzen. Im Hintergrund steht sein Anspruch, er besitze aufgrund seiner Autorität bessere Problemlösungsvorschläge als der Klient, er könne geeignete oder ungeeignete Maßnahmen, Recht und Unrecht, Gut und Böse zutreffender beurteilen als der Klient. Mag sein, daß es wirklich so ist. In jedem Fall sollte sich der Gesprächsführende die Frage stellen, ob er dem Klienten damit wirklich hilft, denn mit einem solchen Vorgehen nimmt er ihm u. U. die Gleichberechtigung und die Eigenverantwortlichkeit für die Lösung seines Problems ab. Wenn der Klient die Führungsrolle des anderen akzeptiert und sich zur Überwindung seiner Schwierigkeiten "von einem, der es besser weiß" anleiten, notfalls sogar zwingen läßt, könnte er alle eigenen Aktivitäten zur Suche nach Lösungsmöglichkeiten aufgeben.

Aus dieser Sicht nimmt der GF mit seiner ***Zustimmung oder Ablehnung (7)*** zum Denken, Fühlen und Handeln des Klienten für sich in Anspruch, für eine Beurteilung kompetent zu sein, er setzt seine Autorität ein. Z.B. der Junglehrer zur besorgten Frage einer Mutter:

"Haben nicht im letzten Jahr die guten Leistungen meiner Tochter manches ausgeglichen, was bisher fehlte?"

"Leider kann ich Ihnen absolut nicht zustimmen. Die Gesamtentwicklung der Leistungen Ihrer Tochter läßt doch noch zu wünschen übrig."

Ähnlich der Zustimmung zu vermeintlich richtigen oder falschen Lösungen des Klienten sind ***Billigung und Mißbilligung (8)***, Wertungen des GF, bei denen ebenfalls seine Stellung als Autorität ins Spiel kommt, z.B.

"Haben Sie sich nun entschlossen, Ihren Stellungswechsel durchzuführen und doch lieber etwas weniger zu verdienen, aber zufrieden zu sein?"

"Ja."

"Das war eine kluge Entscheidung, zu der ich Sie nur beglückwünschen kann."

Mit ***ungläubigem Zweifel (9)*** kann ein GF auf eine Gesprächssitutation reagieren, in der der Klient z.B. so übertreibt, verkürzt, verlängert oder auch entstellt, daß der GF aufgrund seiner Erfahrung (Autorität) zur Korrektur der Äußerung auffordert, z.B. der Arzt zum klagenden Patienten:

"Ich habe in der ganzen Woche kaum etwas gegessen, und doch wiege ich wieder ein Pfund mehr."

"Sind Sie ganz sicher, daß Sie wirklich kaum etwas gegessen haben?"

Aufgrund seiner Kenntnisse der Ernähungsphysiologie macht er es damit dem Patienten schwer, seine Übertreibung aufrecht zu erhalten.

Auch mit ***Spott (10)*** kann der GF seinen Unglauben ausdrücken und den Klienten in noch scherzhaftem Tone auffordern, so zu reagieren wie es der GF für angemessen hält, z.B. zur vorgenannte Klientenäußerung:

> "Dann hätten Sie eigentlich die ganze Woche über Hunger haben müssen, oder Ihre Waage ist nicht in Ordnung."

Damit benutzt der GF wiederum seine Autorität, um den Klienten absichtlich zu verulken und ihn damit "auf den rechten Weg zu bringen", wie etwa der Arzt zum Patienten, der die verordneten Medikamente nicht eingenommen hat:

> "Muß ich Sie jeden Morgen anrufen und fragen, ob Sie Ihre Tabletten genommen haben?"

Ob Spott gegenüber demjenigen, der Hilfe sucht, also offensichtlich der Schwächere ist, überhaupt eine geeignete Reaktionsform darstellt, bleibt mindestens sehr fraglich.

Der GF ***widerlegt (11)*** die Äußerung seines Klienten aufgrund seiner besseren Kenntnis der Dinge und sagt ihm aufgrund seiner Autorität, daß es so nicht stimmt, sondern daß es so oder so sei, z.B.

> "Die Luft hier im Krankenzimmer ist unerträglich."
>
> > "Das kann nicht sein; unsere Klimaanlage sorgt ständig für Frischluft."

Der noch mildernde Hinweis auf die bessere Einsicht des GF als Autorität entfällt bei unumwundener ***Ablehnung oder Zurückweisung (12)*** des Klienten. Dabei wird ihm lediglich mitgeteilt, daß seine Einstellung, sein Denken und Fühlen falsch seien, z.B.

> "Ich habe immer wieder versucht, mit den Studenten auf einer vernünftigen Basis zusammenzuarbeiten, aber . . ."
>
> > "Wir haben nun so oft darüber gesprochen. Immer wieder Klagen und Beschwerden. Ich glaube, es hat wenig Zweck daß wir noch einmal darauf zurückkommen."

Mit ***Befehlen (13)*** ordnet der GF Verhaltensweisen an. Dabei geht er offensichtlich davon aus, daß der Klient auf Befehle entsprechend reagiert bzw. daß er selbst geeignet sei, dem Klienten Befehle zu erteilen. Solche Befehle beginnen nicht selten mit der Formel:

> "Nehmen Sie sich doch zusammen . . ."

Noch deutlicher spielt ein GF seine Autorität aus, wenn er versucht, den Klienten zu ***schelten (14)***, um ihn damit auf den geeigneten, vom GF vorgezeigten Weg zu bringen, z.B.

> "Das kann ich nur als flegelhaft bezeichnen, wie Sie sich da aufgeführt haben."

Über diese autoritätsgebundenen Kommunikationsformen geht eigentlich nur noch die ***Drohung (15)*** hinaus, mit der ein GF versuchen kann, seine Vorstellungen vom richtigen, guten oder geeigneten Verhalten durchzusetzen, mit dem er aber auch gleichzeitig die Konsequenzen ankündigt, die dem Klienten aus einer Nichtbefolgung der Anordnung erwachsen, z.B.

> "Ich habe es doch aber wirklich versucht, zur vereinbarten Zeit pünktlich zu kommen."
>
> > "Aber wenn Sie das nächste Mal wieder zu spät zu unserem Gespräch erscheinen, werde ich keine Zeit für Sie haben."

oder

> > "Wenn Sie die Medikamente nicht einnehmen, muß ich Ihre weitere Behandlung ablehnen . . . "

Setzt der GF die angekündigten negativen Folgen in die Tat um, dann ist der letzte - und wohl auch tiefste - Punkt autoritärer Maßnahmen und damit die weiteste Entfernung vom Ziel der auxiliären Gesprächsführung erreicht, die ***Bestrafung (16)***. Darunter ist jede absichtliche Handlung des GF zu verstehen, die den Klienten schmerzhaft, nachteilig oder demütigend treffen soll. Hierher gehört nicht nur, daß z.B. ein Patient die Mehrkosten, die er absichtlich verursacht hat, bezahlen muß, sondern schon das "Übersehen" durch die Schwester, die Abweisung des Klienten als "hoffnungslosen Fall" oder das "Keine-Zeit-mehr-haben" für den Patienten bzw. das "Nicht-für-voll-nehmen" durch den Lehrer. Bestrafungen sind nicht in erster Linie Zeichen dafür, daß der Klient die Spielregeln (des anderen) nicht befolgt hat, sondern daß der GF bei seinem Versuch, dem Klienten unter Einsatz seiner Autorität zu helfen, scheitert. Soweit das noch möglich ist, sollte der GF ohne Umweg zu *klientenzentrierten* Formen der Gesprächsführung zurückkehren.

Aufgabe 8/1: Überdenken Sie das Kapitel "Beratung und Lenkung" noch einmal anhand der Texthervorhebungen.

a) Beantworten Sie erst dann die folgenden zusammenfassenden Fragen:

a 1: Welche Gefahr sehen Sie darin, daß Sie ggf. Ihrem Klienten Problemlösungsvorschläge anbieten?

a 2: Welcher fünf prophylaktischen Vorüberlegungen bedarf es bei einem etwaigen Wechsel vom klienten- zum beraterzentrierten Gespräch?

a 3: Welche Möglichkeiten sollten Sie Ihrem Klienten bei jedem beraterzentrierten Vorgehen schon durch Ihre Formulierung offenlassen?

a 4: In welcher Hinsicht geht Ihrer Auffassung nach die gezielte Motivierung über die kleinen Ermutigungen hinaus?

a 5: Wie unterscheiden Sie Fragen zur Klärung von Ihrer Sicht der Sache?

a 6: Was wird bei der Beratung zum zentralen Gesprächsinhalt?

b) Versuchen Sie, z.B. einem Kollegen, einem Freund oder einem Kommilitonen zu erklären, welche Grenzüberschreitung erfolgt, wenn Sie von einer klientenzentrierten, assistierten Selbstexploration zur beraterzentrierten Gesprächsführung übergehen.

Machen Sie sich als Voraussetzung dazu Gedanken über drei Fragen:

- Was muß ich erwähnen, um mich verständlich zu machen?
- Mit welchem Beispiel kann ich das Gesagte erläutern?
- Wie kann ich feststellen, ob ich mich verständlich gemacht habe?

9. Fallgruben bei der auxiliären Gesprächsführung

Wir haben mehrfach darauf hingewiesen, daß die häufigste Gefahr, die dem auxiliären Gespräch von seiten des Gesprächsführenden droht, das Erteilen ***voreiliger Ratschläge*** ist. Dabei ist es gleichgültig, ob sie direkt ausgesprochen werden, z.B.

> "Schicken Sie Ihre Tochter doch für ein paar Wochen zu den Großeltern."

oder kaschierte Anregungen sind, z.B.

> "Wäre es nicht besser, Ihre Tochter für ein paar Wochen zu Ihren Eltern zu schicken?"

Entscheidend hierbei ist nicht der erteilte Rat - manche Klienten finden keine eigene Lösung ihres Problems -, sondern die Tatsache, daß dieser Ratschlag erteilt wird, bevor der GF seinem Klienten zugehört hat, bevor er dessen Bezugssystem kennt und entscheiden kann, ob der Klient nicht auch selbst eine Lösung seines Problems findet.

Nicht selten wird es vorkommen, daß sich Klienten an Sie wenden, um sich einen sogenannten Tip zu holen, z.B.

> "Ich wollte nur mal schnell fragen, ob . . ."

oder

> "Ich brauche nur einen Tip, wie man . . ." usw.

Auch in einem solchen Fall sollten Sie mit einem schnellen Ratschlag zurückhaltend sein und zunächst die Entscheidung treffen, ob Ihr Gesprächspartner von Ihnen wirklich nur einen banalen Tip hören will, der mit einem Satz erledigt ist, oder ob es sich um einen tastenden Versuch handelt, Sie mit dieser einleitenden Floskel um ein ausführliches Gespräch zu bitten. Berücksichtigen Sie in diesem Zusammenhang aber auch unsere eingangs genannte Überlegung, daß alle Angehörigen der helfenden Berufe zwar bereit sein sollen, Menschen beizustehen, die ihre Probleme nicht aus eigener Kraft lösen können, daß die auxiliäre Gesprächsführung aber kein Instrument sein sollte, ohne Not beim Klienten "Problembewußtsein" zu erzeugen oder gar mißbräuchlich - und letztlich ungebeten - "seine Nase in anderer Leute Angelegenheiten zu stecken".

Schneller Rat als Fallgrube auxiliärer Gesprächsführung birgt auch noch die Gefahr, denjenigen, der den Rat gibt, u.U. in den Ruf eines psychotherapeutischen Tausendsassa zu bringen. Zumindest aber könnte der Eindruck entstehen, daß man Patentlösungen vorrätig habe, die wie Tabletten verordnet werden können. Patentlösungen sind aber das Gegenteil auxiliärer Gesprächsführung, mit der Sie dem Klienten durch mehr Einsicht in sein Problem und besseres Selbstverständnis helfen wollen, seine Probleme aus eigener Kraft zu lösen.

Die Regel "Erst zuhören und dann raten" heißt andererseits nicht, daß es nicht Situationen gibt, in denen schneller Rat ausreichen mag, auch nicht, daß nicht manchmal schneller Rat als einziger Ausweg aus einer Notfallsituation erscheint. Die Lösung eines akuten Problems, z.B. zur Dämpfung einer akuten Angstreaktion oder zum Vermeiden von Handlungen, mit denen sich der Klient großen Schaden zufügt - etwa die unüberlegte Kündigung einer Lebensstellung - sind Beispiele für solche Krisensituationen, in denen nicht mit der Geduld, der Einsicht und dem Willen des Klienten zu rechnen ist, Probleme aufzuarbeiten und damit zu lösen. An dieser Stelle scheint es angebracht, darauf hinzuweisen, daß Selbstmordandrohungen oder Selbstmordversuche sofort der fachärztlichen Betreuung bedürfen.

In engem Zusammenhang mit dem "schnellen Rat" steht die ***voreilige Diagnose.*** Anlaß dafür ist die beim Gesprächsführenden leicht entstehende Auffassung, daß man ohne ausführliches Gespräch genau zu wissen glaubt, "wo der Schuh drückt" und wie das Problem zu lösen ist. Voreilige Diagnosen im auxiliären Gespräch haben viel Ähnlichkeit mit Anhiebsdiagnosen in der Medizin. Dort verleiten sie allzuoft dazu, beim Patienten nur noch nach Bestätigungen "brillanter Lösungen" zu suchen, und allzuleicht wird man blind für die Gesamtheit aller Informationen, die zur richtigen Diagnose und damit zur zweckmäßigen Therapie führen.

Sie erkennen die Gefahr voreiliger Diagnosen, wenn Sie das Gefühl haben, daß Ihnen schon in der Anfangsphase des Gesprächs "ganz klar ist", um was es geht. Diese Auffassung kann dann wie ein Filter für all das wirken, was Ihnen der Klient noch mitteilt, und eben darin liegt die Gefahr. Ärztliche Anhiebsdiagnosen können oft noch dadurch korrigiert werden, daß objektive Befunde wie Fieber oder Herzgeräusche zur Revision zwingen. Beim auxiliären Gespräch fehlen meist objektive Befunde, die Sie auf den richtigen Weg zurückführen könnten. Ihr Klient wird sich falsch verstanden fühlen, u.U. das Gespräch nicht fortsetzen oder Ihrem Rat nicht folgen.

Die Gefahr voreiliger Diagnosen läßt sich vermeiden, wenn Sie sich klar darüber werden, daß Sie zwar schon in einem Frühstadium des Gesprächs Hypothesen bilden dürfen und sollen, diese Hypothesen aber nicht ohne ausführliche Prüfung zur Grundlage der weiteren Gesprächsführung oder der Beratung und Lenkung machen.

Eine Fallgrube für Fortgeschrittene liegt in der ***beraterzentrierten Projektion***. Theoretische Systeme, psychotherapeutische Schulen wie die Psychoanalyse, Religionen, sozialpolitische Dogmen und ausgeprägte eigene Bezugsysteme können dazu führen, daß der GF die Klienteninformationen durch ein Filter sieht und ***schon die Bedeutung des Gesagten durch die Brille seines Bezugsystems*** zwar theoriegerecht, aber damit auch einseitig aufnimmt. In der Steigerungsform sieht er dann manches, was nicht wirklich zu sehen ist, hört etwas, was nicht gesagt wurde, und verstärkt mit seinem Bemühen zu helfen nur die Unselbständigkeit des Klienten, u.U. bis zur Abhängigkeit. Im ungünstigsten Fall schafft er sich dann, wenn die Projektion mit missionarischen Ambitionen potenziert wird, hörige Jünger oder Dauerklienten.

Sie erkennen die Gefahr der Projektion daran, daß Sie in der Phase der Exploration Äußerungen Ihres Klienten zunächst nur in Gedanken, in fortgeschrittenem Stadium aber auch laut in die Terminologie Ihres Bezugsystems zu übersetzen beginnen. Alles, was der Klient sagt, bekommt dann in Ihren Ohren einen Hauch Freud'scher, Jung'scher, gesellschaftlich relevanter oder auch anarchistischer Bedeutung.

Sie können Projektionen vermeiden, indem Sie sich voll auf den Klienten einstellen, d.h. das, was er sagt, so aufzunehmen versuchen wie er es meint (Verständnis), seine Einstellungen und Gefühle so nachzuerleben versuchen wie er sie fühlt (Einfühlung), und jede Grenze zur beraterzentrierten Gesprächsführung oder Lenkung Ihres Klienten nur nach reiflichem Abwägen und mit vollem Bewußtsein überschreiten.

Distanzverlust ist hier nicht zu verstehen als Aufgabe mancher ohnehin für das auxiliäre Gespräch fragwürdiger Statusunterschiede, sondern eher als ***Verlust*** der notwendigen ***Kontrolle Ihrer Reaktionen*** auf Äußerungen des Klienten. Parteilichkeit im rationalen Bereich und Mitgefühl im Sinne von Sympathie oder Gefühlsanstrengung helfen weder Ihrem Klienten noch Ihnen, sondern verschleiern eher den Blick und nehmen Ihnen die Möglichkeit, die Probleme Ihres Klienten sachlich zu sehen.

Die Gefahr des Distanzverlustes zeigt sich, wenn Ihr Verständnis, d.h. Ihr kognitives Erfassen der Probleme in gedankliche Gleichschaltung übergeht und ***anstelle der Einfühlung das Mitgefühl für den Klienten*** in den Vordergrund tritt. Sie sprechen dann im rationalen Bereich gehäuft in der Ich-Form und beginnen zu trösten, statt die Gefühle Ihres Klienten zielbezogen zu reflektieren. Das Ziel der auxiliären Gesprächsführung ist aber nicht Ihre volle Identifikation mit dem Klienten, sondern Ihre Hilfe bei seiner Selbstfindung.

Vermeiden können Sie den Distanzverlust - besonders, bei überstarkem Einfühlungsvermögen -, wenn Sie Ihren Klienten nicht bemitleiden, sondern sich Ihre Aufgabe beim auxiliären Gespräch immer wieder bewußt machen, dem Klienten dadurch bei der eigenen Problemlösung zu helfen, daß Sie seine Kräfte mobilisieren.

Beispiele für unangemessenes Herunterspielen ***(Bagatellisierung)*** der Probleme sind Reaktionen wie

"Daran ist noch keiner zugrunde gegangen"

oder

"So schlimm ist es doch gar nicht"

oder

"Es wird schon wieder werden"

oder

"Das ist doch kein wirkliches Problem".

Bagatellisierungen bedeuten für den Patienten weder Beruhigung noch Trost, auch nicht Ermutigung. Es sind meist unüberlegte Redensarten oder aber Ausreden bzw. ein Ausweichen vor den Klientenproblemen aus Angst vor eigener emotionaler Beteiligung.

Sie erkennen die Fallgrube, wenn der Klient beginnt, die Schwierigkeit seiner Lage zu beteuern oder - schlimmer - wenn der Rapport abbricht. Sie können das Bagatellisieren vermeiden, indem Sie auf Ihren Klienten eingehen, d.h. sein Problem ernst nehmen und dabei auch gutgemeinte Absichten, den Klienten oberflächlich abzusichern, hintanstellen.

Von ***Intellektualisierung*** eines Problems spricht man, wenn das Problem mit dem Klienten *ausschließlich im rational-abstrakten Bereich* erörtert wird. Zum Beispiel ist eine rationale Erklärung für das Scheitern einer Ehe meist nur eine oberflächliche und nachträgliche Konstruktion. Gerade die tiefer liegenden emotionalen Gründe gilt es zu erkennen und mit dem Klienten aufzuarbeiten – nicht nur das Problem, sondern wie der Klient es erlebt.

Sie erkennen die Gefahr an der Häufung von Äußerungen und Reaktionen im rationalen Bereich und an der Abstraktheit der beiderseits verwendeten Terminologie. Vermeiden läßt sich die Intellektualisierung schon durch die Frage nach praktischen Beispielen, durch Ihr Eingehen auf das Hier und Jetzt der Gesprächssituation (Konkretisierung) und durch die Frage, was der Klient bei bestimmten Ereignissen gefühlt hat.

Bei starkem Engagement im Gespräch mit Ihrem Klienten können Sie sich dazu hinreißen lassen zu disputieren, ***Streitgespräche*** zu führen. Damit geben Sie die Ihnen im auxiliären Gespräch zugedachte Rolle des Gesprächsführenden auf, dessen vornehmste Aufgabe es ist, sich verständnisvoll in den anderen einzufühlen, und bemühen sich eher darum, *Ihren Standpunkt zu vertreten,* Wertmaßstäbe und Autorität etwa vieljähriger Erfahrung nicht zu *nutzen,* sondern zu *benutzen,* um dem anderen Ihre Meinung aufzuzwingen. Sie erkennen die drohende Gefahr, Streitgespräche zu führen, daran, daß Sie dem Klienten nicht analysierend zuhören, sondern die Neigung verspüren zu widersprechen.

Sie vermeiden das Beharren auf Ihrem Standpunkt, indem Sie sich immer dann, wenn Sie Ihren Widerspruch zum Ausdruck bringen wollen, Ihre eigentliche Aufgabe beim auxiliären Gespräch ins Gedächtnis rufen.

Mit der Selbstkonfrontation stellen Sie Ihren Klienten sich selbst, seinen Äußerungen und seinen Gefühlen gegenüber. Sie können sowohl auf informative Widersprüche hinweisen als auch auf Ungereimtheiten zwischen dem, was er sagt und was er tut, was er sagt und was er fühlt usw. Von ***offensiver Selbstkonfrontation*** sprechen wir erst, wenn die Konfrontation nicht mehr fragend oder erklärend eingesetzt wird, sondern *um die Überlegenheit des GF zum Ausdruck zu bringen oder gar um zu verletzen.* Das geschieht z.B., wenn Sie Widersprüche in rationalen Aussagen als Unwahrheiten auffassen, Diskrepanzen zwischen Äußerungen und Handlungen als Heuchelei sehen und solche Widersprüche als Waffe benutzen.

Sie erkennen diese Fallgrube an Ihrer zunehmenden Neigung, eigene Wertmaßstäbe im Gespräch zu verwenden, und an der zunehmenden Schärfe der Wortwahl, aber auch an der Neigung Ihres Klienten, sich zu verteidigen anstatt sich zu öffnen.

Da viele der genannten Fallgruben, besonders aber die offensive Selbstkonfrontation meist Angstreaktionen des GF sind, können Sie sie vermeiden, wenn Sie sich die eigene Angst bewußt machen und dann dagegen anarbeiten. Vertiefte Selbsterkenntnis und mehr innere Harmonie sind das Mindesthonorar, das Sie sich mit jedem auxiliären Gespräch verdienen.

Anhang

Aufgabensammlung zu den Beispielfällen

Die folgende Aufgabensammlung ist lediglich als Anregung gemeint. Sie können anhand von

Gesamtbeispielen (I),
Einzeläußerungen der Klienten (II) und
Reaktionen der Gesprächsführenden (III)

folgende Einzelaspekte der auxiliären Gesprächsführung, die Ihnen besonders wichtig erscheinen, durch selbständige Übung vertiefen:

Zum Beispiel:

A. Zeichen aufnahmebereiter Zuwendung suchen und selber geben.

B. Kleine Ermutigungen suchen und selber formulieren.

C. Bestimmte Frageformen identifizieren und selber formulieren.

D. Anklingende Gefühle identifizieren und benennen.

E. Drei Grundformen der Resonanz feststellen und selber formulieren.

F. Festellen, in welchem Bereich (R, A, E) das Gespräch geführt wird.

G. Die sieben Reflexionstechniken identifizieren und selbst anwenden.

H. Beraterzentrierte Formulierungen identifizieren und selbst formulieren.

I. Fallgruben identifizieren und vermeiden.

Aufgabenform 1 (Aufnahmebereite Zuwendung)

Welche Reaktionen GF 1.1 bis GF 11.8 sind kleine verbale Ermutigungen?

Aufgabenform 2 (Aufnahmebereite Zuwendung)

Formulieren Sie selbst, soweit möglich, zu den GF-Reaktionen 1.1 bis 11.8 kleine verbale und averbale Ermutigungen.

Aufgabenform 3 (Aufnahmebereite Zuwendung)

Welche Reaktionen GF 1.1 bis GF 11.8 haben Ihrer Meinung nach dazu beigetragen, daß sich der Klient weiter öffnet, der GF also mehr Einsicht gewinnt in

das Problem des Klienten,	(P)
die Situation des Klienten,	(S)
sein Erleben des Problems,	(E)
sich selbst?	(SS)

Aufgabenform 4 (Frageformen und Fragetechnik)

Welche Fragen GF 1.1 bis GF 11.8 sind geschlossene Fragen?

Aufgabenform 5 (Frageformen und Fragetechnik)

Formulieren Sie anstelle der unter Aufgabenform 1 gefundenen geschlossenen Fragen *offene* Fragen.

Aufgabenform 6 (Frageformen und Fragetechnik)

Formulieren Sie sondierende Fragen zu den Gesamtbeispielen 1 bis 11.

Aufgabenform 7 (Frageformen und Fragetechnik)

Gehen Sie davon aus, daß die Klienten ihren Bericht nach jeder Einzeläußerung unterbrechen. Formulieren Sie - soweit möglich - sondierende Fragen zu den Einzeläußerungen 1.1 bis 11.8.

Aufgabenform 8 (Gesprächsbereiche)

Legen Sie fest, in welchem Gesprächsbereich (R, A, E) jede einzelne Klientenäußerung schwerpunktmäßig liegt.

Aufgabenform 9 (Gesprächsbereiche)

Beurteilen Sie dann, auf welchen Gesprächsbereich (R, A, E) die einzelnen Reaktionen der Gesprächsführenden abzielen.

Aufgabenform 10 (Klientenzentrierte Reflexionsformen)

Ordnen Sie die Reaktionen GF 1.1 bis 11.8 den sieben Formen selektiver Reflexion zu (Mehrfachzuordnungen sind möglich).

Aufgabenform 11 (Klientenzentrierte Reflexionsformen)

Formulieren Sie selbst zu den Gesamtbeispielen 1 bis 11 Ihre Reaktionen als GF. Verwenden Sie dazu - soweit möglich - die sieben Formen der selektiven Reflexion.

Aufgabenform 12 (Klientenzentrierte Reflexionsformen)

Formulieren Sie - soweit möglich - Ihre Reaktionen entsprechend den sieben Formen selektiver Reflexion zu den Einzeläußerungen 1.1 - 11.8.

Aufgabenform 13 (Beraterzentrierte Reaktionen)

Formulieren Sie Reaktionen zu den Gesamtbeispielen 1 bis 11. Verwenden Sie dazu die Formen 1 - 16 der beraterzentrierten Gesprächsführung.

Aufgabenform 14 (Beraterzentrierte Reaktionen)

Formulieren Sie - soweit möglich - beraterzentrierte Reaktionen in den Formen 1 - 16 zu den Einzeläußerungen aus den Beispielen 1.1. bis 11.8.

Aufgabenform 15 (Fallgruben)

Kontrollieren Sie die Reaktionen GF 1.1 bis GF 11.8 auf die geschilderten Fallgruben 1 bis 6.

Aufgabenform 16 (Fallgruben)

Kontrollieren Sie Ihre neu formulierten Reaktionen entsprechend GF 1.1 bis GF 11.8 auf das Vermeiden der acht Fallgruben.

Aufgabenform 17 (Benennung von Gefühlen)

Benennen Sie die Gefühle, die in den Äußerungen 1.1. bis 11.8 zum Ausdruck kommen.

Aufgabenform 18 (Richtung von Einstellungen)

Worauf richten sich die Einstellungen, die in den Klientenäußerungen 1 bis 11 zum Ausdruck kommen (z.B. gesellschaftliche Ordnung, Geldverdienen usw.)?

Aufgabenform 19 (Grundformen der Resonanz)

Welche Reaktionen der GF 1.1 bis GF 11.8 drücken verständnisvolle Einfühlung (E), Achtung vor der menschlichen Würde (A) und echte Hilfsbereitschaft (H) aus? Fügen Sie eine Beurteilung nach den Stufen 1 bis 3 hinzu.

Aufgabenform 20 (Grundformen der Resonanz)

Formulieren Sie zu den Gesamtbeispielen 1 bis 11 je drei Reaktionen, die einfühlendes Verständnis, Achtung vor der menschlichen Würde und echte Hilfsbereitschaft mindestens auf der Stufe 2 ausdrücken.

Beispielfälle

Klient 1:
(28jähriger Pädagoge, erstes Gespräch)

1.1 "Ich stamme aus einer streng gläubigen katholischen Familie.

1.2 Besonders streng ist der Vater meiner Mutter - als Oberhaupt der Familie,

1.3 und er hat immer darauf geachtet, daß wir die Gesetze der Kirche befolgen.

1.4 Auch wenn wir keine rechte Meinung hatten, sind wir zur Kirche gegangen,

1.5 haben an Prozessionen und Wallfahrten teilgenommen,

1.6 und ich kann mich nicht an einen einzigen Freitag in meinem Leben erinnern, an dem es bei uns Fleisch gegeben hätte.

1.7 Mein Vater wurde in einer Klosterschule erzogen

1.8 und nimmt seinen Glauben sehr ernst.

1.9 Sein Bruder wurde Jesuitenpater.

1.10 Ich mag meiner Familie nicht sagen, daß ich eine evangelische Frau heiraten werde."

Reaktionen verschiedener GF auf den Klienten 1:

GF 1.1:
"Hm-hm, würden Sie sich selbst auch als streng gläubig bezeichnen?"

GF 1.2:
"Ich verstehe einerseits die religiöse Bindung Ihrer Familie, die Sie ja keineswegs auf die leichte Schulter nehmen, andererseits aber auch Ihre Bedenken. Wer wäre denn in Ihrer Familie ein geeigneter erster Gesprächspartner in dieser Sache?"

GF 1.3:
"Ja, überlegen Sie doch einmal selbst - mir scheint Ihre Einstellung etwas altmodisch. Das können Sie doch auch selber klären."

GF 1.4:
"Leben Sie doch mal Ihr eigenes Leben. Ich würde mich von dem Urteil meiner Familie nicht so abhängig machen."

GF 1.5:
"Seien Sie nicht zimperlich. Packen Sie das Problem mit beiden Händen an."

GF 1.6:
"Wenn ich Sie richtig verstanden habe, kommen Sie also in einen Gewissenskonflikt. Ihre Gefühle gegenüber den Eltern sind bei Ihrer Erziehung durchaus verständlich. Insgesamt kein alltägliches Problem, aber wir wollen gemeinsam versuchen herauszufinden, wie Sie es lösen können."

GF 1.7:
"Fühlen Sie sich Ihrer Familie verpflichtet?"

GF 1.8:
"Beide Seiten Ihrer Familie sind also streng katholisch. Und es hat Sie offenbar gelegentlich Selbstüberwindung gekostet, sich in diese Familie einzufügen. Aber das haben Sie geschafft."

Klient 2:
(43jähriger Millionär über seine Einstellung zu seiner 22jährigen Frau, erstes Gespräch)

2.1 "Manchmal frage ich mich, ob ich die richtige Einstellung zu meiner Frau habe.

2.2 Ich gebe ihr alles, was ich habe; jeder Wunsch wird ihr erfüllt.

2.3 Ich nehme ihr alle Lasten und Probleme ab,

2.4 ich sorge nicht nur für sie,

2.5 ich halte es für meine Pflicht, sie zu verwöhnen.

2.6 Sie braucht keine Entscheidung selbst zu treffen.

2.7 Aber ich habe das ungute Gefühl, daß sie nicht glücklich ist.

2.8 Ist an meiner Haltung vielleicht etwas falsch?"

Reaktionen verschiedener GF auf den Klienten 2:

GF 2.1:
"Dazu müßte ich noch mehr Informationen haben. Meinen Sie, daß Ihre Frau irgendwelche Aufgaben übernehmen sollte?"

GF 2.2:
"Haben Sie oft Streit mit Ihrer Frau gehabt, oder gibt es vielleicht einen Nebenbuhler?"

GF 2.3:
"Was halten Sie von der Philosophie 'Keine Lasten - keine Kräfte'?"

GF 2.4:
"Das, was Sie als ungutes Gefühl bezeichnet haben, kann ich gut nachvollziehen. Haben Sie konkrete Vorstellungen davon, wie Sie es dadurch überwinden können, daß Sie vielleicht etwas anders machen?"

GF 2.5:
"Ich kenne Sie und Ihre Frau seit 2 Jahren und dachte, Sie führen eine harmonische Ehe. Sie sind dagegen Ihrer Sache nicht so sicher. Sprechen Sie doch einmal mit Ihrer Frau darüber. Das muß sich schnell beheben lassen."

GF 2.6:
"Ich habe den Eindruck, daß es sich um ein ernstes soziales Problem - nämlich das der mitmenschlichen Rollen - handelt, über das man vielleicht am besten gemeinsam sprechen sollte. Ich bin gern bereit, Ihnen dabei zu helfen."

Klient 3:
(45jährige Rechtsanwältin über ihre gesellschaftlichen Beziehungen)

3.1 "Ich habe gegenüber meinen Mitmenschen das Gefühl der Leere. Sie langweilen mich, ja, manchmal ekeln sie mich auch an.

3.2 Entweder liegt es an den Menschen, mit denen ich umgehe,

3.3 vielleicht sehe ich aber auch alles zu negativ.

3.4 Seit meiner Scheidung kommen mir die Leute, mit denen wir früher viel zusammen waren, oberflächlich vor;

3.5 ich glaube, sie sind es auch.

3.6 Mode, Essen, gesellschaftlicher Rummel - das halten sie für wichtig,

3.7 mit ihrem kleinlichen Neid machen sie sich gegenseitig und auch mir das Leben schwer.

3.8 Ewige Eifersüchteleien führen zum Haß.

3.9 Ihren Tratsch halten sie für wichtiger als vernünftige Arbeit.

3.10 Früher gehörte ich wohl auch dazu,

3.11 die Rolle der Gastgeberin war mir auf den Leib geschrieben,

3.12 jetzt muß ich mich jedesmal dazu überwinden, wenn ich mit diesen Menschen zusammen sein soll.

3.13 Ihre Lebensinhalte reichen mir nicht mehr, wenn ich innerlich zur Ruhe kommen soll."

Reaktionen verschiedener GF auf die Klientin 3:

GF 3.1:
"Es hat sich viel für Sie geändert, und auch S i e haben sich geändert oder nicht? Kein Mensch kann dauernd allein sein - solange Sie allein sein wollen, kann Ihnen auch keiner helfen."

GF 3.2:
"Früher wußten Sie genau, wer Sie sind und was Sie wollen, aber jetzt haben Sie offenbar Ihren Inhalt verloren. Sie müssen unter Menschen, und zwar schnell."

GF 3.3:
"Ich kann Ihnen nachfühlen, daß Sie sich von den Menschen enttäuscht fühlen, die an Ihrem Schicksal nicht ganz unschuldig waren. Sie haben unter ihnen gelitten, sind aber doch letztlich damit fertig geworden. Es ist nur verständlich, daß Sie jetzt zunächst zu sich selbst finden wollen und zu neuen Menschen Vertrauen suchen. Ich werde Sie dabei so gut ich kann unterstützen."

GF 3.4:
"Das scheint ein soziales Problem zu sein. Sie haben Schwierigkeiten mit Ihren Mitmenschen. Warum suchen Sie sich nicht einen ganz neuen Bekannten- oder Freundeskreis?"

GF 3.5:
"Welche Hoffnungen machen Sie sich im einzelnen, wenn Sie sagen 'mehr Inhalt'?"

GF 3.6:
"Das würde ich aber nicht als gesellschaftlichen Rummel abwerten."

GF 3.7:
"Ich glaube, Sie sind durch Ihre verletzten Gefühle etwas überempfindlich geworden und geben zu schnell auf, was ja nur allzu verständlich wäre."

GF 3.8:
"Besteht nicht ein gewisser Widerspruch zwischen mehr Inhalt einerseits und Ihrer Sehnsucht nach Ruhe?"

***Klient** 4:*
(42jährige Verwaltungsangestellte in 'geordneten bürgerlichen Verhältnissen')

4.1 "Ich habe meinen Beruf,

4.2 täglich 8 Stunden,

4.3 meinen Mann, meinen Haushalt,

4.4 und ich fühlte mich bisher wohl dabei. Es mußte alles so sein.

4.5 In letzter Zeit beginnen mich Zweifel zu quälen,

4.6 und ich frage mich, ob ich die richtige Einstellung habe und das wirklich alles ist, was ich vom Leben erwarten kann.

4.7 Meine Freunde sagen: Es gibt m e h r als Geldverdienen.

4.8 Ich weiß nicht so recht .... Aber die Frage läßt mich nicht zur Ruhe kommen."

Reaktionen verschiedener GF auf die Klientin 4:

GF 4.1:
"Ihre Freunde sagen, es gäbe mehr. Aber Sie selbst waren bisher ganz zufrieden. Was haben Sie für Freunde? Lassen Sie sich doch nicht so aus der Bahn werfen."

GF 4.2:
"Sie machen sich Sorgen über sich selbst, über Ihre Arbeit und den Sinn Ihres Lebens. Was könnte der Anlaß zu diesen Überlegungen sein? Ich möchte Ihnen in dieser Frage helfen, selbst den Grund für Ihre Sorgen zu finden."

GF 4.3:
"Sind Sie wirklich so beeinflußbar oder werden Ihnen die Aufgaben, die Sie übernommen haben, zuviel?"

GF 4.4:
"Welche erstrebenswerten Lebensinhalte meinen Ihre Freunde konkret, wenn sie Ihnen zu mehr raten als zum Geldverdienen?"

GF 4.5:
"Ihre Aufgaben sind sicher nicht leicht, aber Sie waren zufrieden. Jetzt quält Sie der Zweifel, und ich will Ihnen dabei helfen, wieder ins Gleichgewicht zu kommen. Wie stehen Sie zu der Frage, auch Ihren Mann zu diesem Gespräch einzuladen?"

Klient 5:
(30jähriger Arzt mit 'Verwaltungsproblemen' in einer Universitätsklinik)

5.1 "Ich kann diese Verwaltung nicht mehr ertragen.

5.2 Was bilden die sich eigentlich ein?

5.3 Es ist unmöglich, mit denen vernünftig zusammenzuarbeiten.

5.4 Ein Haufen von Nichtstuern und Inkompetenten!

5.5 Man bekommt dort nichts als Absagen und Knüppel zwischen die Beine.

5.6 Jedesmal, wenn ich mit so einem Amtsschimmel spreche,

5.7 fahre ich aus der Haut,

5.8 auch wenn ich es gar nicht will und hinterher bereue.

5.9 Aber leider ist man von denen abhängig."

Reaktionen verschiedener GF auf den Klienten 5:

GF 5.1:
"Ich verstehe - Sie ärgern sich über die Verwaltung, weil Sie der Schwächere sind. Aber wie ich schon sagte, es macht das Leben leichter, wenn Sie versuchen, mit denen auszukommen."

GF 5.2:
"Ja, das ist schon richtig, aber all der Ärger liegt doch nicht nur an denen; haben Sie nicht auch selbst dazu beigetragen?"

GF 5.3:
"Sie haben offenbar schlechte Erfahrungen mit Ihrer Verwaltung gemacht, aber das ist kein Grund zum Verzweifeln. Sie haben sich doch über viele Jahre zu Kompromissen bereit gefunden.
Warum glauben Sie, daß die alle nichts taugen?"

GF 5.4:
“Was steht denn im Vordergrund, der Ärger oder das Gefühl der Abhängigkeit? Haben Sie schon einmal versucht, Ihren Ärger und seine Gründe zu Papier zu bringen?”

GF 5.5:
“Aber Sie sind doch selbst Beamter!”

GF 5.6:
“Ich könnte Ihnen vielleicht besser helfen, wenn Sie mir konkrete Beispiele für die Behinderung nennen.”

***Klient** 6:*
(25jähriger Student nach einem zweiten gescheiterten Versuch, das Examen zu bestehen; erstes Gespräch)

6.1 “Da habe ich mich nun 5 Jahre lang vergeblich bemüht

6.2 und bin zum zweiten Mal durchgefallen!

6.3 Zu Hause wird man enttäuscht sein.

6.4 Mein Vater war der Meinung, seine Söhne müßten einen akademischen Beruf ergreifen.

6.5 Eigentlich hatte ich Lust, gleich nach dem Abitur etwas Praktisches zu machen,

6.6 aber er will immer hoch hinaus.

6.7 Mein größerer Bruder als Diplom-Ingenieur und ich als Kaufmann,

6.8 so ein Gespann war nach seiner Meinung ideal.

6.9 Aber ich fühle mich zu nichts nutze, außer zum Geigespielen . . . . .

Reaktionen verschiedener GF auf den Klienten 6:

GF 6.1:
"Aber das ist ja nicht wenig. Wie hatten Sie sich denn Ihre praktische Ausbildung im einzelnen vorgestellt?"

GF 6.2:
"Sie haben tatsächlich das Ziel, das andere Ihnen gesteckt haben, nicht erreicht. Bedauern Sie das wirklich?"

GF 6.3:
"Soweit ich informiert bin, haben Sie nach Überwindung früherer Abneigung ein sehr positives Verhältnis zu Ihrem Bruder entwickelt. Welche Einstellung haben Sie jetzt zu ihm?"

GF 6.4:
"Das sollten Sie nicht so negativ sehen: Ein Hobby, das einen Menschen ausfüllen kann. Wie sind Sie zum Geigespielen gekommen?"

GF 6.5:
"War es nicht letztlich auch Ihr Wunsch, zu studieren? Sie hätten mehr tun müssen!"

GF 6.6:
"Sie halten sich offenbar immer noch für den schwachen, kleinen Bruder. Wenn Sie diese Einstellung nicht aufgeben, werden Sie immer scheitern!"

***Klient** 7:*
(36jährige Studienrätin berichtet über das Verhältnis zu Ihrer Tochter)

7.1 "Ich komme mit meiner eigenen Tochter nicht mehr zurecht.

7.2 In der Schule hat alles geklappt;

7.3 es ist ihr vielleicht sogar z u leicht gefallen.

7.4 Aber zu Hause ist es eine Qual, mit ihr auch nur zusammen zu sein.

7.5 Sie zieht sich an wie eine . . . ,

7.6 na ja, Sie wissen schon: Pullover - und dann diese engen Jeans!

7.7 Sie hat ja eine flotte Figur,

7.8 aber mit 15 braucht sie doch nicht alles so herzuzeigen.

7.9 Mein Mann guckt schon ganz komisch, wenn sie sich so . . . . .

7.10 Im Sommer lief sie nur im Bikini herum."

Reaktionen verschiedener GF auf die Klientin 7:

GF 7.1:
"Haben Sie in den letzten 6 Monaten häufiger geschimpft als sonst?"

GF 7.2:
"Haben Sie Ihrer Tochter einmal in allen Einzelheiten gesagt, was Sie von ihr erwarten?"

GF 7.3:
"Sie ärgern sich zwar,
aber der eigentliche Hintergrund dieses Gefühls ist doch wohl,
wie Sie verhindern können, daß sie auf eine Bahn kommt, die Sie nicht wollen. Daraus ergibt sich die Frage, wie Sie Ihrer Tochter Ihre Normen verständlich machen können."

GF 7.4:
"Wie stünde Ihr Mann zu solchen Fragen, wenn Sie mit ihm über dieses Problem sprächen? Ich glaube, er sähe das ganz anders."

GF 7.5:
"Kommt es zu stürmischen Auseinandersetzungen?"

GF 7.6:
"Wäre es denkbar, daß Sie auf Ihre Tochter eifersüchtig sind?"

GF 7.7:
"Sie haben die 'eigene' Tochter so betont. Gibt es dafür einen besonderen Grund?"

Klient 8:
(35jährige Patientin berichtet über ihre Ehe)

8.1 "Es fällt mir schwer, mit meinem Mann darüber zu sprechen,

8.2 aber meine Ehe funktioniert nicht mehr.

8.3 Früher hat mir Sex Spaß gemacht,

8.4 und ich wurde von meinem Mann voll befriedigt.

8.5 In letzter Zeit erlebe ich keine Höhepunkte mehr.

8.6 Sex ist zur Routine geworden, manchmal sogar langweilig.

8.7 Ich fange an, nach anderen Männern zu schauen,

8.8 träume manchmal auch von mehr Glück, aber dann habe ich ein schlechtes Gewissen.

8.9 Immer seltener habe ich das Bedürfnis, mit meinem Mann zu schlafen.

8.10 Geht meine Ehe kaputt?"

Reaktionen verschiedener GF auf die Klientin 8:

GF 8.1:
"Suchen Sie tatsächlich Abwechslung, fühlen Sie sich abhängig oder eingeengt?"

GF 8.2:
"Die Frage kann ich im Augenblick noch nicht beantworten.
Wie verhält sich Ihr Mann? Merkt er, daß es nicht mehr so wie früher ist?"

GF 8.3:
"Sie sind sich über Ihre Gefühle, besonders gegenüber Ihrem Mann, nicht ganz im klaren. Aber Sie merken deutlich, daß irgend etwas nicht stimmt. Das macht Sie unsicher. Wir müssen versuchen zu klären, warum sich die Beziehung zu Ihrem Mann verändert hat."

GF 8.4:
"Der Mangel an Befriedigung führt zu einer Reihe von Fragen - über sich selbst, über Ihre Ehe und über Ihren Mann. Über welche möchten Sie zuerst sprechen?"

GF 8.5:
"Ist es nicht ungewöhnlich, daß Sie die Situtation so klar sehen und doch mit Ihrem Mann nicht drüber sprechen mögen?"

GF 8.6:
"Sie sehen die Ursache, die den Fortbestand Ihrer Ehe gefährden könnte, sehr deutlich. Warum gelingt es Ihnen nicht, über das Thema mit Ihrem Mann zu sprechen?"

***Klient** 9:*
Eine 38jährige verheiratete, kinderlose Patientin sucht ihren Arzt seit zehn Jahren regelmäßig und in ein- bis zweijährigem Abstand mit Erkältungen, Konjunktivitiden und anderen sogenannten Bagatellkrankheiten auf. Im letzten Quartal ist sie dreimal gekommen und klagte zunächst über Schwäche, dann über Schlaflosigkeit und dauernde Müdigkeit, schließlich über Appetitmangel und Verstopfung.
Sie schließt ihren letzten Bericht:

9.1 "Ich habe zu nichts mehr Lust;

9.2 mein ganzes Leben erscheint mir so sinnlos."

Reaktionen verschiedener GF auf die Klientin 9:

GF 9.1:
"Was sagten Sie, wozu haben Sie Lust?"

GF 9.2:
"Ich habe schon seit einiger Zeit den Eindruck, daß Sie irgend etwas bedrückt und daß Ihnen ein ausführliches Gespräch helfen könnte.
Gut, daß Sie sich aufgerafft haben, zu kommen. Was könnte Ihrer Meinung nach der Grund für Ihre Lustlosigkeit sein?"

GF 9.3:
"Wir haben alle unsere Sorgen, und Sie sind keine Ausnahme.
Ich sehe eigentlich keine rechte Möglichkeit, das zu ändern."

GF 9.4:
"Irgend etwas scheint Sie zu bedrücken. Ich habe zwar heute keine Zeit für Lust oder Unlust, aber vielleicht können wir im nächsten Quartal . . . "

GF 9.5:
"Aber Sie haben doch Ihren Beruf. Ich schlage vor, daß Sie sich in der Firma etwas intensiver engagieren."

GF 9.6:
"Sie kommen doch nicht etwa schon in die Wechseljahre?"

GF 9.7:
"Nehmen Sie irgendwelche Tabletten?"

GF 9.8:
"Ihre äußere Aufmachung steht in einem gewissen Widerspruch zu Ihren Unlustgefühlen."

Klient 10:
(17jährige Oberschülerin aus der Protestler-Szene)

10.1 "Sie enttäuschen mich.

10.2 Ich habe geglaubt, mit I h n e n könnte ich über alles sprechen,

10.3 Ihnen vertrauen, aber nein.

10.4 Erst waren Sie ganz freundlich,

10.5 jetzt sind Sie so zugeknöpft wie ein Wintermantel.
Sie verstehen mich nicht.

10.6 Es läßt Sie letztlich doch ganz kalt, was ich sage!

10.7 Wie können Sie mir helfen,

10.8 wenn Sie noch nicht einmal zuhören?!

10.9 Dauernd gucken Sie zur Uhr,

10.10 und um fünf werfen Sie mich 'raus!

10.11 Wo soll ich denn hin mit meinen Sorgen?

10.12 Keiner will mich haben . . . "

Reaktionen verschiedener GF auf die Klientin 10:

GF 10.1:
"Sie gehen also davon aus, daß mich ganz kalt ließe, was Sie sagen."

GF 10.2:
"Ich höre Ihnen sehr wohl zu, ob Sie es nun wahrhaben wollen oder nicht, und ich glaube auch, daß wir von der Stelle kommen."

GF 10.3:
"Sie sind offenbar gar nicht mit mir zufrieden und mit dem, was wir hier tun."

GF 10.4:
"Ich verstehe, Sie sind ärgerlich; aber meinen Sie wirklich, daß i c h die Schuld an Ihren Schwierigkeiten habe?"

GF 10.5:
"Was meinen Sie konkret damit, wenn Sie sagen, ich kümmere mich nicht um Sie?"

GF 10.6:
"Sie haben wohl ein schlechtes Gewissen, weil Sie sich nicht an unsere Verabredung gehalten haben."

GF 10.7:
"Steht Ihre jetzige Auffassung nicht in einem gewissen Widerspruch zu dem, was Sie früher über unsere Gespräche gesagt haben?"

GF 10.8:
"Ich verstehe sehr wohl, warum Sie so aggressiv sind, und Sie haben sicher auch Anlaß, unzufrieden zu sein. Aber erst, wenn Sie den Grund für Ihre Verstimmung gerecht beurteilen, werde ich Ihnen weiterhelfen können."

Klient 11:
(21jährige Psychologiestudentin nach einem tiefgreifenden Erlebnis)

11.1 "Wir sind dann ein paarmal zum Tanzen gegangen.

11.2 Ich bin auch der Meinung, daß wir viel Gemeinsames hatten.

11.3 Aber in einer Hinsicht war er mir immer etwas unheimlich.

11.4 Er wollte, daß ich mit ihm in bestimmte Filme ging,

11.5 und das mag ich nicht. Es ist mir peinlich.

11.6 Am Sonnabend waren wir dann wieder zusammen und haben ein bißchen was getrunken.

11.7 Dann habe ich mich doch überreden lassen,

11.8 und hinterher wollte er mich nach Hause fahren.

11.9 Im Auto habe ich mich dann mit aller Kraft gewehrt, habe gekratzt, geschlagen und gebissen,

11.10 aber - (Pause)

11.11 das war das Schrecklichste, was ich je erlebt habe . . (Pause).

11.12 (Pause)"

Reaktionen verschiedener GF auf die Klientin 11:

GF 11.1:
“Fällt es Ihnen *schwer,* darüber zu sprechen?”

GF 11.2:
“Fällt es Ihnen schwer, *mit mir* darüber zu sprechen?”

GF 11.3:
“Sie brauchen keine Hemmungen zu haben, Sie können ruhig mit mir darüber sprechen.”

GF 11.4:
“Warum sprechen Sie nicht weiter?”

GF 11.5:
“Sie sind also vergewaltigt worden und befürchten, daß Sie mit diesem Erlebnis nicht fertig werden können.”

GF 11.6:
“Wäre es denkbar, daß Sie Ihren früheren Freund durch irgendeine bestimmte Handlung zu seinem Verhalten gereizt haben?”

GF 11.7:
“Das war sicher ein Erlebnis, das Sie nur schwer verkraften können. Ich will Ihnen gern dabei helfen. Sind Sie denn trotzdem jetzt in der Lage, weiter zu schildern, was geschehen ist?”

GF 11.8:
“Na, vor mir brauchen Sie keine Hemmungen zu haben.
Schütten Sie mal Ihr Herz aus!”

Lösungsvorschläge zu den Aufgaben aus Teil I bis III

0/1

a 1: Der Bedarf wird mit dem vielfach fruchtlosen Bemühen begründet, anderen durch Ratschläge zu helfen (o.ä.).

a 2: Mit dem Eingehen auf das Erleben des Problems (o.ä.).

a 3: Aktives Zuhören, mit dem der Klient im Sinne der aufnahmebereiten Zuwendung aufgeschlossen werden soll (o.ä.).

a 4: Selektive Reflexion ist eine besondere (zielbezogen auswählende) Art, auf den Inhalt der Äußerungen des Klienten einzugehen und ihm Fragen zu stellen (o.ä.).

a 5: Sie versuchen, sein Bezugssystem zu erkennen, um es für die spätere Problemlösung zu nutzen (o.ä.).

a 6: Die vorwiegend klientenzentrierte Gesprächsführung wird der beraterzentrierten Gesprächsführung gegenübergestellt.

a 7: Die Aufgaben sind: Feststellung der konkreten Probleme, des Problemerlebens und die Unterstützung bei der Problembewältigung.

1/1: Vergleichen Sie bitte, wie weit Ihre Vorschläge mit den Hervorhebungen dieses Kapitels korrespondieren.

2/1: Der ideale Gesprächspartner (Phantasievolle Verallgemeinerungen aus Klientenäußerungen im Alter zwischen 20 und 40 Jahren):

Er lebt selbst ohne nennenswerte Probleme,
- ist offenbar mit sich im Gleichgewicht,
- schließt sich in einer natürlichen und konstruktiven Weise auf,
- macht den Eindruck, auch für ungewöhnliche Probleme Verständnis zu haben,
- hört interessiert zu,
- respektiert die Gefühle anderer,
- leitet das Gespräch auf die wirklichen Probleme und auf das hin, was seinen Klienten bedrückt,
- bringt ihn schon dadurch der Lösung seiner Probleme näher.
- Notfalls weiß er aber auch geschickt seinen Rat so zu erteilen, daß es seinem Klienten leicht fällt, ihn zu befolgen.
- Er vermittelt Vertrauen in seine Arbeit und seine Person,
- ist spontan und engagiert bei der Sache,
- ist gegenüber seinem Klienten offen und flexibel,
- macht aber durchaus den Eindruck, sich durchsetzen zu können.

Überdenken Sie, was Ihnen an dieser Schilderung des idealen Gesprächspartners nicht gefällt.

2/2

a): Die Klienten 7 und 8 lassen die Einbeziehung der Tochter bzw. des Ehemanns u.U. erwägenswert erscheinen.

b): z.B.: "Bei unserem Gespräch haben Sie angedeutet, daß Ihnen Ihre Tochter (Ihr Mann) wesentlich bei der Lösung Ihres Problems helfen könnte. Erscheint es Ihnen unter diesem Gesichtspunkt ratsam, daß wir einmal zu dritt darüber sprechen?"

2/3

b): z.B. 1.3 (Klippe 10); 1.4 und 1.5 (Klippe 4/5); 3.2 (Klippe 4); 3.6 (Klippe 6); 3.7 (Klippe 4); 10.6 (Klippe 5); 10.7 (Klippe 7).

c): Zum Beispiel:
- Bei welchen Anlässen fühlen Sie sich denn "klein wie eine Maus"?
- Sie haben mir Ihre Situation in der Firma geschildert. Wie stellen Sie sich die angestrebte Lebensstellung vor?
- Sie können sich in aller Ruhe aussprechen.
- Wäre es Ihnen angenehmer, wenn wir jetzt zunächst über Ihre Familie sprechen?

2/4: "Ich weiß, daß Mut dazu gehört, mit Ihrem Problem zu mir zu kommen ( ). Sie wissen, daß ich mit niemandem über das, was Sie mir sagen, sprechen werde ( ). Sicher kann ich Ihnen für Ihr Problem keine Patentlösung anbieten, aber Ihnen doch dabei helfen, selbst Mittel und Wege zu finden, um das Problem zu lösen. Dazu muß ich aber zunächst das Problem kennenlernen ( )."

2/5: Das Eingehen auf das Erleben des Klienten bildet die Grundlage des Vertrauens im auxiliären Gespräch.

2/6

a 1: Die Einrichtung sollte nach Gesichtspunkten neutraler Zweckmäßigkeit gewählt werden (o.ä.).

a 2: Bei der Beleuchtung sollten Sie darauf achten, daß Ihr Klient nicht geblendet wird.

a 3: Die intime Gesprächsdistanz entspricht etwa dem für Geben und Nehmen erforderlichen Armabstand (o.ä.).

a 4: Als emotionale Voraussetzungen müssen Sie Ängste vermeiden und Ihren Klienten sichern.

a 5: Erwähnen Sie Ihre Schweigepflicht, machen Sie sich Ihrem Klienten/Patienten so verständlich wie möglich, vermeiden Sie überhöhte Hoffnungen, zeigen Sie ihm Ihre Wertschätzung, machen Sie ein eindeutiges auxiliäres Angebot.

3/1

a) "Das Häuschen sauber halten" klingt viel positiver als z.B. eine denkbare Aufzählung von Auffegen, Staubsaugen, Müll wegschaffen usw. Es scheint sich also um eine positive gefühlsmäßige Beziehung der Klientin zu ihrem Haus zu handeln. Als Gesprächsführender könnten Sie Ihre warme Anteilnahme an der Situation der Klientin dadurch zum Ausdruck bringen, daß Sie auf dieses Thema, das offenbar mit positiven Gefühlsqualitäten erlebt wird, eingehen, z.B. "Wo haben Sie denn Ihr Haus?" oder "Ist es ein großes Haus, für das Sie zu sorgen haben?"

b) siehe 3/1 a

c) Freundliches Verhalten zeigen Sie Ihrem Klienten z.B. schon mit einem Lächeln oder dadurch, daß Sie
- sich ihm voll zuwenden,
- dann, wenn er es erwartet, die Initiative ergreifen,
- ihm auch sonst "Wünsche von den Augen ablesen",
- ihm etwas Positives sagen, z.B. zu seiner Person, zu der Art, wie er um das Gespräch gebeten hat,

oder ganz einfach mit dem Hinweis, daß Sie für die Dauer des Gesprächs ausschließlich für ihn da sein werden.

3/3: Zum Beispiel: "Ich habe heute nachmittag noch zwei weitere Termine vereinbart; aber jetzt und bei künftigen Besprechungen werde ich Ihnen eine Stunde lang uneingeschränkt zur Verfügung stehen."

3/4

a) Zum Beispiel: "Sicher ist es für Sie ungewöhnlich, über Ihre ehelichen Beziehungen zu sprechen; aber wenn ich Ihre Situation voll verstehen soll . . ."

b) Zum Beispiel: "Die Scheidung von Ihrer Frau war für Sie sicher ein harter Schlag. Die Vorgeschichte dieser Scheidung scheint mir aber von besonderer Bedeutung für Ihre jetzige Situation zu sein."

c) Zum Beispiel: "Ist Ihnen schon einmal der Gedanke gekommen, daß zwischen der Beziehung zu Ihrer Frau und dem derzeitigen Gefühl der Unsicherheit in geschäftlichen Fragen ein Zusammenhang bestehen könnte?"

3/5: Zunächst das Thema in Richtung auf etwas Angenehmes wechseln und - falls erforderlich - später wieder auf Schulfragen zurückkommen, z.B. " . . . aber Sie haben Erfolg als Leiterin Ihrer Jugendgruppe."

3/6: Zum Beispiel durch Erinnerung an den Anlaß oder den Zweck des Gesprächs, durch Hinweis auf die zur Verfügung stehende Zeit oder durch die direkte Frage nach dem Zusammenhang zwischen dem, was der KL erzählt, und seinem Problem.

3/8: Wenn Sie Ihren Klienten Ihre Wertschätzung fühlen lassen und wenn Sie seine Selbstachtung dadurch fördern, daß Sie auf seine positiven Seiten eingehen, wird er das als Ausdruck freundlicher Zuwendung auffassen.

3/9: Die Reaktion GF 8.4 bereitet die anschließende Selbstexploration vor.

3/10

a 1: Der Klient soll sich gern gesehen fühlen, Vertrauen fassen und seine aktive Rolle im auxiliären Gespräch erkennen und akzeptieren (o.ä.).

a 2: Zur Vorstellung gehört ein Hinweis auf Ihre Funktion.

a 3: Die Einleitungsformeln zielen unmittelbar auf das Problem ab, das den Klienten zu Ihnen führt (o.ä.).

a 4: Ein solcher Abbruch erfolgt meist aus emotionalen Gründen. Besonders wenn Ihr Klient sein emotionales Gleichgewicht verliert, müssen Sie Ihr Gleichgewicht behalten. Das fällt Ihnen leichter, wenn Sie auf die Situation vorbereitet sind (o.ä.).

4/3

a: z.B. Enttäuschung oder "Verdüsterung", mit gesenkten Mundwinkeln.

b: z.B. Überraschung mit Erweiterung des Lidspalts und hochgezogenen Augenbrauen.

4/5

a: z.B. ein angedeutetes Kopfschütteln oder ein eher fragendes Hm-hm.

b: z.B. "Ich kann mir gut vorstellen, wie Ihnen zumute ist."

c: z.B. "Besteht denn die Möglichkeit einer nochmaligen Wiederholung der Prüfung?"

4/8

a 1: Rapport ist die auf die Problemerfassung und -lösung gerichtete (zielbezogene und vertrauensvolle) Interaktion in einer freundlichen Atmosphäre oder die zweckgerichtete Wechselbeziehung bzw. Kooperation zwischen GF und KL (o.ä.).

a 2: Zum Beispiel: Volle, freundliche Zuwendung von Oberkörper und Gesicht, einladende Handbewegungen, die zum Gespräch auffordern, betonte Beendigung anderer Beschäftigungen, Herstellung und Aufrechterhalten des Blickkontakts usw.

a 3: Meiden des Blickkontakts könnte gedeutet werden als Scham, Ausweichen oder "Höhergestelltsein" (o.ä.).

a 4: Beim ungerichteten Blickkontakt wenden Sie Gesicht und Augen ungerichtet dem Gesicht und den Augen Ihres Klienten zu. Ihre Augen können dabei wandern. - Beim gerichteten Blickkontakt zentrieren Sie den Blick (Naheinstellung der Augen) auf die Augen oder auf ein Auge Ihres Klienten.

a 5: Indem Sie den Blick von der Umgebung der Augen auf beide Augen und schließlich auf ein Auge des Klienten konzentrieren (o.ä.).

a 6: Gerichteter Blickkontakt dauert im allgemeinen nicht länger als 5 sec.

a 7: z.B.: Die Übergabe der Initiative vom Sprechenden zum Hörenden erfolgt mit kurzer Aufnahme des Blickkontakts. Die Häufigkeit der Blickkontaktaufnahme ist Zeichen der Intensität der Interaktion und der Sicherheit des Sprechenden.

a 8: Ihr Klient verwendet Ausdrucksbewegungen, um Verbales zu illustrieren oder zu erläutern, zu betonen, zu kontrastieren und Emotionales oder Attitudinales mitzuteilen (o.ä.).

a 9: Sie regulieren das Hin und Her des Gesprächs - sie erläutern das Gesagte - sie bringen Emotionen zum Ausdruck (o.ä.).

a 10: Ausdrucksbewegungen und Körperhaltungen müssen Sie zu Gesprächsinhalten und Gesprächsablauf in Beziehung setzen (o.ä.).

a 11: Anbahnungsreaktionen - Bereitschafts- oder Zuwendungsreaktionen - Beratungsreaktionen - Antwortreaktionen - strukturierende Reaktionen.

a 12: Angemessen ist die Sprache, die Ihr Klient versteht, weil sie ihm und seinem Bezugssystem bzw. seinem kulturellen Hintergrund angemessen ist.

a 13: z.B. hm-hm, Kopfnicken, Gestik, Vorneigen, ja, so, aha, gut, das verstehe ich, oder ermutigendes Eingehen auf den Inhalt des Gesagten.

a 14: z.B. durch Wiederholung der letzten Worte, Fragen und Aufforderungen zur Erläuterung.

a 15: Die Öffnung und Unterstützung des Klienten in kritischen Gesprächsphasen (o.ä.).

a 16: Mit der Verstärkung vermitteln Sie dem Klienten Erfolgserlebnisse und motivieren ihn, sein Problem und sein Erleben mitzuteilen.

4/10: 1.1 = G, 1.2 = O, 1.7 = G;
7.1 = G, 7.2 = G, 7.4 = O, 7.5 = G, 7.6 = G, 7.7 = O.

4/11: Zum Beispiel:
Ihr Vater ist früh gestorben - Welche Bedeutung hat das für Sie gehabt?
Ihr Studienplatz war weit vom Elternhaus entfernt - Hat Ihnen das etwas ausgemacht?
Ihr Bruder macht eine glänzende Karriere - Hat Sie das besonders beeindruckt?
Sie wurden in diesem Jahr bei der Beförderung übergangen - Wie fanden Sie das?
Ihre Frau hat Sie wiederholt an ihr Geld erinnert - Wie haben Sie gefühlsmäßig darauf reagiert?
Sie sind nun schon 4 Wochen ans Bett gefesselt - Wie erleben Sie Ihre Krankheit?
Ihre Mutter hat sich das Leben genommen - Wie hat Sie das innerlich berührt?
Ihr Sohn hat sein Studium abgebrochen - Hat Sie das besonders schwer getroffen?

4/14: Anamnestische Fragen z.B. zielen in erster Linie auf Sachverhalte (rationale Informationen). Fragen im auxiliären Gespräch hingegen zielen auf sein Erleben ab und sind ein Mittel, um den Klienten zur Problemanalyse und zur Selbstfindung anzuleiten.

4/15

a) Definitionsgemäß handelt es sich um eine emotional bedingte Blockierung,

b) die z.B. nach dem Abbruch des Blickkontakts mit Distanzvergrößerung, u.U. auch mit Händeringen und Abwenden einhergeht.

c) Als GF könnten Sie z.B. sagen: " Lassen Sie sich ruhig Zeit. Wir wollen das Gespräch erst fortsetzen, wenn Sie sich etwas erholt haben.",

d) und später die Klientin fragen: "Können Sie jetzt weitersprechen?"

4/17

a 1: Fragen sollen zum Verständnis des Klienten und des Gesprächsführenden beitragen. Sie bringen als Zeichen aufnahmebereiter Zuwendung das Interesse des GF zum Ausdruck (o.ä.).

a 2: Unterbrechung? - Nutzen? - Geeignete Frageform? - (o.ä.)

a 3: Geschlossene Fragen bieten die Möglichkeit, Sachverhalte punktförmig zu erfragen, zum Thema zurückzuführen usw.

a 4: Fragen beziehen sich auf den sachlichen, attitudinalen und emotionalen Gehalt der Klientenäußerung.

a 5: Mit der Frage nach Gefühlsreaktionen zielen Sie auf das einmalige, für den Augenblick Gültige. Attitudinale Fragen sind mehr auf dauerhafte Reaktionsmuster Ihres Klienten gerichtet (o.ä.).

a 6: z.B. Wiederholung, Zwischenzusammenfassung, Zeichen aufnahmebereiter Zuwendung, thematisches Brückenbauen, Bezug auf die Pausenursache, unmittelbare Aufforderung, Rückblenden (o.ä.).

a 7: Er kann Sie mit Pausen zur dauernden Hilfestellung veranlassen.

5/2: 1 R; 2 R; 3 R; 4 E; 5 R; 6 E; 7 E; 8 R; 9 E; 10 R; 11 R; 12 E, 13 R; 14 R; 15 E; 16 R; 17 E; 18 E; 19 R; 20 E; 21 E; 22 E; 23 E.

5/3: 1 +; 2 –; 3 +; 4 –; 5 +; 6 +; 7 bis 13 –.

5/8

a) Es handelt sich um Freude. Das Gefühl der Freude entsteht beim Erreichen eines Zieles, abhängig von Schwierigkeit und Plötzlichkeit.

b) Scham fühlt man, wenn man den eigenen Wertmaßstäben nicht gerecht wird.

c) Angst ist das Gefühl der Bedrohung, ohne genau sagen zu können, was einen bedroht.

d) Furcht ist das Gefühl, einer bestimmten Bedrohung nicht oder nur schwer ausweichen zu können.

e) Ärger erlebt man, wenn man sein Ziel durch bekannte Widerstände nicht erreicht.

5/9: Alle genannten Äußerungen deuten auf Angst hin.

5/10
a) Freude über das erreichte Ziel.
b) Liebe als dauerhafte und "totale" starke Zuneigung.
c) Neid über das, was andere haben, was man ihnen nicht gönnt, aber selber haben möchte.
d) "Die Eifersucht ist eine Leidenschaft . . ." Man hat das Gefühl, daß ein geliebtes Wesen einem Dritten Zuneigung oder Aufmerksamkeit schenkt.
e) Die Furcht fühlt man hier vor einer bestimmten Bedrohung.
f) Der Stolz über das erreichte Ziel (bezogen auf eine Norm).

5/11: GF 1.6 - Abhängigkeit; GF 1.7 - Pflichtgefühl; GF 2.2 - Eifersucht; GF 2.4 - Sorge; GF 2.5 - Selbstwertgefühl; GF 3.3 - Enttäuschung; GF 3.5 - Hoffnung; GF 3.7 - Resignation; GF 3.8 - Sehnsucht; GF 10.3 - Unzufriedenheit; GF 10.4 - Ärger; GF 10.6 - Schuldgefühl.

5/13: Vergleichen Sie bitte Ihre Lösungen mit unseren Kurzdefinitionen der Gefühle ab S. 95.

5/15: 1 a; 2 c; 3 f; 4 e; 5 d; 6 c; 7 e.

5/17
a 1: Die unmittelbare Verbalisierung von Gefühlen und Rückschlüsse aus Formulierungen und Ausdrucksverhalten gestatten die Diagnose (o.ä.).
a 2: Kontrollierte Wahrnehmung heißt: Durch Selbstbeobachtung die eigenen Wertmaßstäbe und Vorurteile kennenlernen und sie dann als Verzerrung der Wahrnehmung des Klienten vermeiden (o.ä.).
a 3: Unzureichende Einsicht, ausgeprägtes Menschenbild und Zweckbezogenheit.
a 4: Weil sie Angst davor haben, sich zu offenbaren (o.ä.).
a 5: Man rationalisiert, wenn man unerfüllbar erscheinende Wünsche mit akzeptablen Motiven unterlegt. - Bei der Identifikation legt man sich Persönlichkeits- oder Sachmerkmale zu. - Unerwünschte eigene Gefühle werden anderen zugeschrieben, auf andere projiziert. - Von Reaktionsbildung spricht man bei betont gegenteiligen Reaktionen. - Bei der Kompensation werden Ersatzziele angestrebt, um unerreichbare Ziele zu kaschieren.

6/1
a) Zum Beispiel:
Stufe 1: War Ihr Verlobter früher schon einmal verlobt?
Stufe 2: Die Lösung der Verlobung ist sicher für Sie ein harter Schlag. Meinen Sie, daß sie unwiderruflich ist?
Stufe 3: Sie haben mir über Ihren Freund in der Firma berichtet und Ihre Gefühle für ihn als Freundschaft oder als starke Zuneigung geschildert. Wäre es denkbar, daß Ihr Verlobter diese Freundschaft übelgenommen hat?
c) 1.3, 2.2, 3.4
d) 4.2, 5.3, 7.3

6/2
a) 4.1, 6.6, 9.3
b) 1.2, 5.3, 10.8
c) Vergleichen Sie Ihre Reaktionen mit den von uns genannten Kriterien auf Seite 120.

6/3
a) 4.2, 4.5, 5.6, 8.3

6/4
a 1: Sie antworten mit einfühlendem Verständnis auf die Frage: "Was würde ich in der gleichen Situation denken, fühlen und tun?" (o.ä.).
a 2: Wertung orientiert sich an allgemeinen oder persönlichen Wertmaßstäben, Wertschätzung zeigen Sie im Sinne freundlich gesonnener Zuwendung (o.ä.).
a 3: Einfühlendes Verständnis ist die Voraussetzung dafür, daß Sie die Probleme und das Erleben des Problems nachvollziehen können und Ihrem Klienten bei der Selbstexploration und der Problemlösung helfen (o.ä.).
a 4: Achtung vor der menschlichen Würde.
a 5: Mit der Achtung vor der menschlichen Würde sichern Sie Ihren Klienten und schaffen Vertrauen (o.ä.).
a 6: Wenn sein Denken, Fühlen und Handeln mit der geäußerten Hilfsbereitschaft übereinstimmt, wird aus der Rolle echtes Helfen.
a 7: z.B. Sie fordern die Öffnung des Klienten heraus.

7/1: I = A, I.1 = A 1, I.2 = E 7, I.3 = A 4, I.4 = R 2, I.5 = R 3, I.6 = E 5, I.7 = A 6.

7/2: R, A, E / GF 1 = E, GF 2 = R, GF 3 = A, GF 4 = E, GF 5 = A.

7/3
a) Spiegelung des emotionalen Anteils, z.B.: "Leider müssen Sie also in der Kantine essen."
b) Spiegelung des attitudinalen Anteils, z.B.: "Ihre Frau hat also die Einstellung, Sie müßten mit ihr Konversation treiben."
c) Informativer/rationaler Anteil, z.B.: "Ihre Frau hat wirklich nicht viel zu tun?"

7/4: E, R, A / GF 1 = R, GF 2 = E, GF 3 = A, GF 4 = E.

7/5
a) z.B.: "Wie stark ist Ihr Bedürfnis, von Ihrem Freund sexuell befriedigt zu werden?"
b) z.B.: "Hat sich denn schon eine wirkliche Gelegenheit zum Geschlechtsverkehr ergeben?"
c) z.B.: "Was halten Sie von der Auffassung Ihrer Freundin?"

7/6

a) Eine Zwischenzusammenfassung, mit der Sie den emotionalen Anteil betonen, könnte z.B. lauten: “Sie ärgern sich also in erster Linie über die äußere Aufmachung Ihrer Tochter.”

b) Die Fortsetzung des Gesprächs in derselben Richtung könnten Sie mit der Frage anregen: “Es ist also in erster Linie die äußere Aufmachung Ihrer Tochter?”

c) Eine Zwischenzusammenfassung zur Kontrolle, ob Sie die Klientin richtig verstanden haben, wäre z.B. die Frage: “Habe ich Sie richtig verstanden, daß Ihre Tochter sich mit 15 zu aufreizend anzieht?”

7/7

a) “Sie wollen damit sagen, daß Sie in der Mädchenklasse sexuell erregt werden?”

b) “Und Sie schämen sich wegen dieser Erregung?”

7/8: Zum Beispiel: “Könnten Sie mit einigen Beispielen erläutern, wie sich die Unverträglichkeit Ihrer Schwester äußert?”

7/9

a) z.B.: “Würden Sie im Betrieb in Ihren Begriff ‘etwas ordentlich machen’ einschließen, daß sich Ihre Mitarbeiter auch wohlfühlen?”

b) z.B.: “Ich setze Ihre entsprechende Absicht voraus und sollte Ihnen sagen, daß auch Ihre Frau Ihre Grundhaltung anerkennt. Welche Möglichkeiten sehen Sie, den Widerspruch zwischen Ihrer Grundhaltung im Betrieb und gegenüber der Familie auszugleichen?”

7/10: Ihre Reaktion könnte enthalten: Fragen zur Klärung, wie die Klientin zu dieser Auffassung kommt, wie sie sich einen besseren Gesprächsführenden vorstellt, und den Hinweis auf das auxiliäre Angebot, in dem “schneller Rat” ausdrücklich ausgeschlossen sein sollte.

7/11

a 1: Aufnahmebereite Zuwendung ist in erster Linie darauf gerichtet, den Klienten zu öffnen. Mit der Technik der selektiven Reflexion geht der GF auf den Inhalt der Klientenäußerung ein (o.ä.).

a 2: Die wörtliche Wiederholung einzelner Wörter oder Sätze ist charakteristisch für die Spiegelung.

a 3: Zum Beispiel kann die Klärung durchaus im Abstrakt-Allgemeinen bleiben. - Aufforderung zur Konkretisierung zielt auf Einzelheiten und reale Beispiele.

a 4: Zwischenzusammenfassungen dienen dazu, selektiv zu rekapitulieren oder zu verdichten (o.ä.).

a 5: Der GF kann sich mit Hilfe der Reaktionen des KL selbst kontrollieren, ob seine Sicht zutrifft.

a 6: Durch neue Wortwahl können Sie die Sicht des Klienten für sein Problem schärfen, die Selbstexploration fördern und sich selbst kontrollieren (o.ä.).

a 7: Zum Beispiel könnte der Patient/Klient diese allgemein gehaltene Feststellung mit eigenen Erlebnissen konkretisieren.

a 8: Unter der Voraussetzung, daß die Konfrontation zur Selbstfindung und damit zur Problemlösung beiträgt.

a 9: Bei der Interpretation verwenden Sie das Bezugssystem Ihres Klienten, bei der Empfehlung ziehen Sie im allgemeinen klientenfremde Bezugssysteme heran.

8/1

a 1: Sie machen damit bewußt oder unbewußt einen Anspruch auf Autorität und Überlegenheit geltend und können u.U. damit sein Gefühl der Abhängigkeit und seine Unselbständigkeit verstärken (o.ä.).

a 2: z.B.: 1. Notwendigkeit? 2. Eignung des Klienten? 3. Zielsetzung? 4. realisierbare eigene Problemlösungsvorschläge? 5. Beratungs- und Lenkungstechniken?

a 3: Der Klient soll bei beraterzentrierten Gesprächen die Möglichkeit behalten, sich Ihrer Beratungs- und Führungsabsicht ohne Nachteil entziehen zu können (o.ä.).

a 4: Kleine Ermutigungen regen den Klienten an, sich zu öffnen. - Gezielte Motivierung veranlaßt ihn bereits, in einer bestimmten, von Ihnen gewählten Richtung weiterzudenken (o.ä.).

a 5: Mit der Frage der Klärung fordern Sie den Klienten auf, aus seiner Sicht zu erläutern. - Mit Ihrer Sicht der Sache bieten Sie Erläuterungen an.

a 6: Ihre eigene Denkungsweise.

Lösungsvorschläge zu den Beispielfällen

Bei den folgenden Lösungsvorschlägen zu den Beispielfällen und Reaktionen der Gesprächsführenden verwenden wir folgende Abkürzungen:
Schwp R A E bezieht sich auf den rationalen, attitudinalen oder emotionalen Schwerpunkt der gesamten Klientenäußerung.
GF 1.1 - 11.8 sind die Reaktionen der einzelnen Gesprächsführenden.
Die darauf jeweils folgenden Buchstaben R A E beziehen sich auf den Bereich, in dem die Reaktion des GF liegt. Die folgende Zahl bezieht sich auf die jeweilige Form der selektiven Reflexion: 1. Spiegelung, 2. Klärung, 3. Zwischenzusammenfassung, 4. Neuformulierung, 5. Konkretisierung, 6. Konfrontation, 7. Interpretation.
Dann folgen, soweit sie vorkommen, beraterzentrierte Reaktionen und Fallgruben, dann die Grundformen der Resonanz mit den Abkürzungen E1-3 für die 3 Stufen der Einfühlung, A1-3 für die Achtung und H1-3 für die Hilfsbereitschaft.
Soweit sie besonders deutlich zum Ausdruck kommen, werden die in den GF-Reaktionen anklingenden Gefühle genannt. Berücksichtigen Sie, daß auch bei den Beispielfällen eindeutige Zuordnungen nicht immer möglich sind.

Beispielfall 1 Schwp A

GF 1.1: A,2, GF 1.2: A,2, E 2, A 2, GF 1.3: A,3, Mißbilligung, Empfehlung, Bagatellisierung, E1, A1, H1, GF 1.4: A, Ihre Sicht, schneller Rat, E1, A1, GF 1.5: R,2, Empfehlung, schneller Rat, Eigenmachtgefühl, GF 1.6: R,7, E2, H2, Abhängigkeit, GF 1.7: E,4, Pflichtgefühl, GF 1.8: R(A), 3, E2, A2.

Beispielfall 2 Schwp A

GF 2.1: R,2, gezielte Motivierung, GF 2.2: R,2, E1 Eifersucht, GF 2.3: A,7, Intellektualisierung, GF 2.4: E,1/5, E2, Sorge, GF 2.5: E,1, Ihre Sicht, schneller Rat, Bagatellisierung, Selbstwertgefühl, GF 2.6: R,3, Empfehlung, Projektion, H2.

Beispielfall 3 Schwp A

GF 3.1: R/A 7, ungläubiger Zweifel, Bagatellisierung, E1, GF 3.2: R,3, Drängeln, Intellektualisierung, A1, GF 3.3: E,7, E2, A2, H2, Enttäuschung, GF 3.4: R,7, Empfehlung, Intellektualisierung, E1, GF 3.5: E,5, Beratung, Hoffnung, GF 3.6: R,1, Ablehnung, GF 3.7: E,4, Billigung, voreilige Diagnose, Resignation, GF 3.8: E,6, Sehnsucht.

Beispielfall 4 Schwp E

GF 4.1: R,1/2, offensive Selbstkonfrontation, schneller Rat, E1, A1, H1,

Zufriedenheit, GF 4.2: E,2/3, gezielte Motivierung, E2, A2, H2, Sorgen, GF 4.3: R,2, ungläubiger Zweifel, Moralisieren, GF 4.4: A, 1/5, GF 4.5: R,3, E2, A2, H2, Zufriedenheit, Unsicherheit.

Beispielfall 5 Schwp E

GF 5.1: E,7, Projektion, Ärger, GF 5.2: E,2, Selbstkonfrontation, GF 5.3: A,3, E2, A2, GF 5.4: E,2, Empfehlungen, GF 5.5: R,6, GF 5.6: R,5, H2.

Beispielfall 6 Schwp A

GF 6.1: R,6, Bedauern, GF 6.2: E,4, E2, GF 6.3: A,2/3, A2, GF 6.4: R,4, A2, GF 6.5: R,6, schneller Rat, GF 6.6: A,3, Drohung, Selbstkonfrontation, E1, A1.

Beispielfall 7 Schwp E

GF 7.1: E,2, GF 7.2: R,6, GF 7.3: E/R,3/7, Intellektualisierung, E2, A2, Ärger, GF 7.4: A,2, Widerlegen, GF 7.5: E,2, GF 7.6: E,7, E2, Eifersucht, GF 7.7: R,2.

Beispielfall 8 Schwp E

GF 8.1: E,2/7, E1, Abhängigkeit, GF 8.2: R,2, GF 8.3: E,7, E2, H2, Unsicherheit, GF 8.4: E,3, GF 8.5: R,6, GF 8.6: R,7, ungläubiger Zweifel.

Beispielfall 9 Schwp E

GF 9.1: E,1, E1, Lust, GF 9.2: E,2/4, A2, E2, H2, Unlust, GF 9.3: E, Bagatellisierung, E1, A1, H1, Sorgen, GF 9.4: E,7, Ablehnung und Zurückweisung, H1, GF 9.5: R,6, schneller Rat, GF 9.6: R,7, Spott, GF 9.7: R,2, GF 9.8: R,2, offensive Selbstkonfrontation, Unlust.

Beispielfall 10 Schwp E

GF 10.1: A,1, GF 10.2: R, Streitgespräch, GF 10.3: E,4, Unzufriedenheit, GF 10.4: E,7, offensive Selbstkonfrontation, Ärger, GF 10.5: R,5, GF 10.6: E,7, Streitgespräche, Schuldgefühl, GF 10.7: R,6, GF 10.8: E,4, E2, A2, H2.

Beispielfall 11 Schwp E

GF 11.1: R,2, GF 11.2: A,2, GF 11.3: E,7, Drängeln, GF 11.4: R,2, E1, GF 11.5: E,4, Projektion, GF 11.6: R,5, GF 11.7: R,4, gezielte Motivierung, GF 11.8: E,7, Distanzverlust.

Literaturverzeichnis

Adler, K.: Simulated Patients for Communication Research, J. Med. Educ. 52 (1977) 151-153

Adler, L.M., Ware, J.E., and Enelow, A.J.: Changes in Medical Interviewing Style after Instruction with Two Closed-Circuit Television Techniques. J. Med. Educ. 45 (1970) 21-28

Ahrens, S.: Ergebnisse einer empirischen Untersuchung. Gespräch zwischen Arzt und Langzeitpatient in der Allgemeinpraxis. Der prakt. Arzt 7 (1978) 802-810

Alexander, D.A. et al.: Medical Students Talking to Patients. J. Med. Educ. 11 (1977) 390-393

Anderson, J. et al.: The Definition and Evaluation of the Skills Required to Obtain a Patient's History of Illness: The Use of Videotape Recordings. Postgraduate Med. J. 46 (1970) 606 - 612

Argelander, H.: Das Erstinterview in der Psychotherapie. Darmstadt 1970

Aubertine, H.: The Use of Microteaching in Training Supervising Teachers. High School Journal 51 (1967) 99-106

Barbara, D.: The Art of Listening. Charles C. Thomas, Springfield, Ill. 1958

Bailey, K., and Sowder, W.Jr.: Audiotape and Videotape Selfconfrontation in Psychotherapy. Psychological Bullet. 74 (1970) 127-137

Bain, D.J.G.: Doctor-Patient Communication in General Practice Consultations. J. Med. Educ. 10 (1976) 125-131

Balint, M., und Balint, E.: Psychotherapeutische Techniken in der Medizin. Bern/Stuttgart 1962

Balint, M.: Der Arzt, sein Patient und die Krankheit. 4. Aufl. Klett, Stuttgart 1976

Bandura, A.: Psychotherapy as a Learning Process. Psychological Bullet. 58 (1961) 143-159

Bang, Ruth: Das gezielte Gespräch, 1. Teil: Theorie der Gesprächsführung. München 1968

Bang, Ruth: Das gezielte Gespräch, 2. Teil: Gesprächsführung. München 1969

Bellak, L., und Small, L.: Kurzpsychotherapie und Notfallpsychologie. Frankfurt 1972

Benjamin, A.: The Helping Interview. 2. Ed. Houghton Mifflin Co., Boston 1974

Bennett, A.E.: Communication between Doctors and Patients. Oxford University Press 1977

Berg, K.S.: Conceptual Level and Degree of Structured Supervision, Implications for Microtraining. Dissertation 1978, U. Western Ontario, London, Can.

Berger, M.: Videotape Techniques in Psychiatric Training and Treatment. Brunner/Mazel New York 1970

Beutler, L.E.: The A-B Therapy-Type Distinction, Accurate Empathy, Nonpossessive Warmth, and Therapist Genuineness in Psychotherapy. J. Abnormal Psychology Vol. 82 No. 2 (1973) 273-277

Biefang, S.: Die Befragung des Patienten. Interview und Anamnese. Hüthig, Heidelberg 1977

Boud, D., and Pearson, M.: The Trigger Film: A Stimulus for Affective Learning. PLET 16,1 (1979), 52-56

Boyle, C.B.: The Difference between Patients' and Doctors' Interpretations of some Common Medical Terms. Brit. Med. J. (1970) 286-289

Bruner, J.S., and Tagiuri, R.: The Perception of People. Spec. Fields and Applications, Vol 2 Cambridge, Mass. (1954), 634-654

Bühler, K.: Ausdruckstheorie. Das System an der Geschichte aufgezeigt. Jena 1933

Bullmer, K.: Empathie. Ernst Reinhard Verlag, München/Basel 1978

Burgess, M.M., et al.: The Structured Interview: A Selection Device. Psych. Reports 31 (1972) 867-877

Buser, Remo: Ausdruckspsychologie. Problemgeschichte, Methodik und Systematik der Ausdruckswissenschaft. UTB 225, München/Basel 1973

Carkhuff, R.R., et al.: The Differential Effects of Sequence of Training in Counselor-Responsive and Counselor-Initiated Conditions. Cons. Ed. Sup. 9 (1970) 106-109

Carroll, J.G., and Monroe, J.: Teaching Medical Critique of Educational Research and Practice. J. Med. Educ. 54 (1979) 498-500

Cartwright, A.: Patients and Their Doctors. A Study of General Practice. Routledge & Kegan Paul, London 1967

Cassata, D.M., et al.: Medical Interview Skills Checklist. J. Mec. Educ. 51 (1976) 939-942

Christensen, M., and Fuller, R.J.: Teaching Interview Technique with Videotape. Educ. Ind. Telev. 5 (1973), 20-26

Cline, D.W., and Garrard, J.N.: A Medical Interviewing Course: Objectives, Techniques and Assessment. Am. J. Psychiatry 130 (1973) 574-578

Cobb, St.: Technique of Interviewing a Patient with Psychosomatic Disorder. Med. Clinics of North America 28 (1944) 1210 - 1216

Dahmer, J.: Gruppenarbeit - wie ist sie realisierbar? Med. Welt 27 (1976) 1449-1454 und 1481-1488

Dahmer, J.: Diagnostisch-therapeutisches Denken. Schattauer, Stuttgart/New York 1980

Dahmer, J.: Problemlösungsmodell "Kreuzschmerz". Med. Welt 32, 12 (1981) 407-408

Dahmer, J.: Anamnese und Befund. 4. Aufl., Thieme, Stuttgart 1981

De Jong, D.J., und Wiesenhütter, E.: Das ärztliche Gespräch als psychotherapeutische Methode. Stuttgart 1966

Dittmann, A., et al.: Facial and Bodily Expression - A Study of Receptivity of Emotional Cues. Psychiatry 28, 3 (1965) 239-244

Dittmann, A.: The Relationship between Body Movements and Moods in Interviews. J. Consulting Psychology 26, 5 (1962) 480

Ekman, P.: Communication through Nonverbal Behavior: A Source of Information about an Interpersonal Relationship. In: S.S. Tomkins & C.E. Izard (Eds.): Affect, Cognition and Personality (1965) 390-442, New York

Ekman, P.: Body Position, Facial Expression and Verbal Behavior during Interviews. J. of Abnormal and Social Psychology 68 (1964) 295-301

Ekman, P. et al.: Gesichtssprache. Wege zur Objektivierung menschlicher Emotionen. H. Böhlaus Nachf., Wien/Köln/Graz 1974

Ekman, P., and Friesen, W.: Nonverbal Behavior in Psychotherapy Research. Research in Psychotherapy 3 (1968) 179-215

Engel, I.M., et al.: The Use of Programmed Patients and Videotape in Teaching Medical Students to Take a Sexual History. J. Med. Educ. 51 (1976) 425-427

Engelhardt, K.: Der Patient und seine Krankheit. Thieme, Stuttgart 1971

Engelhardt, K.: Patienten-zentrierte Medizin. F. Enke, Stuttgart 1978

Exline, R.V.: Explorations in Process of Person Perception: Visual Interaction in Relationship to Competition, Sex, and Need for Affiliation. J. of Personality 31 (1963) 1-20

Fährmann, Rud.: Die Deutung des Sprechausdrucks. Studien zur Einführung in die Praxis der charakterologischen Stimm- und Sprachanalyse. S. 361, Bonn 1960

Fine, V.K., and Therrien, M.E.: Empathy in the Doctor-Patient Relationship: Skill Training for Medical Students. J. Med. Educ. 52 (1977) 752-757

Freud, Anna: Das Ich und die Abwehrmechanismen. München 1964

Froehlich, R.E.: A Course in Medical Interviewing. J. Med. Educ. 44 (1969) 1165-1169

Garrett, Annette: Interviewing: Its Principles and Methods. Family Service Association, New York 1970

Görres, A.: Methode und Erfahrung der Psychoanalyse, 2. Aufl. Kösel-Verlag, München 1961

Gordon, R.L.: Interviewing - Strategy, techniques and tactics. The Dorsey Press, Homewood/Ill. 60430, 1980

Grayson, M., et al.: A Systematic and Comprehensive Approach to Teaching and Evaluating Interpersonal Skills. J. Mod. Educ. 52 (1977) 906-913

Habeck, D.: Systematische Aspekte der Anamnestik und Anamnese. Med.Welt 28 (1977) 8-22

Hartmann, F.: Kranksein im Krankenhaus. Vortrag 109. Vers. d. Ges. Dt. Naturforscher und Ärzte, 1976

Heckhausen, H.: Motivation und Handeln. Lehrbuch der Motivationspsychologie, Springer 1980

Hofstätter, P.R.: Dimensionen des mimischen Ausdrucks. Zeitschr. f. experiment.u.angew. Psychologie Bd. 3 (1956) 505 ff.

Hornblow, A.R., et al.: Measuring Medical Students' Empathy - A Validation Study. J. Med. Educ. 11 (1977) 7-12

Hutchinson, J.A.: Instructional Practices - Videotape Self-Confrontation as a Technique to Enhance Interpersonal Communication Effectiveness. Communication Educ. 27 (1978) 245-250

Jason, H.: How to Teach and Use Interpersonal Skills. Carkhuff Associates and National Medical Audiovisual Center, Amherst, Ma.01002 1978

Jason, H., and Cohen, B.F.: Teaching Interpersonal Skills to Health Professionals. US-Dept. of Health, Education, and Welfare, Atlanta, Georgia, 1980

Jason, H., et al.: New Approaches ot Teaching Basic Interview Skills to Medical Students. Am.J. of Psychiatry 127 (1971) 1404-1407

Jones, K.V., et al.: Evaluation of Teaching on Interpersonal Interactions. J. Med. Educ. 15,1 (1981) 43-45

Jores, A.: Der Mensch und seine Krankheit. Grundlagen einer anthropologischen Medizin. Klett, Stuttgart 1956

Kauss, D.R., et al.: The Long-Term Effectiveness of Interpersonal Skills Training in Medical Schools. J. Med. Educ. 55 (1980) 595

Kent, G.G., et al.: The Patient is the Expert: A Technique for Teaching Interviewing Skills. J. Med. Educ. 15,1 (1981) 38-42

Klages, L.: Grundlegung der Wissenschaft vom Ausdruck. (5. völlig umgearbeitete Auflage von "Ausdrucksbewegung und Gestaltungskraft"), J.A. Barth, Leipzig 1936

Klußmann, R., und Seidl, O.: Das ärztliche Gespräch in der medizinischen Ausbildung. Münch.Med.Wschr. 120, 42 (1978) 1373-1378

Koch, U., und Schmeling, C.: Umgang mit Sterbenden - ein Lernprogramm für Ärzte, Medizinstudenten und Krankenschwestern. Med. Psychol. 4 (1978) 81-93

Korff, E.: Technik und Psychologie der erfolgreichen Gesprächsführung und Diskussion. 2. Aufl., Verlag Moderne Industrie, München 1979

Korsch, B., and Negrete, V.F.: Doctor-Patient Communication. Scientific American 227 (1972) 66-74

v.Kriegstein, M.: Gesprächspsychotherapie in der Seelsorge. Grundkurs nicht-direkter Gesprächsführung in Schule und Gemeinde. Kohlhammer, Stuttgart/ Berlin/ Köln/ Mainz 1977

Kron, Thora: How we Communicate Nonverbally with Patients. The Canadian Nurse 68 (1972) 21-23

Lersch, Ph. Aufbau der Person. 11. Aufl., Barth, München 1970

Lersch, Ph.: Gesicht und Seele, 3. Aufl., Reinhardt-Verlag, München 1966

Lurie, H.J.: Clinical Psychiatry for the Primary Physician. Roche Laboratories, Nutley, N.J. 07110, 1978

Lutz, R.: Das verhaltensdiagnostische Interview. Eine Anleitung zur Gesprächsführung in Diagnostik, Therapie und Beratung. Kohlhammer, Stuttgart 1978

Mahl, G.F.: Gestures and Body Movements in Interviews. Research in Psychotherapy 3 (1968) 295-344

Malan, D.H.: Psychoanalytische Kurztherapie. Huber, Bern, und Klett, Stuttart, 1965

McGoran, S.: On Developing Empathy Teaching Students Self-Awareness. Am J. Nurs. 78, 5 (1978) 859-861

McKinney, L., et al.: Changes in Medical Interviewing Style after Instruction with Two Closed-Circuit Television Techniques. J. Med. Educ. 45 (1970) 21-28

Meerwein, F.: Die Grundlagen des ärztlichen Gesprächs. Huber, Bern/Stuttgart 1969

Mitscherlich, A., et al.: Der Kranke in der modernen Gesellschaft. Kiepenheuer & Witsch, Berlin/Köln 1967

Pacoe, L.V., et al.: Training Medical Students in Interpersonal Relationship Skills. J. Med. Educ. 51 (1976) 743-750

Pilowsky, I.: The Interrupted Interview: A Method for Facilitating the Development of Clinical Observational Skills. J. Med. Educ. 12 (1978) 357-359

Powell, J.P., and Pearson, M.: Assessing the Interpersonal Skills of Medical Students. Programm. Learn. & Educ. Technol. 17 (1980) 90 ff.

Raimbault, G., et al.: Aspects of Communication between Patients and Doctors. An Analysis of the Discourse in Medical Interviews. Pediatrics 55 (1975) 401-405

Rasche, L.M., et al.: Evaluation of a Systematic Approach to Teaching Interviewing. J. Med. Educ. 49 (1974) 589-595

Reik, T.: Listening with the Third Ear. Farrar, Straus & Giroux, New York 1972

Reimers, E.: Ed. Pädagogik (Hrsg. von H.-H. Groothoff unter Mitwirkung von E. Reimers). Fischer-Bücherei, Frankfurt 1964

Remy, D.: Die Wahrheit am Krankenbett. Dt. Krankenpflegezeitschr. 12 (1975) 670-675

Rich, J.M.: On Educating the Emotions. Educ. Theory 27 (1977) 291-296

Richardson, St., et al.: Interviewing: Its Forms and Functions. Basic Books, New York 1965

Riemann, F.: Grundformen der Angst. 9. Aufl., Hans Marseille Verlag, München 1974

Robbins, A.S., et al.: Teaching Interpersonal Skills in a Medical Residency Training Program. J. Med. Educ. 53 (1978) 988-990

Rogers, C.R.: Counseling and Psychotherapy. Boston 1942

Rogers, C.R.: Client-centered Therapy. Boston 1951.(Deutsche Ausgabe: Die klient-bezogene Gesprächstherapie, Kindler, München 1973)

Rogers, C.R.: The Development of Insight in a Counseling Relationship. J. Cons. Psychology Vol. VIII No. 6 (1944)

Sanson-Fisher, R.W., and Poole, A.D.: Training Medical Students to Empathize: An Experimental Study. Med. J. Australia 1, 9 (1978) 473-476

Sharron, A.: The Non-verbal Cue. J. Emotional Educ. 12 (1972) 11-13

Skinner, B.F.: Science and Human Behavior. The Free Press, New York, und Collier-MacMillan Ltd., London 1953

Steinhardt, D.A.: Emotional Expressivity and Empathy. Dissertation Abstracts International 38 (1977) 381

Stiles, W.B., et al.: Interaction Exchange Structure and Patient Satisfaction with Medical Interviews. Medical Care XVII (1979) 667-681

Stillman, Paula L., et al.: The Use of Paraprofessionals to Teach Interviewing Skills. Pediatrics 57 (1976) 769-774

Stoeckle, J.D., et al.: On Going to See the Doctor. J. Chronic Diseases 16, 1963

Synder, W.U.: "Warmth" in Non-directive Counseling. J. Abnorm. Soc. Psychol. 41 (1946) 491-495

Scheflen, A.E.: The Significance of Posture. Communication Systems Psych. 27 (1964) 216-231

Scherer, K.R.: Nichtverbales Verhalten in der sozialen Interaktion. Med. Klin. 71 (1976) 683-688

Scherer, K.R.: Non-Verbale Kommunikation. Ansätze zur Beobachtung und Analyse der außersprachlichen Aspekte von Interaktionsverhalten. IPK-Forschungsbericht, Hamburg 1970

Schultz-Hencke, H.: Lehrbuch der analytischen Psychotherapie. Thieme, Stuttgart 1951

Tausch, R. und A.-M.: Gesprächspsychotherapie. 7. Aufl., Hogrefe-Verlag, Göttingen/Toronto/Zürich 1979

Taylor, M.K., and Berven, D.M.: An Evaluation for Teaching Interviewing in Multiple Settings. J. Med. Educ. 49 (1974) 609-612

Truax, C.B.: Therapist Empathy, Genuineness, and Warmth and Patient Therapeutic Outcome. J. Consult. Psychol. 30, 5 (1966) 395-401

Volicer, B.J.: Hospital Stress and Patient Reports of Pain and Physical Status. J. Human Stress, June 1978, 28-37

Walton, J.N., Duncan, A.S., Fletcher, C.M., et al.: Talking with Patients: A Teaching Approach. Nuffield Provincial Hospitals Trust, London 1979

Walz, G., and Johnston, J.: Counselors Look at Themselves on Video Tape. J. Counseling Psychol. 10 (1963) 232-236

Waxer, P.: Therapist Training in Nonverbal Communication. Clinical Psychology 4 (1974) 215-218

Weber, W.: Wege zum helfenden Gespräch. 4. Aufl., Ernst Reinhardt Verlag, München, Basel 1974

Weisbach, Ch.: Zuhören und Verstehen. Rowohlt, Reinbek b. Hamburg 1979

Werner, A., and Schneider, J.M.: Teaching Medical Students Interactional Skills. The New England J. Med. 290 (1974) 1232-1237

Wolf, M.H., et al.: The Medical Interview Satisfaction Scale: Development of a Scale to Measure Patient Perceptions of Physician Behavior. J. Behav. Med. 1 (1978) 391-401

Woods, D.: Talking to People is a Doctor Game that Doctors Don't Play. Can.Med.Assoc.J.113 (1975) 1105-1106

Sachregister